Atos

WILLIAM STEUART McBIRNIE

A BUSCA PELOS DOZE APÓSTOLOS

DESCUBRA O QUE ACONTECEU COM
OS APÓSTOLOS APÓS O RELATO BÍBLICO

McBirnie, William Steuart
  A busca pelos doze apóstolos / William Steuart McBirnie; [tradução de Noemi Altoé]. Curitiba, PR : Editora Atos, 2022.

  240 p.
  Tradução de: The search for the twelve apostles.
  ISBN: 978-65-9958-517-3

  1. História dos apóstolos.   I. Título.

                                                                          CDD: 273

Copyright© by William Steuart McBirnie
Copyright©2022 por Editora Atos
Todos os direitos reservados

Coordenação Editorial
Manoel Menezes

Capa
Rafael Brum

Primeira edição: Setembro de 2013
Segunda edição: Agosto de 2022

Nenhuma parte deste livro pode ser reproduzida, arquivada ou transmitida por qualquer meio – eletrônico, mecânico, fotocópias, etc. – sem a devida permissão dos editores, podendo ser usada apenas para citações breves.

Publicado com a devida autorização e com todos os direitos reservados pela EDITORA ATOS LTDA.

www.editoraatos.com.br

Índice

Dedicatória 5
Prefácio 7
Introdução 12

Capítulo Um
   O Mundo Dos Apóstolos 29

Capítulo Dois
   Quando os Apóstolos Saíram de Jerusalém? 37

Capítulo Três
   Simão Pedro 42

Capítulo Quatro
   André 70

Capítulo Cinco
   Tiago, Filho De Zebedeu 80

Capítulo Seis
   João 98

Capítulo Sete
   Filipe 111

Capítulo Oito
   Bartolomeu (Natanael) 118

Capítulo Nove
   Tomé 129

Capítulo Dez
   Mateus 142

Capítulo Onze
   Tiago, Filho De Alfeu 150

Capítulo Doze
   Judas Tadeu 160

Capítulo Treze
    Simão, O Cananeu 169

Capítulo Quatorze
    Judas Iscariotes 183

Capítulo Quinze
    Matias 189

Outros Apóstolos Notáveis 196

Capítulo Dezesseis
    João Marcos 197

Capítulo Dezessete
    Barnabé 205

Capítulo Dezoito
    Lucas 208

Capítulo Dezenove
    Lázaro 213

Capítulo Vinte
    Paulo 220

Apóstolos na Bíblia 233

Bibliografia 236

Dedicatória

Dedico este livro a Jorge, Christy e Kristian.
Sinto uma grande alegria por tê-los presentes em minha vida.

O que era desde o princípio, o que ouvimos, o que vimos com os nossos olhos, o que contemplamos e as nossas mãos apalparam — isto proclamamos a respeito da Palavra da vida.
(1João 1.1)

Prefácio

A Grande Aventura de Certos Tipos de Pesquisa

Na busca pelas informações contidas neste livro, minha pesquisa das histórias dos doze apóstolos me levou a muitas bibliotecas famosas, tais como a de Jerusalém e a de Roma e ao Museu Britânico de Londres. Durante anos, havia tomado emprestado ou comprado todo livro que eu conseguisse encontrar sobre o assunto dos doze apóstolos. Uma prateleira de um metro e meio era pequena para guardar todos eles.

Por três vezes viajei até a ilha de Patmos e às localidades das sete igrejas do livro do Apocalipse. Um dia inteiro (e infrutífero) foi gasto numa jornada pelas estradinhas das altas montanhas com neve do Líbano, entre os famosos cedros e por outros lugares, para checar um boato que São Judas teria sido originalmente enterrado em alguma aldeia libanesa nas redondezas. Ele não foi.

Vi pessoalmente muitas sepulturas que supostamente conteriam as ossadas dos Doze; não que eu lhes atribua algum valor espiritual, mas por querer aprender, como historiador, como haviam chegado onde estavam, esperando que a tradição local, ausente dos livros de histórias, pudesse ser encontrada nos lugares onde os ossos estão enterrados. Essa busca me levou da Alemanha para a Itália, para a Grécia e para quase todos os países do Oriente Médio.

O Vaticano, mui bondosamente, concedeu-me autorização especial para fotografar em todas as igrejas de Roma e em outros lugares da Itália. Alguns dos corpos ou fragmentos dos corpos dos apóstolos ainda estão preservados nesse país histórico.

Particularmente memorável foi a descida impressionante ao subsolo da Basílica de São Pedro para fotografar os ossos do apóstolo Pedro que estão depositados num antigo cemitério romano pagão. Não se pode simplesmente imaginar, sem ver, que uma igreja tão enorme e sólida como a de São Pedro esteja situada em cima de um cemitério cheio de túmulos belamente preservados que remontam ao século primeiro antes de Cristo!

Fui sete vezes a Petra, na Jordânia, e três vezes a Antioquia, na Turquia. Também visitei a Babilônia e fiz quatro viagens ao Irã, em busca da história das missões dos apóstolos ali.

É claro, houve alguns desapontamentos. Por exemplo, o corpo de João não pode ser encontrado. Entrei em sua tumba, em Éfeso, há muito tempo. Recentemente, após muitos séculos de negligência, as autoridades o lacraram e o revestiram com um piso de mármore. Apesar de o corpo de João ter desaparecido, acredita-se que haja partes dos ossos de todos os outros apóstolos, e eu pude vê-las.

Viajantes nas terras bíblicas muitas vezes passam a poucos metros de verdadeiras relíquias dos apóstolos sem saberem disso. Fiz vinte e seis viagens a Jerusalém antes de descobrir que a cabeça de Tiago, o Ancião, diversos ossos do braço de Tiago, o Justo, e parte do crânio de João Batista são mantidos em veneração em duas igrejas ali. E, posso acrescentar, com fortes evidências históricas quanto à sua autenticidade.

Este, porém, não é um livro sobre ossadas. É sobre pessoas vivas que foram descritas por Paulo como os fundadores das igrejas (ver Efésios 2.19-20). Nosso interesse pelos ossos apostólicos é porque são possíveis pistas quanto à localização do ministério e lugares do martírio dos Doze.

Agora, deixe-me confrontar uma atitude tipicamente protestante de ceticismo quanto aos restos mortais apostólicos nas igrejas e relicários. Eu costumava supor que as chamadas "relíquias" eram fraudes religiosas, resultado da devoção fervorosa e supersticiosa da Idade Média. Talvez algumas sejam, mas tratar a questão com uma mente cética e, depois, com certa relutância, ser forçado a reconhecer a forte possibilidade de sua autenticidade, é uma experiência desconcertante, mas muito emocionante.

PREFÁCIO

Suponho que a prática de venerar os ossos apostólicos seja repulsiva a alguém que professa a fé cristã evangélica, visto que não vê valor espiritual em orar diante dos túmulos onde eles estão depositados. Além disso, uma mente racional não vê benefício algum em ver os ornamentos pomposos e de mau gosto que geralmente enfeitam os relicários.

Mas quanto mais se lê a respeito da história dos apóstolos e do que se fez com suas relíquias e quanto mais envolvida a pessoa fica na história e no comportamento estranho (para nós) de nossos ancestrais cristãos das eras antenicena e pós-nicena, mais a preservação cuidadosa das relíquias apostólicas parece ser perfeitamente aceitável. Para muitos que viveram naquelas épocas e que não sabiam ler, uma relíquia apostólica era um encorajamento visual para a fé!

Que fique bem entendido: este livro é uma aventura na erudição, não no dogmatismo. Estou plenamente cônscio de que apresentar prova absoluta de cada detalhe registrado aqui não é possível. Mas quando um pesquisador investiga muitas fontes confrontando-as, quando visita lugares mencionados e quando encontra muitos documentos novos que normalmente não se encontram em livros, então ele desenvolve um "sentimento" para o provável ou possível.

> Para muitos de nossos ancestrais cristãos que não sabiam ler, uma relíquia apostólica era um encorajamento visual para a fé.

Este livro foi um labor sempre crescente de amor. Fiquei mais envolvido emocionalmente com a tarefa, à medida que os anos se passaram. Em diversas ocasiões durante a pesquisa diligente, as viagens cansativas e as intermináveis escritas e reescritas, tive oportunidade de comparar anotações com eruditos que haviam escrito sobre alguns dos apóstolos e deparei-me não somente com uma amável disposição para discutir minhas conclusões, mas para aceitar algumas delas em detrimento das que haviam defendido até o momento.

Como expressar de forma adequada a gratidão pelos muitos que foram tão gentis com sua cooperação, sem os quais este estudo não poderia ter sido concluído? Minha secretária, Sra. Fred Pitzer, abraçou este projeto como seu e o poupou de erros maiores do que os que ainda possa ter. Os meus alunos da Escola Superior de Teologia da Califórnia, em Glendale, ajudaram e citações das pesquisas deles aparecem com frequência. O mesmo se aplica ao casal

Robert Schonborn, à Dra. Miriam Lamb, que é chefe de pesquisa em nosso Centro de Estudos Americanos. A Sra. Florence Stonebraker, Betty Davis e Richard Chase auxiliaram, e as traduções do italiano foram feitas pela Sra. Marie Placido.

Em Jerusalém as bibliotecas da Escola Americana de Pesquisa Oriental, a Igreja Cóptica, o Patriarcado dos Armênios (Igreja de S. Tiago), e a Escola Bíblica de Dominicanos foram muito úteis abrindo seus arquivos para minha pesquisa. Em Roma, a cooperação total do Monsenhor Falani abriu muitas portas, pois sem sua ajuda elas ainda estariam fechadas. Que gentileza de todos eles, e de muitos outros também!

Naturalmente, qualquer falha se deve a mim, não a eles. Espero que, se houver algum erro gritante, algum leitor bondoso me escreva para que as edições futuras possam ser corrigidas.

Uma palavra final sobre o estilo deste livro: no início, pensei em escrevê-lo para acadêmicos, recortando a documentação de todas as fontes citadas. Mas isso tornaria o livro tão maçante que temi que poucos estivessem dispostos a lê-lo. Descobri, para meu desalento, que a maioria dos "críticos" eruditos pouco se importava com a história pós-bíblica dos apóstolos.

Então, pensei em escrevê-lo como uma narrativa com poucas citações e pouca atenção às minhas fontes. Mas, neste caso, os eruditos ignorariam o livro por não ter fundamentação adequada e falta de consideração pelas questões históricas e críticas.

Como pastor sênior de uma igreja movimentada, pensei em escrever para pastores. Esses ministros poderiam apreciar um estímulo homilético para uma série de sermões sobre os apóstolos, que pudesse atrair as pessoas que nós todos estamos tentando convencer a frequentar a igreja. Não abandonei totalmente essa abordagem, mas não fiz muito para adaptar o livro ao formato de sermões.

Até mesmo me ocorreu que o romance histórico poderia ser um formato viável. Mas tenho a tendência de pensar como historiador e como pregador, e me falta imaginação para escrever um romance. Além disso, o que este livro tem a oferecer é análise, fatos e, espera-se, a verdade.

Assim, o livro está no formato de uma interpretação ou análise crítica de cada porção de conhecimento que pude encontrar sobre o assunto dos doze apóstolos. Em grande parte o escrevi para eu mesmo me familiarizar com os apóstolos, compartilhar esse conhecimento e a partir dele traçar algumas conclusões com o máximo de pessoas que conseguir; eruditos, membros de igrejas, jovens, historiadores, pastores e todos aqueles que sentem como eu, que precisamos encontrar maneiras de tornar a era apostólica mais viva para nós hoje.

Sinceramente espero que a leitura deste livro seja tão interessante e esclarecedora quanto foi para mim escrevê-lo.

William Steuart McBirnie

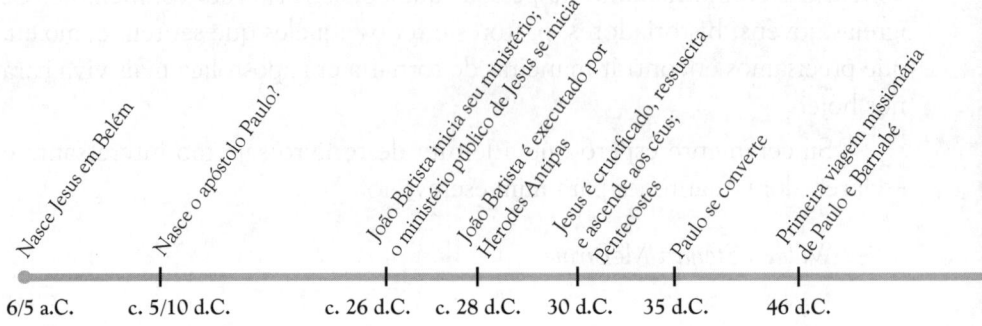

Introdução

O que se segue neste livro é o que pode ser conhecido a partir de um estudo crítico e exaustivo dos registros bíblicos, históricos e tradicionais acerca dos apóstolos. O autor tentou transpor o legendário ao provável ou aceitável, justificando-o com os fatos históricos conhecidos concernentes ao estado do mundo no século primeiro e aos documentos da história subsequente da igreja, história local e escritos seculares relevantes.

Há uma quantidade muito maior de informações disponíveis sobre os apóstolos do que um estudante casual possa imaginar. Dez anos atrás escrevi uma monografia intitulada *O que Aconteceu aos Doze Apóstolos?* Dez mil exemplares foram distribuídos. Naquela publicação fiz as seguintes observações:

> Algum dia um erudito da crítica precisa dar uma boa olhada na enorme quantidade de lendas que vieram até nós desde o início dos tempos medievais e mesmo desde os últimos dias do poderio romano. Ele precisa tentar separar a semente histórica do acréscimo de pura fantasia enxertado naquelas histórias. Em suma, uma crítica mais elevada das lendas medievais precisa ser feita, e essa crítica precisa se estender à história da igreja primitiva.
>
> É bastante frustrante ler os textos de historiadores recentes da igreja, que parecem passar por cima da era primitiva e dizer apenas o que já foi dito em centenas de outros livros sobre a história da igreja,

INTRODUÇÃO

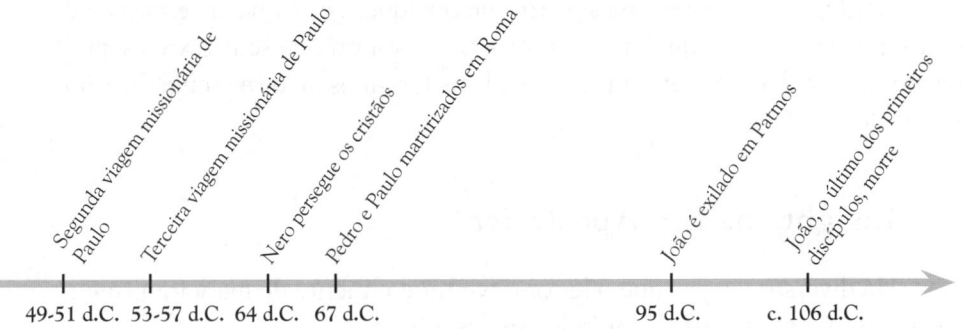

| 49-51 d.C. | 53-57 d.C. | 64 d.C. | 67 d.C. | 95 d.C. | c. 106 d.C. |

escritos durante os últimos quatro séculos. Faz tanto tempo que não vejo um novo fato num livro de história da igreja sobre a Era apostólica e a era dos pais da igreja, que ficaria imensamente surpreso se visse algum! Mas talvez algum dia alguém encontre o provável fundamento da verdade em meio à lenda; e com base nisso, e talvez na descoberta de novos manuscritos, possamos juntar as peças e escrever uma história melhor do que a que temos hoje.

Visto que poucos fizeram o trabalho de produzir um estudo crítico dos Doze, tornou-se um desafio para mim fazê-lo, para o bem de um renovado interesse na igreja apostólica.

A fonte de nosso material naquela publicação anterior era acessível basicamente a qualquer um que se desse ao trabalho de pesquisar os livros padrões sobre o assunto, tais como histórias da igreja, literatura de sermões, enciclopédias etc., além das observações de algumas viagens a Roma, Atenas e à Terra Santa. Mas de maneira frustrante esse livro ficou muito limitado, incompleto e extremamente deficiente em pesquisa original.

Visitei o Oriente Médio vinte e sete vezes, depois passei dez anos em pesquisas adicionais o que esclareceu bastante a respeito da vida dos doze apóstolos. A maioria desses *insights* veio em pequenas partes, um pouco aqui, outro pouco acolá. Eu nem havia considerado a possibilidade de escrever um livro subsequente àquela monografia, mas a importância e o volume do material que vislumbrei em minhas visitas pessoais aos lugares do ministério e morte dos apóstolos, além dos locais de sepultamento ou túmulos aumentaram minha convicção de que este estudo ampliado *devia* ser oferecido.

Aqui, neste livro, as informações concernentes à história dos apóstolos estão todas reunidas.

Nenhum erudito ousaria sugerir que qualquer coisa que ele escreveu é a última palavra sobre qualquer assunto, nem de fato que seus textos sejam a história completa. No entanto, esses ideais foram os alvos em cuja direção fui levado.

Insights na Era Apostólica

Há diversos *insights* que o leitor deve ter em mente de maneira firme e constante, à medida que os capítulos se desdobram.

Os primeiros cristãos não escreveram propriamente a história.

O interesse pelos apóstolos aumentou e diminuiu nos diversos períodos da história cristã. Por essa razão, em certos momentos, houve mais informação disponível do que em outros. Novas descobertas de informações históricas são feitas, depois ficam adormecidas em livros esgotados, fora de circulação até que um renovar de interesse num momento posterior os traga novamente à tona.

No início da era apostólica, os próprios apóstolos e seus convertidos estavam ocupados demais fazendo história para se incomodar em escrevê-la. Por isso, os registros são fragmentados. Mais adiante, até os Pais antenicenos, a história como tal não havia sido escrita ainda. Até mesmo o livro de Atos, escrito por Lucas, não foi um texto de história geral, mas um texto polêmico escrito para mostrar o surgimento de um movimento cristão gentio a partir de uma matriz judaica, com autoridade e aprovação divinas.

> No início da era apostólica, os próprios apóstolos e seus convertidos estavam ocupados demais fazendo história para se incomodar em escrevê-la. Por isso, os registros são fragmentados.

Certamente Lucas queria defender e validar o ministério de Paulo, seu mentor! Os temas abordados, os atos do Espírito Santo, a inclusão dos gentios na redenção de Deus, o papel cada vez menor dos judeus nas igrejas, a universalidade do cristianismo, foram todos os interesses de Lucas. Provavelmente não lhe ocorreu que ele estava escrevendo a primeira fonte de história da igreja! Assim, para um historiador da igreja primitiva, Lucas é tanto a fonte bem-vinda de seu principal conhecimento quanto a causa de seu desespero por causa da natureza fragmentária desse relato.

INTRODUÇÃO

Houve períodos de silêncio na história da igreja primitiva.

Depois de Lucas e outros autores bíblicos (particularmente Paulo, que nos deixou considerável conhecimento acerca das primeiras atividades apostólicas), há um período de silêncio. É como se o movimento cristão estivesse num túnel, ativo, mas fora da visão por algum tempo.

Isso não é tão estranho quanto pode parecer. Primeiro, os cristãos primitivos na verdade não tinham a percepção de criar um movimento que atravessasse *as eras*. Para eles, a volta de Cristo poderia muito bem ser esperada para a sua geração. Eles certamente falavam disso com frequência, por isso, é provável que esperassem o retorno de Cristo diariamente – no início.

Para ver isso, estude cuidadosamente a diferença no tom entre Primeira e Segunda Tessalonicenses. Em 1Tessalonicenses, Paulo parece discorrer longamente sobre a *iminência* da Segunda Vinda. Em 2Tessalonicenses, Paulo repreende os que estão ansiosos demais, lembrando seus leitores de certos eventos que devem preceder ou acompanhar a Segunda Vinda.

Era como se ele tivesse olhado de novo para a enorme tarefa de evangelizar o mundo e tivesse visto que levaria mais de uma geração para cumpri-la. Não que Paulo tivesse perdido a fé na Segunda Vinda, mas sim, equilibrou sua fé com a praticidade. De qualquer maneira, o movimento cristão dos primórdios *estava* num túnel e fora do alcance da visão no que diz respeito ao registro da história. Eles estavam fazendo, não escrevendo a história.

Os apóstolos não eram considerados os principais sujeitos de biografias pelos primeiros cristãos.

Olhamos para os doze apóstolos como os fundadores das igrejas, mas para os cristãos primitivos, os Doze eram considerados líderes, irmãos e amigos muito amados, no início. Levou algum tempo para que seus descendentes espirituais os vissem como pais de todo o movimento da igreja. Sua autoridade inicialmente estava na unção do Espírito Santo, não em declarações doutrinárias ex-cátedra.

É verdade que o primeiro concílio dos apóstolos em Jerusalém fez pronunciamentos concernentes à admissão dos gentios convertidos no movimento cristão. No entanto, parece que não tinha a autoridade eclesiástica que lhe atribuímos hoje. Poderíamos, de fato, desejar que tivesse havido mais pronunciamentos como esse; digamos, concernentes a heresias, formas de governo da igreja, questões sociais, etc. Mas não houve muita coisa feita *co-*

> Olhamos para os doze apóstolos como os fundadores das igrejas, mas para os cristãos primitivos, eles eram considerados líderes, irmãos e amigos muito amados, no início.

letivamente pelos apóstolos. Eles simplesmente proclamaram individualmente o que haviam ouvido de Jesus.

À medida que avançaram alcançando diversas partes do mundo eles portaram consigo, não há dúvida, a autoridade de seu apostolado, mas *eles* não eram a *igreja*. Eles fundaram congregações que eram igrejas. O eclesiasticismo, nas formas altamente organizadas e hierárquicas que assumiu mais tarde, era quase desconhecido para eles. Os apóstolos foram evangelistas e pastores, não eclesiásticos. A história deles, então, é sobre evangelistas, não de prelados. A história não se ocupa tanto de evangelistas, mas sim de governantes. Logo, temos pouco conhecimento acerca de suas carreiras no período anterior ou posterior à dispersão da Igreja de Jerusalém em 69 d.C., quando a maioria deles havia deixado Jerusalém para cumprir sua missão particular e muitos já haviam morrido.

A história secular ignorou amplamente o cristianismo nos primeiros séculos.

Quase toda a história dos primeiros séculos da era cristã que sobreviveu é secular, militar ou política. Josefo não deu muita atenção ao cristianismo embora mencione a morte de Tiago. A história romana, exceto pelos escritos de Plínio, o Jovem, mal observa o cristianismo até muito depois da era apostólica. Resta a clérigos como Hegésipo e Eusébio nos dar maiores detalhes das viagens e da história dos Doze.

Os primeiros cristãos eram gente humilde, com algumas exceções. Quem escreve a história dos simples? Portanto, nos restam poucas informações sobre o cristianismo em geral na história secular, exceto por valiosos *insights* quanto ao *mundo* em que os apóstolos viveram. O leitor mediano, porém, ficaria maravilhado em quanto conhecimento temos sobre a história desse período. A história romana já é bem conhecida e mais conhecimento está diariamente sendo derramado por arqueólogos que escavam os artefatos daquela grande epopeia.

Para o estudioso ávido de assuntos romanos, o mundo dos apóstolos é tão familiar quanto o mundo de cem anos atrás. Isso não nos apresenta a história real de cada apóstolo, mas certamente nos apresenta o que era possível ou até mesmo provável, bem como o que era impossível ou improvável.

Durante a era apostólica, o mundo romano era um mundo relativamente seguro em que os cidadãos viajavam grandes distâncias e com certa frequência. Leia no livro de Romanos, escrito por Paulo em Corinto, os muitos nomes de pessoas que ele conheceu e que eram de Roma, uma cidade que naquela época ele ainda não tinha visitado. Leia as viagens de Cícero, sessenta anos antes de Cristo. Lembre-se das invasões romanas de César na Bretanha, cinco décadas antes do nascimento de Jesus, e de Cláudio em 42 d.C.

> Durante a era apostólica, o mundo romano era um mundo relativamente seguro em que os cidadãos viajavam grandes distâncias e com certa frequência.

O Império Romano era um conjunto de nações com uma língua comum sob a proteção de um só governo, com estradas para todos os lugares, da Bretanha até a África, que hoje vai da Rússia até a França e da Índia até a Espanha. O próprio Paulo, no livro de Romanos, expressou o desejo de evangelizar a Espanha, que fora conquistada por Roma muito antes de César tê-la invadido em 44 a.C.

Na era dos apóstolos havia uma vasta área de civilização à espera deles, civilizada, unida e ligada por meios de transporte e uma língua comum. Neste amplo cenário, e além dele, podemos facilmente visualizar os extensos trabalhos apostólicos. Mas os historiadores romanos ignoraram quase totalmente o cristianismo nesse estágio inicial.

A "Busca pelos Doze" foi inicialmente política ou eclesiástica.

Muito tempo depois da era apostólica surgiu um conflito entre as vertentes grega e romana do cristianismo quanto ao que eles chamavam de "Primazia". O Papa a reivindicava tanto quanto o líder das igrejas do Oriente. Uma questão, por exemplo, era a da arte cristã. Um grupo, os romanos, usava imagens em três dimensões (estátuas, etc.) como objetos de veneração religiosa. Os gregos orientais preferiam *ikons* – imagens planas, figuras. Houve outras diferenças, inclusive a transferência da capital do Império Romano de Roma para Bizâncio, mas, basicamente, tratava-se de uma luta de poder que culminou no cisma entre os cristãos orientais e ocidentais, assim como o próprio Império Romano se dividiu.

A esta altura, e mesmo antes, à medida que o cisma se configurava, ambos os lados buscaram identificação apostólica para suas próprias instituições religiosas.

Assim, uma grande busca foi realizada para encontrar as *relíquias* dos apóstolos. O imperador Constantino queria construir o que ele chamava "A Igreja dos Doze Apóstolos", em Constantinopla. Ele pretendia reunir nessa construção os restos mortais (como ossos ou partes do corpo) dos apóstolos. Ele foi bem-sucedido em manter ali os restos mortais de André e também de Lucas e Timóteo (este último, apesar de não fazer parte dos Doze, era muito próximo deles.) Aparentemente, Constantino sentiu que devia deixar os ossos de Paulo e de Pedro em Roma, embora ele possa ter feito planos para os ossos de Pedro.[1]

Ele construiu com prazer a basílica para honrar os ossos de Paulo em Roma. Mas, pode-se especular, a igreja Romana também se mostrou relutante em abrir mão dos ossos de Pedro. Constantino, ao que tudo indica, não pressionou, mas construiu uma igreja no lugar de sepultamento de Pedro, esperando, talvez mais tarde, remover seu corpo para Constantinopla. De qualquer maneira, ele não viveu o bastante para reunir todas as relíquias dos apóstolos para sua Igreja dos Doze Apóstolos. O prédio daquela igreja permaneceu desguarnecido exceto por seu próprio túmulo (há alguma evidência que ele pretendia colocar o corpo dos apóstolos em doze nichos ao redor de seu próprio corpo, que ficaria no meio como o "Décimo Terceiro Apóstolo"!). Eusébio conta a história em "Os Últimos Dias de Constantino":

> O imperador consagrou todos esses edifícios com o desejo de perpetuar a memória dos Apóstolos de nosso Salvador diante de todos os homens. Ele tinha, porém, outra razão para erigir este prédio (i.e., a Igreja dos Apóstolos em Constantinopla) – uma razão desconhecida de início, mas que depois se tornou evidente para todos. Ele tinha, na verdade, escolhido aquele local diante da perspectiva de sua própria morte, antecipando com extraordinário fervor de fé que seu corpo compartilharia da honra dos próprios apóstolos, e que assim, mesmo após a sua morte tornar-se-ia objeto, juntamente com eles, das devoções que seriam feitas e, por esse motivo, ordenou que as pessoas se reunissem para cultuar ali no altar que ele colocou bem no meio.

---

1 "Constantino celebrou o trigésimo aniversário de sua ascensão no verão de 335. Provavelmente as cerimônias mais importantes de Roma naquele ano foram as que acompanharam o traslado dos ossos venerados como relíquias dos apóstolos S. Pedro e S. Paulo das catacumbas de S. Sebastião, onde haviam sido venerados desde 258, para a basílica construída em honra a eles no local tradicional de seu martírio, no Vaticano e na estrada de Óstia" (*Constantine the Great*, John Holland Smith, 286; cf. *Liber Pontificalis*, Ed. Duchesne, vol. 1, 172ss.).

INTRODUÇÃO

Consequentemente, ele fez com que doze esquifes fossem colocados nessa igreja, como pilares sagrados em honra e memória dos apóstolos, dispondo o seu próprio bem no centro, ficando com seis de cada lado. Assim, como eu disse, com prudente presciência ele providenciou um honrado jazigo para o seu corpo após a morte e, tendo muito antes secretamente feito essa resolução, ele agora consagrou essa igreja aos apóstolos, acreditando que esse tributo à memória deles traria grande benefício à sua própria alma. Nem Deus o desapontaria naquilo que ele tão ardentemente esperava e desejava.[2]

Ao planejar a Igreja dos Apóstolos, Constantino havia sonhado em ali jazer para sempre no meio dos Doze, não simplesmente como um deles, mas como um símbolo, senão um substituto, de seu líder. Durante os meses da construção da igreja, seus enviados estiveram ocupados na Palestina coletando supostas relíquias dos apóstolos e companheiros, para serem colocadas na igreja junto com seu corpo, onde ficariam aguardando a ressurreição geral.[3]

Robert M. Grant descreveu os últimos dias de Constantino em seu livro *Augustus to Constantine: The Thrust of the Christian Movement into the Roman World*:

Na Páscoa de 337 d.C., o imperador dedicou a Igreja dos Doze Apóstolos, em Constantinopla, mas pouco depois foi acometido por uma enfermidade fatal. Ele visitou os banhos de Helenópolis em vão, e então prosseguiu para confessar seus pecados na Igreja dos Mártires. Em Ancirona, perto de Nicomédia, ele preparou seu testamento, deixando o império aos seus três filhos, e na presença de um grupo de bispos locais foi batizado pelo bispo com quem havia disputado tantas vezes, Eusébio de Nicomédia. A esse prelado foi confiado o testamento e as instruções para entregá-lo a Constâncio, César do Oriente. Vestindo a túnica branca de um neófito, Constantino morreu no dia de Pentecostes, em 22 de maio.

... Com a chegada de Constâncio, o caixão foi carregado até a Igreja dos Doze Apóstolos e colocado entre os sarcófagos dedicados aos Doze. Na presença de uma vasta multidão, os bispos conduziram um elaborado funeral com uma missa fúnebre.

---

2 J. Stevenson, *A New Eusebius [Um Novo Eusébio]*, (London: William Clowes and Sons, Ltd.. S.P.C.K., 1957, 1960), 395.
3 John Holland Smith, *Constantine the Great [Constantino, o Grande]* (New York: Charles Scribner's and Sons, 1971), 301-302.

... Assim, o seu corpo jaz, não em algum mausoléu flaviano ou com qualquer dos grandes imperadores pagãos que o antecederam, mas por sua própria escolha, no memorial dos doze apóstolos.[4]

O projeto foi iniciado, mas não concluído. Entretanto, uma busca oficial foi feita quanto às localidades dos corpos dos apóstolos e tal *busca* possivelmente foi a causa deflagradora do inventário realizado dos restos mortais ou relíquias dos apóstolos.

Depois disso, teve início a prática da *veneração das relíquias*. O assombro supersticioso que essas relíquias evocavam chegou a extremos. Os corpos dos apóstolos, os corpos de outros "santos" e as diversas relíquias santas, tais como fragmentos da "verdadeira cruz", passaram a ser largamente procurados. Curas foram atribuídas ao simples fato de tocar ou beijar essas relíquias e, naturalmente, elas passaram a ter grande valor tanto para as igrejas quanto para os governos da Idade Média.

Quanto ao conhecimento da verdadeira história da vida dos apóstolos, a busca dessas relíquias ao mesmo tempo ajudou e atrapalhou. As principais relíquias, inclusive os corpos ou partes dos corpos dos apóstolos, nos dão algumas pistas quanto ao local da morte e sepultamento, e assim, por tradição ou associação, a localidade de seus ministérios. Talvez tenhamos traçado com sucesso a história de algumas dessas relíquias ou restos mortais de apóstolos nos capítulos subsequentes, até sua localização em nossos dias.

Por outro lado, devemos reconhecer que algumas dessas relíquias podem não ser verdadeiras, visto que boas intenções ou erros simples podem ter levado o devoto de outras eras menos criteriosas do que a nossa, a desviar-se. Isso de fato aconteceu visto que havia o grande prestígio da igreja, preferências políticas e, muitas vezes, grande quantidade de dinheiro envolvida na proteção e preservação do que se acreditava serem as genuínas relíquias dos apóstolos.

As facções do grande cisma da igreja, entre o oriente e o ocidente, sem dúvida tentaram associar sua posse das relíquias apostólicas como uma prova da bênção dos apóstolos e de Deus *sobre eles*, testemunhando para o fato de que *eles* tinham em *sua* exclusiva posse as relíquias originais e poderosas para fazer milagres.

Felizmente, essa competição se enfraqueceu com os séculos. Em épocas bem recentes, o papa Paulo VI devolveu à Grécia a cabeça de S. André,

---

4 Robert M. Grant, *Augustus to Constantine: The Thrust of the Christian Movement into the Roman World* [*De Augusto a Constantino: o Impulso do Movimento Cristão no Mundo Romano*] (London: William Collins Sons & Co., Ltd., 1971), 277.

INTRODUÇÃO

para ficar guardada numa nova igreja construída no lugar de seu martírio em Patras, Grécia, sob os cuidados da Igreja Ortodoxa Grega. Esse foi um gesto altamente conciliatório da parte do Papa, visto que S. André, por ter sido martirizado na Grécia, é muito importante para a Igreja Ortodoxa Grega. Esse ato diminuiu em uma as relíquias em Roma, mas aumentou grandemente as chances da unidade entre Roma e Atenas, por tudo o que representa para as partes envolvidas.

Se alguém conseguir atravessar o labirinto da história das relíquias e chegar aos fatos por trás da tradição, seguir as associações de lugares originais de martírio e sepultamento, então há grande esperança de que se possa abrir o caminho para confirmar ou até descobrir mais dados sobre a história dos trabalhos apostólicos. Temos procurado fazer isso sempre que possível. Reconhecidamente, essa tarefa e os resultados dela decorrentes estão abertos à crítica e interpretação acadêmica.

As motivações dos apóstolos são entendidas de maneira mais clara agora.

Uma grande verdade sobre os apóstolos é incontestável. Foi fortalecida por cada porção de tradição e história que estudamos. Isto é, que a maioria dos apóstolos levou muito a sério a grande comissão de Jesus (conforme Mateus 28) e foram "por toda a Judeia e Samaria e até aos confins da terra" para *evangelizar* as nações com o evangelho cristão. A história dos apóstolos, portanto, é basicamente a história do *evangelismo* na igreja primitiva.

Eles são um exemplo claro, inequívoco e inabalável para todos os cristãos de todas as épocas. Eles desafiaram homens do povo e reis de igual modo. Não se tornaram eclesiásticos assalariados, mas, muitas vezes, trabalharam com suas próprias mãos para se sustentar, para que por todos e quaisquer meios pudessem compartilhar as boas-novas de Jesus. A maioria, como Paulo, procurava pregar Cristo, "não edificando sobre outro fundamento, mas indo a regiões mais distantes".

Havia uma estratégia apostólica de missões.

A vida dos apóstolos, especialmente a de Paulo, revela um conceito incomum e brilhante de estratégia missionária. Eles sempre foram primeiro às grandes cidades localizadas nas rotas comerciais. A partir desses grandes centros seus discípulos e convertidos viajavam para as cidades menores da região e ali formavam igrejas que por sua vez formavam outras. Os apóstolos conheciam o segredo de locais estratégicos e de delegar responsabilidade a outros, multiplicando-se, dessa forma, mais rapidamente do que acontece em muitas iniciativas missionárias de nossos dias.

Os Apóstolos eram Membros da Igreja

Acima de tudo, eles fundaram *congregações*. Certos evangelismos atuais são tão distanciados das igrejas que estas precisam alimentar o esforço evangelístico, em vez da iniciativa evangelística edificar os convertidos firmemente nas igrejas e dar impulso a novas sedes. Esse nunca foi o princípio apostólico; por isso, o evangelismo apostólico durou e certos evangelismos modernos "populistas" logo desaparecem.

Os apóstolos impunham nos convertidos a responsabilidade de *se tornar* igreja. Certamente essa é uma lição que precisa ser reaprendida nos dias atuais. Foi Paulo quem escreveu *"Cristo amou a igreja e entregou-se por ela"* (Efésios 5.25).

Por que os Doze?

Os apóstolos de Jesus Cristo são heróis cujos retratos, conforme os cristãos passaram a conhecê-los, são "maiores do que a vida". A concessão do título de "santo" pelos católicos romanos e gregos aos Doze (e a partir deles, para um dilúvio de outros) foi em parte responsável por transformá-los em semideuses. Mas muito tempo antes do Novo Testamento ter sido reunido num único volume chamado Cânon, a figura dos Doze havia ganhado respeito preponderante. João, no livro do Apocalipse, fala da Nova Jerusalém que tem os nomes dos Doze inscritos em suas fundações (consequentemente, essa inclusão encerra o assunto se Matias foi, após a apostasia de Judas Iscariotes, realmente considerado pelos outros apóstolos como um dos Doze).

> Para se tornar um dos apóstolos de Jesus, a pessoa tinha de ter estado com ele por um longo tempo, e testemunhado seus ensinos.

Por que Jesus escolheu apenas doze apóstolos principais? Obviamente para uma correspondência com as doze tribos de Israel. Ele mesmo, como novo e eterno sumo sacerdote, representaria a décima terceira tribo da linhagem sacerdotal, a de Levi. A função dos apóstolos era dar testemunho da ressurreição de Jesus e de seus ensinos. Por essa razão, como a eleição de Matias para substituir Judas confirma, um apóstolo tinha de ter estado com Jesus por tempo o bastante e sido testemunha de seus ensinos.

Paulo resolutamente afirmou também ser um apóstolo, visto que sua conversão, chamado e ensino também foram recebidos diretamente de Jesus e tinha *sinais* em abundância que atestavam ser ele um apóstolo. No entanto, não há evidências de que ele tenha sido admitido no íntimo círculo original dos Doze. Alguns dos Doze provavelmente não confiavam plenamente nele, e até Pedro confessou que ele nem sempre entendia os comentários de "nosso amado irmão Paulo" (2Pedro 3.15).

O Livro de Atos e os Doze

De modo muito importante, o livro de Atos, o mais antigo livro cristão de história, relata como o cristianismo, de início uma seita dentro do judaísmo, se abriu para os gentios e como, num curto período, se tornou basicamente a fé dos gentios. Do início ao fim, o livro de Atos mostra o cristianismo como um movimento da minoria entre os judeus, logo rejeitado pela maioria deles e gentilizado à medida que o ilustre Paulo se tornou o líder europeu do movimento cristão. Pedro continuou por um tempo como o mais proeminente líder judaico-cristão, mas após o primeiro século, o cristianismo gradualmente morreu entre os judeus.

O livro de Atos registra cuidadosamente como Pedro, obviamente a contragosto de início, se tornou apóstolo para os gentios, ainda que se esforçasse sempre para manter o cristianismo tão judeu quanto possível. O plano do livro de Atos é apresentado tão lógica e cuidadosamente quanto o depoimento de um advogado. Ele prova conclusivamente que o cristianismo teve a intenção e conseguiu perder suas características exclusivamente judaicas. Seria muito mais do que uma seita ou outra facção dentro do judaísmo, como a dos fariseus, saduceus ou essênios.

Quem espera que o livro de Atos seja a história completa do cristianismo primitivo está fadado ao desapontamento. Isso só acontece incidentalmente e de maneira fragmentária. O principal argumento de Atos é que o próprio Deus separou o cristianismo das bases judaicas e o tornou universal. Para isso Ele usou Pedro, de início, depois Paulo. Os outros apóstolos desempenharam papéis secundários na história de Atos, visto que não é a história dos apóstolos, mas sim do surgimento do cristianismo gentílico.

Por valiosa e libertadora que essa ênfase seja, o leitor da Bíblia é logo, e talvez inconscientemente, envolvido pelo ministério pessoal de Paulo. Pedro, apesar de proeminente no início, mais tarde é ignorado, à medida que Atos apresenta para o leitor a história de Paulo e seus amigos, Timóteo, Lucas, Barnabé, Silas e outros. O livro mostra Pedro e o resto dos Doze inaugurando o movimento cristão e abençoando a admissão dos gentios crentes nas igrejas, depois retrata repetidas vezes o fato de que somente *alguns* judeus no mundo romano aceitaram a Cristo, ao passo que outros o rejeitaram. Em cada situação Paulo é mostrado voltando-se para os gentios, que pareciam mais desejosos de receber o Evangelho do que a maioria dos judeus.

Essa visão histórica é necessária para entendermos por que temos uma grande quantidade de informações sobre João e Pedro e até mesmo mais sobre Paulo, mas sabemos muito pouco sobre os outros apóstolos.

O cristianismo romano e grego logo se tornou dominante sobre o cristianismo judaico. Os cristãos ocidentais do Império Romano valorizaram e preservaram os escritos de João, Pedro e Paulo – os três apóstolos que trabalharam entre os gentios. Os outros apóstolos não escreveram muito, com exceção de Mateus. Mas a personalidade de Mateus não fica evidente em seu Evangelho. Os escritos, se é que há, do restante dos Doze estão perdidos.

Marcos era o ajudante e escriba de Pedro, mas não era considerado apóstolo, e sim um auxiliar apostólico, como o eram Timóteo, Tito, Epafrodito, Lucas, Barnabé, Silas, Áquila, Priscila e Erasto. Lucas escreveu sobre Paulo em Atos, e sobre os apóstolos e Jesus em seu Evangelho. Mas também não era apóstolo. Logo, o Novo Testamento como o que temos é o produto de Mateus, um apóstolo, Pedro, um apóstolo, João, um apóstolo e Paulo, um apóstolo. Outros autores do Novo Testamento tais como Marcos e Lucas não eram apóstolos, mas auxiliares; e Judas e Tiago não eram dos seguidores originais de Jesus, mas irmãos do Senhor, que creram somente após a ressurreição de Cristo.

Quanto à história dos apóstolos depois dos primeiros anos em Jerusalém, exceto pelas breves referências a eles em Atos, devemos investigar as epístolas, o livro do Apocalipse, as histórias e tradições ou lendas dos primeiros escritores cristãos pós-apostólicos e as tradições locais do movimento cristão em lugares nos quais os apóstolos serviram ou morreram. Essas últimas fontes têm sido alvo de menor interesse histórico, as quais tentaremos explorar, juntamente com a antiga tradição cristã e relatos bíblicos que são bastante conhecidos, mas não de todos.

INTRODUÇÃO

Lenda, Mito e Tradição

A palavra *lenda* ocupa uma posição melhor atualmente do que há pouco tempo ocupava. *Lendário* tem muitas vezes sido uma palavra pejorativa porque significava "mítico" para a maioria das pessoas. A palavra *tradição* ocupa posição de muito maior estima para os historiadores. Os eruditos hoje, graças à crítica literária, pesquisas históricas e observações arqueológicas, têm mais confiança na existência de um resíduo de fato entre as lendas e tradições sobre figuras bíblicas ou históricas bem conhecidas. Por mais fantasiosas que sejam, as lendas e tradições são muitas vezes ampliações da realidade, e as tradições podem até não ser nenhum exagero, mas fatos reais. Temos tentado extrair algo dessas lendas existentes sobre os apóstolos e também encontrar elementos do que existe de razoável e possível nas tradições. É impossível ser dogmático a respeito desse assunto, mas certamente um conhecimento maior da vida de todos os apóstolos pode ser obtido, além do que geralmente já se sabe.

> Por mais fantasiosas que sejam, as lendas e tradições são muitas vezes ampliações da realidade, e as tradições podem até não ser nenhum exagero, mas fatos reais.

A Relevância Hoje

Mas *por que* deveria o leitor cristão ou o leitor em geral se interessar pela história dos primeiros apóstolos de Jesus Cristo?

Um dos motivos é que um conhecimento maior sobre os apóstolos iluminará grandemente os primeiros dias do cristianismo, cheios de poder, e talvez ajude a recuperar o segredo da dinâmica dos cristãos primitivos.

Os cristãos de hoje sabem ou podem saber muito mais do que outras gerações de crentes. A arqueologia é uma ciência relativamente moderna. A crítica textual tem garantido um texto bíblico mais claro do que jamais esteve disponível antes. Entretanto, infelizmente, muito do poder e espírito da era neotestamentária obviamente falta nas igrejas de hoje.

O público em geral precisa ver renovada a dedicação dos primeiros líderes cristãos e sentir a relevância atual de seus métodos e ideais atemporais. O cristianismo precisa de uma autorrenovação, bem como todas as instituições. De onde virá essa renovação? Aquele momento dinâmico que os cristãos primitivos nos legaram, e que ainda não se esgotou inteiramente, certamente foi, em parte, a herança pessoal e direta dos doze apóstolos e seus contemporâneos cristãos.

O mínimo que um estudo desta natureza deve contribuir para todos os cristãos é dirigir nossa atenção de volta aos dias de um cristianismo mais puro, sem crostas e sem tradições. Há muito na vida dos doze apóstolos que pode nos falar *existencialmente* hoje. De fato, descobrir o que os apóstolos fizeram ou o que se afirma terem feito, é redescobrir sua motivação e a estratégia de vida que seguiram.

Como este Estudo Começou

Na verdade, este livro levou 30 anos de estudo abrangente e intensivo para ser escrito. Em 1944 terminei o Bacharelado em Teologia no Seminário Teológico Betel em Saint Paul, Minnesota, com especialização em História da Igreja que incluiu mais de sessenta créditos-hora por semestre e uma dissertação sobre o mesmo tema. Em 1952, defendi outra tese sobre o mesmo tema e obtive o grau de Doutor em Educação Religiosa pelo Seminário Teológico Batista do Sudoeste, em Fort Worth, Texas.

Desde então, continuei lendo sobre história eclesiástica e viajei muitas vezes para a Europa (39 vezes) e para o Oriente Médio (27 viagens) em busca de informações bíblicas e eclesiásticas. Essa rica experiência tem sido um trabalho feito com amor, além de ser muito gratificante em face da descoberta de novos fatos e percepções. É uma falsa suposição a de que todo o conhecimento histórico útil se encontre somente nos livros, embora eu tenha lido centenas deles sobre os doze apóstolos. Muitas informações adicionais sobre eles puderam ser vislumbradas apenas em viagens aos lugares que os apóstolos conheceram e por meio de conversas com pessoas que agora vivem ali e que conhecem as tradições que não se encontram amplamente nos livros disponíveis aos acadêmicos. Que eu saiba, nenhum livro já escrito contém todos os fatos conhecidos até agora sobre os apóstolos.

Por exemplo, em outubro de 1971, fui ao Irã como convidado oficial para participar da celebração do aniversário de 2.500 anos da morte de Ciro, o Grande. Nessa ocasião, tive a oportunidade de entrevistar os líderes de vários dos mais antigos movimentos cristãos do Irã, que remontam sua linhagem espiritual às visitas à Pérsia, de pelo menos cinco apóstolos de Jesus no século primeiro desta era! Não apenas obtive novas informações como também uma compreensão mais ampla do impulso que o cristianismo primitivo

INTRODUÇÃO

ganhou no Oriente, além das fronteiras do mundo romano e a respeito do qual nós cristãos de tradição ocidental sabemos muito pouco. Essa tem sido uma grande perda para nós. As observações seguintes são uma ilustração de uma área da história cristã a respeito da qual poucos cristãos de nossa região sabem:

O Irã teve contato com o cristianismo desde os primórdios da pregação apostólica. Quando ele foi pregado pela primeira vez nessa parte do mundo, isto é, além das fronteiras do Império Romano Oriental, a saber, nas regiões no extremo leste da Ásia Menor, regiões no nordeste da Antiga Síria e Mesopotâmia, os apóstolos e seus sucessores imediatos não conheciam fronteiras entre o Leste da Síria, a Mesopotâmia, a Armênia e a Pérsia. Na verdade, os povos desses países viviam em estreita relação entre si, a ponto de todos os primeiros cristãos pertencerem a uma mesma corrente evangelizadora, compartilharem as mesmas tradições cristãs ensinadas a eles pelos primeiros apóstolos e seus discípulos.

Assim, a partir do primeiro século, a fé cristã foi pregada em Edessa, no reino de Osroene. Ela penetrou também na Armênia e na Pérsia no mesmo século. Como Tournebize afirmou: "A partir de Osroene, sem dúvida, a fé tem se expandido bem cedo no Oriente; entre Edessa e Armênia, as distâncias não são grandes". Muito antes de Bar Hebraus, as alianças e os frequentes intercâmbios entre partos, persas, edessenos e armênios justificaram a seguinte declaração do famoso patriarca monofisita: "Partos ou persas, partos ou edessenos, partos ou armênios, são todos um só".[5]

Mais tarde, em novembro de 1971, conduzi um grupo de pessoas dos Estados Unidos numa viagem de interesse histórico intitulada "Em Busca dos Doze Apóstolos". Nessa expedição, pela Europa e Oriente Médio, surgiram muitos outros dos fatos registrados neste livro. É possível afirmar que nenhum outro grupo, em tempos modernos ou antigos, fez até agora um estudo tão abrangente da vida e locais de sepultamento dos apóstolos *nos lugares específicos* indicados pelos historiadores ou pelas tradições associadas aos apóstolos.

Muita luz precisa ser lançada ao tema dos doze apóstolos. Pensemos, por exemplo, nos vastos arquivos de documentos antigos e ainda não traduzidos dos mosteiros ortodoxos gregos ou da Biblioteca do Vaticano, em Roma. Não temos a pretensão de ter a erudição, a capacidade linguística nem o

---

5   *Interchurch Centenary Committee [Comitê do Centenário Interigrejas]*, palestra intitulada "A Tradição Cristã Armênia no Irã", 1.

tempo que seriam necessários para encontrar as agulhas nesses imensos palheiros. Devemos esperar pelos dias felizes quando outros se desincumbirão dessas tarefas.

Mas dentro dos limites da erudição atual, da pesquisa original e do exame crítico da história e das tradições, esperamos ter reunido tudo o que se sabe ou que razoavelmente se pode hoje averiguar sobre os apóstolos. Antecipamos com otimismo que estudos posteriores deverão acrescentar informações ao conjunto de dados que aqui se apresenta.

Capítulo Um

O MUNDO DOS APÓSTOLOS

Eles se dedicavam ao ensino dos apóstolos (...) Todos os dias, continuavam a reunir-se no pátio do templo. Partiam o pão em suas casas, e juntos participavam das refeições, com alegria e sinceridade de coração, louvando a Deus e tendo a simpatia de todo o povo. E o Senhor lhes acrescentava diariamente os que iam sendo salvos. – Atos 2.42,46-47

No início do ano 30 d.C., uma forte onda de otimismo começara a se espalhar pela vasta região do Império Romano. Tibério César, em seu palácio em Capri não sabia, mas estava nascendo uma nova força que pouco tempo depois herdaria o império. Sob a mão de ferro de Augusto, sucessor de Júlio César, havia se instalado um estilo de vida pacífico entre os povos do império, ainda que fosse uma paz opressiva, fruto da conquista.

A Pax Romana

Apesar de haver rebeliões localizadas que de tempos em tempos se acaloravam, não havia dúvida que Roma era a sela que estava firmemente amarrada à Europa, ao Norte da África e à Ásia Menor. Augusto e seu sucessor, Tibério, cavalgaram comodamente naquela sela por muito tempo. Qualquer rei vassalo que duvidasse dele ou qualquer província rebelde que temerariamente desafiasse César, logo descobria com derramamento de sangue quem comandava o mundo. Mais ainda, ninguém duvidava que esse estado de coisas se manteria sem variações, como de fato o confirmaram os trezentos anos seguintes de continuidade do império. O prolongamento da *Pax Romana* trouxe prosperidade, comércio, educação, homogeneidade cultural e linguística, e segurança nas estradas – uma preparação ideal para os apóstolos e missionários cristãos.

Havia uma única exceção nesta *Pax Romana* que apresentava constantes problemas: a terra da Judeia. Ali, as legiões romanas, bem como as tropas de ocupação, tinham de manter-se constantemente em guarda contra uma população implacavelmente hostil. Os reis herodianos haviam governado desde os dias do primeiro César, somente graças ao poder imposto por Roma. Todos eles entenderam, ainda que o povo não entendesse, que Roma havia chegado para ficar e que a *Pax Romana* era sem dúvida a melhor de todas as condições realisticamente possíveis.

> A Pax Romana trouxe prosperidade, comércio, educação, homogeneidade cultural e linguística, e segurança nas estradas – uma preparação ideal para os apóstolos e missionários cristãos.

Um após outro, os sucessivos Herodes navegaram a Roma para visitar o deslumbrante centro do poder. Ali, tinham uma visão mais ampla do império e isso lhes permitia encaixar mais facilmente a Judeia em seu pequeno lugar. Mas o povo que eles governavam em nome de Roma tinha uma atitude extremamente provinciana e não conseguia enxergar além de suas próprias fronteiras. Ainda que os romanos tentassem ser justos e equitativos, os israelitas os consideravam opressores odiosos, inferiores adoradores de ídolos, excluídos da aliança de Deus, e objetos justificados de ininterruptas tentativas de rebelião e de assassinatos. O desprezo altivo dos romanos para com o orgulho judeu criou um ressentimento que inevitavelmente desembocaria na matança e na dispersão dos judeus. No final, apenas Roma poderia triunfar. Mas, racionalmente ou não, em nenhum outro povo do mundo de então ardia tão intensamente a paixão pela independência como entre os judeus. A maioria deles pouco se importava com a segurança e a prosperidade que sem dúvida haviam obtido, pelo fato de ser parte de um império tão grande e unificado.

Esse ressentimento, em sua origem nacionalista e ideológica, cresceu principalmente como uma reação contra a terrível soberba dos romanos. Do ponto de vista dos judeus, nada que Roma fizesse poderia ser certo. Para os romanos, por direito imperial (que naturalmente hoje *não* poderíamos conceder), a opção era nítida: manter a Judeia pacificada ou correr o risco de levantes de rebelião estourando por toda a parte. A fim de manter o império viável, os romanos procuravam ser os mais justos possível. Mas, com justiça ou sem justiça, Roma *se manteria no poder*, sem importar-se com o que o povo

1. O Mundo dos Apóstolos

de Israel fizesse ou sentisse. O choque de vontades entre Jerusalém e Roma era o fato político mais problemático do primeiro século. Finalmente, acabaria por ter um desfecho trágico para a Judeia.

A paz de Roma, desastrosa e dolorosa para os judeus, não obstante foi o fator que abriu a porta ao mundo facilitando a penetração do recém-surgido cristianismo. Já havia judeus piedosos vivendo em todas as cidades romanas. Todos os israelitas, fossem da tribo de Judá propriamente, ou do remanescente das outras treze tribos, passaram a ser chamados de judeus. Judá era a tribo real de Davi, e judeu é uma palavra derivada desse nome. A *Pax Romana* havia facilitado o retorno dos exilados da Babilônia, que agora haviam recuperado a capital, Jerusalém. Judá era a mais forte e consolidada das tribos e era a guardiã do templo de Jerusalém que constituía o centro geográfico de oração para o qual os israelitas se voltavam, onde quer que estivessem localizados no mundo. Por esse motivo, todos os israelitas interessados em preservar sua identidade nacional, as antigas tradições mosaicas e a fé religiosa, passaram a ser chamados judeus, independentemente da tribo à qual pertenciam.

O casamento entre as pessoas das diversas tribos de Israel na *diáspora* sem dúvida foi um fator que contribuiu para unir ainda mais todo o Israel disperso por meio da identificação com Judá. Aqueles que não se somaram a esse movimento espiritual e nacionalista logo se perderam, não como tribos inteiras, mas como indivíduos, visto que os casamentos mistos com os gentios ou o desgaste pela morte foram exterminando ou eliminando gradualmente aqueles que se mostraram indiferentes à sua herança israelita.

Não houve uma única dispersão das tribos de Israel, embora o processo tenha se iniciado em 725 a.C., quando a Assíria deportou muita gente das tribos do norte. O que houve, em vez disso, foram sucessivas levas de deslocamento da Palestina que espalharam os israelitas por todos os lugares. (Uma colônia de judeus em Cochin, na Índia, desde 70 d.C., chamou a atenção do mundo recentemente, quando a emigração para o estado moderno de Israel finalmente esvaziou aquela reserva do judaísmo indiano. Esse evento nos lembra que as pessoas viajavam muito mais no primeiro século d.C. do que normalmente se acredita, um fato que brinda com autenticidade o apostolado de S. Tomé na Índia, durante o primeiro século.)

O *Biblical Research Handbook [Manual de Pesquisa Bíblica]* (volume 2) oferece um relato da dispersão dos judeus na era pré-cristã. Como os apóstolos, quando saíam em suas missões, sempre se dirigiam em primeiro lugar aos judeus, o trecho abaixo é bastante elucidativo:

Os historiadores armênios e georgianos registram que após a destruição do Primeiro Templo (...), Nabucodonosor deportou um grande número de cativos judeus para a Armênia e Cáucaso. Como esses exilados se reuniram mais tarde a outros compatriotas vindos da Média e da Judeia (...) no fim do século quarto, havia cidades armênias com populações de judeus que variavam de 10 mil a 30 mil habitantes (...)

Os monumentos feitos de placas de mármore que contêm inscrições em grego e são preservados no eremitério São Petersburgo e no Museu em Feodósia (Kaffa), mostram que os judeus viveram na Crimeia e ao longo de toda a costa leste do mar Morto no início da era atual e que possuíam comunidades bem organizadas e providas de sinagogas. Nessa época, eles já estavam helenizados, e usavam nomes gregos como Hermes, Dionisiodoro e Héracles. No reino de Júlio, o Isauriano (175-210), o nome "Volamiros" era comum entre os judeus da Crimeia. Essa é a origem do nome russo "Vladimir".[1]

A cultura grega havia penetrado até a França, então chamada de terra da Gália, até a metade do primeiro século a.C.. As diferentes línguas de cada país eram usadas localmente, é claro, mas em todo o Império Romano tanto o grego quanto o latim eram amplamente usados. Esse fato tornou possível que a filosofia e a cultura grega influenciassem profundamente o mundo romano. Mais tarde isso proporcionaria veículos linguísticos e literários para o Evangelho cristão.

> Por meio das estradas seguras de Roma e das rotas marítimas navegáveis circulava um agitado intercâmbio de mercadorias e costumes, [futuras] vias de propagação da fé.

As esplêndidas estradas romanas, muitas das quais ainda podem ser vistas hoje, interligavam as cidades de todos os países. Por meio daquelas estradas seguras e diretas e das rotas marítimas cada vez mais navegáveis circulava um agitado intercâmbio de produtos e costumes. Essas mesmas estradas logo se tornariam nas vias de propagação da fé.

Dessa maneira, apesar de sua crueldade inicial e das condições severas, o mundo romano estava mudando e se unificando para constituir o maior império e de maior duração que o mundo já conhecera. Na Idade Média, o Império Mongol governou brevemente sobre uma área maior, e talvez sobre uma população maior, mas não deixou uma civilização que perdurara, visto

---

1 *The Bible Research Handbook*, vol. 2 (London: Covenant Publishing Co., Ltd., segunda impressão, 1969), páginas não numeradas.

1. O Mundo dos Apóstolos

que se tratava de um império de destruição que logo desapareceu e retrocedeu na enorme e vazia região da Ásia de onde viera. Roma instalou uma cultura que permaneceu. De fato, essa cultura permanece ainda hoje e sua influência é tão forte quanto antes.

Roma havia incorporado à sua civilização muitos aspectos que havia tomado de outros; inicialmente, dos misteriosos etruscos. Mas até o primeiro século, os etruscos haviam praticamente desaparecido e se tornado parte da história. Ainda hoje não conseguimos ler sua escrita. O Egito também contribuíra com muito e ainda contribuiria. Mas o Egito havia perdido a civilização dos faraós e se helenizara. A própria Grécia ainda era o centro da cultura e da medicina do Império Romano, mas havia se tornado em pouco mais do que uma província que alimentava, com sua influência, os veios do império. Com o tempo, a Grécia, naturalmente, triunfaria sobre Roma e novamente se levantaria, não mais em Atenas, mas em Constantinopla. Durante o primeiro século, porém, Roma era o poder político mais importante do mundo.

Esse, portanto, era o mundo de Jesus e seus apóstolos. Na estreita faixa de terra entre três continentes, o povo de Israel havia estado e partido, e para ali voltara de novo. Os gregos, e depois os romanos, haviam conquistado a Palestina, mas nunca haviam subjugado de fato o seu povo. Constantemente fermentava a rebelião. Com frequência a menor provocação incendiava a revolução contra Roma. Os herodianos se apressavam a tomar medidas contra os revoltosos porque, se não conseguissem acalmar a rebelião, os romanos o fariam. E se isso acontecesse, os herodianos perdiam imagem e deviam pagar pesadas multas a César.

Por essa razão, os herodianos se preocupavam em sufocar qualquer sedição antes que se vissem em apertos. Foi por causa de uma acusação de sedição que Jesus foi julgado e num julgamento ilegal, que logo fugiu ao controle, sendo Jesus injustamente condenado à morte por blasfêmia e traição, embora o governador romano Pilatos o tivesse declarado inocente.

Naturalmente, a sedição foi apenas uma razão aparente para condenarem Jesus. Como os apóstolos enxergaram claramente depois, e o longo julgamento da história tem confirmado desde então, o maior motivo de sua condenação foi o fato de que Jesus havia perfurado a inchada hipocrisia da religião judia cerimonial e política e a burocracia religiosa de seus sacerdotes profissionais, os fariseus e os saduceus. Foi por isso que todos os principais líderes judeus, inclusive o partido oficial dos herodianos, que recebiam esse nome, consentiram com sua morte ou a procuraram.

Quando os homens conquistam posições elevadas e ali se mantêm de maneira precária, com frequência entram em concessões fatais. Quando o fazem num estado semirreligioso, isso lhes provoca uma má consciência. Quando são expostos e suas verdadeiras motivações são desnudadas, tendem a contra-atacar com as presas à mostra gotejando veneno. Jesus os qualificou apropriadamente de "raça de víboras" e foi principalmente por causa disso que se mantiveram quietos, à espera do momento para dar o bote. Suas acusações contra Ele foram blasfêmia e sedição. Dessa maneira, Roma foi induzida a unir-se a Jerusalém para crucificar o Filho de Deus.

Após a ressurreição, os apóstolos de Jesus gozaram de grande popularidade na Judeia. A culpa pela morte de Jesus pesava na consciência do povo e os apóstolos asseguravam que quem se arrependesse teria essa culpa e todas as culpas de outros pecados expiadas pelo verdadeiro Cordeiro de Deus. Milhares se converteram publicamente a Cristo logo após a ressurreição e dia a dia eram acrescentados à florescente igreja de Jerusalém.

Em pouco tempo, quando se reuniam, não havia prédio público ou particular que fosse capaz de abrigá-los. Medidas foram tomadas pelas autoridades para desencorajar os apóstolos a fim de evitar novos problemas para Israel. Mas, desta vez, nada poderia detê-los.

Então, Jesus aproximou-se deles e disse: "Foi-me dada toda a autoridade no céu e na terra. Portanto, vão e façam discípulos de todas as nações, batizando-os em nome do Pai e do Filho e do Espírito Santo, ensinando-os a obedecer a tudo o que eu lhes ordenei. E eu estarei sempre com vocês, até o fim dos tempos".
Mateus 28.18-20.

Apesar dos martírios, como o de Estêvão e o de Tiago, irmão de João, e da prisão de Pedro, a igreja crescia, se espalhando pela Judeia, Samaria e por toda a Palestina. Logo chegou à Antioquia da Síria que, no primeiro século, era a terceira cidade do Império Romano e a verdadeira interseção entre o Oriente e o Ocidente. Da Antioquia, os recém-chamados "cristãos" enviaram como missionários Barnabé, que fora de Jerusalém para pastorear a vigorosa igreja de Antioquia, e Saulo de Tarso, de quem Barnabé se aproximara em Jerusalém e a quem logo havia chamado de Tarso para que o ajudasse em Antioquia. Seu destino missionário era a terra natal de Barnabé, a ilha de Chipre, que ficava nas proximidades, e seu objetivo inicial eram os judeus, depois os gentios.

Após visível sucesso em Chipre, eles viajaram para a Ásia Menor que, segundo a percepção de Saulo (agora chamado Paulo), aparentemente estava pronta para receber a mensagem cristã. A experiência desses dois apóstolos zelosos, primeiro em Antioquia, depois em Chipre e na Ásia Menor, confirmava que o Evangelho deveria de fato alcançar a todos e poderia ser aceito tanto por gentios quanto por judeus. Assim, um marco na história cristã havia sido colocado. Começava um processo que separaria o cristianismo do exclusivismo judaico e o tornaria um movimento universal, acessível a todos os homens.

Não foram Paulo e Barnabé os que pela primeira vez romperam a barreira para comunicar o cristianismo aos gentios. Isso já acontecera no dia de Pentecostes quando pessoas de todo o mundo romano ouviram a mensagem, pouco depois da ascensão de Jesus. Mas na igreja de Jerusalém a conversão de gentios era escassa e fortuita.

Os doze apóstolos, agora reduzidos a onze pela morte de Tiago, haviam permanecido em Jerusalém ou pelo menos na Palestina. Parecia que não se atreviam a apresentar o apostolado ao mundo, tal como Jesus os havia comissionado. Cedo, porém, a perseguição dos judeus os obrigaria a sair. A nação de Israel não estava disposta a aceitar Jesus como o Cristo. Logo, os Doze também teriam que se dirigir aos gentios. Paulo e Barnabé haviam aberto o caminho com sucesso. A partir deste momento, os apóstolos iriam primeiro aos judeus e então, se rejeitados, se voltariam para os gentios. O livro de Atos é o relato de como o cristianismo se expandiu tanto pelo exemplo quanto pela perseguição, saindo de Jerusalém para o resto do mundo romano, com uma mensagem universal tanto a judeus como a gentios.

Embora a própria Roma fosse ainda mais hostil ao cristianismo do que Jerusalém, muitos judeus e gentios em todos os lugares aceitaram a fé cristã. Durante os anos de vida dos apóstolos, o Evangelho de Cristo se espalhara pelas estradas romanas, e também por mar, chegando a lugares remotos como a Gália e a Bretanha, a noroeste, Alexandria e Cartago na costa da África, ao sul, Escítia e Armênia (a antiga União Soviética) ao norte, e Pérsia e Índia, no Oriente. Durante essa explosão de fervor cristão inicial, os doze apóstolos e muitos outros também chamados apóstolos, levaram a mensagem cristã a lugares muito distantes e a terras perigosas tanto perto quanto longe, até mesmo além das fronteiras do Império Romano. Lá,

> Durante os anos de vida dos apóstolos, o Evangelho de Cristo se espalhara chegando a lugares remotos como Gália e Bretanha, Alexandria e Cartago, Escítia e Armênia, e Pérsia e Índia.

eles morreram, mas sua mensagem e as igrejas que fundaram sobreviveram a eles.

Em seus primórdios, o cristianismo registrou histórias e lendas que relatam as grandes aventuras que os apóstolos viveram nos primeiros anos da expansão cristã. Aparentemente, os próprios apóstolos não pareciam estar conscientes de que sua missão tinha valor histórico, por isso escreveram poucos registros que permanecem até hoje. Os documentos que temos, além das Escrituras, não são livres de erros e com frequência tendem a ser fantasiosos. Entrementes, há tanto ainda a se descobrir sobre os apóstolos além do que até agora conhece o público cristão em geral, ou do que já tenha sido escrito pelos eruditos numa única obra. Com esse propósito, este relato da vida dos doze apóstolos contribuirá para elucidar os dias iniciais da missão cristã. Esperamos que contribua para definir os apóstolos como *pessoas reais*.

O MUNDO DOS APÓSTOLOS

JERUSALÉM – Durante o Pentecostes, os seguidores de Jesus, em Jerusalém, são cheios do Espírito Santo. A igreja de Jerusalém cresce.

SAMARIA – A perseguição aos cristãos se intensifica. O Evangelho é difundido em outras cidades do império.

SÍRIA – Paulo se converte. Barnabé leva Paulo à igreja de Antioquia, na Síria.

CHIPRE E GALÁCIA – A primeira viagem missionária de Paulo e Barnabé passa por Chipre e Galácia.

MACEDÔNIA E ACAIA – Paulo e Barnabé se separam. Paulo visita cidades na Macedônia, vai a Atenas e a Corinto na Acaia e finalmente volta para Antioquia.

ÉFESO – A terceira viagem de Paulo é para Éfeso e outras cidades da Ásia.

JERUSALÉM E ROMA – Paulo é preso em Jerusalém e inicia, sob custódia romana, a longa viagem até a capital do império, onde se apresentará a César.

Capítulo Dois

QUANDO OS APÓSTOLOS SAÍRAM DE JERUSALÉM?

Dentre as centenas de pessoas que o seguiram de um lugar para o outro, Jesus escolheu doze para serem seus apóstolos. Apóstolo significa mensageiro ou representante autorizado. A característica peculiar que todos eles compartilhavam era sua disposição em obedecer a Jesus.

The Life Application Study Bible [Bíblia de Estudo de Aplicação para a Vida]

Lucas, que escreveu o livro de Atos, escolheu como sua tese o surgimento do cristianismo como uma fé universal que não ficaria presa por muito tempo à matriz do judaísmo, mas se desligaria, principalmente sob o pioneirismo de Paulo, para que o Evangelho pudesse ser apresentado também aos gentios. Do começo ao fim, Lucas desenvolve esse tema em Atos. O cristianismo, ele escreveu, começou com Deus e com Jesus Cristo, seu Filho. Diante da rejeição de Jesus pela liderança religiosa e nacional dos judeus, o Evangelho passou a ser apresentado aos gentios, conforme o propósito original de Deus. Essa metodologia é descrita muitas vezes em Atos.

Primeiro, o Pentecostes foi uma experiência *internacional*. Judeus de muitas nações estavam em Jerusalém, mas certamente, outros tantos eram gentios. "Partos, medos e elamitas; habitantes da Mesopotâmia, Judeia e Capadócia, Ponto e da província da Ásia, Frígia e Panfília, Egito e das partes da Líbia próximas a Cirene; visitantes vindos de Roma, tanto judeus como convertidos ao judaísmo; cretenses e árabes. Nós os ouvimos declarar as maravilhas de Deus em nossa própria língua!" (Atos 2.9-11). Depois Atos relata como Filipe testemunhou ao eunuco etíope, sob a liderança do Espírito Santo. As implicações da aprovação divina e autenticação do evangelismo aos gentios ficam explícitas.

Em seguida, Pedro foi diretamente dirigido por Deus a testemunhar em Jope para Cornélio, o centurião romano, e a batizá-lo. Entrementes, Paulo era apresentado como o perseguidor da Igreja *motivado por seu zelo em guardar a Lei de Moisés e impedir que os próprios judeus a adulterassem*. Ele arrastava para a prisão os judeus convertidos ao cristianismo que tinham abandonado Moisés por causa de Cristo. Ninguém pode acusar Paulo de não ter sido um judeu fiel, embora seus críticos certamente tenham tentado.

Após a conversão de Paulo, Lucas relata, com frequência, como testemunha ocular, o crescente sucesso missionário de Paulo, mas cuidadosamente observa que em nenhum lugar Paulo transgrediu a Lei Mosaica, mas em cada cidade sempre foi *primeiro* à sinagoga judaica para tentar ganhar os judeus que iriam crer. Somente depois ele se dirigia aos gentios, após a inevitável perseguição na sinagoga. Quando Lucas concluiu essa história de Atos, Paulo estava em Roma, tendo testemunhado ali, primeiro aos líderes religiosos judeus. Ele foi rejeitado pela maioria, como de costume, então se dirigiu aos gentios. Ali se encerra o livro de Atos.

O livro de Atos é um recorte limitado, mas muito rico da história cristã apostólica. É o relato de apenas alguns apóstolos e seus feitos. É a história dos poderosos atos do Espírito Santo na instituição das igrejas primitivas. É uma brilhante defesa de Paulo e sua decisão de levar o Evangelho "primeiro aos judeus e depois aos gentios". Nesse sentido, todos os comentários bíblicos são unânimes. Mas se pararmos aqui, talvez deixemos escapar o mais instigante de todos os efeitos que Lucas devia estar tentando alcançar, ao escrever o livro de Atos. *Que era encorajar todos os cristãos judeus a conscientemente ir até o mundo gentio e, como Paulo, dar testemunho diretamente a ele com plena confiança. E, como Paulo, acreditar com segurança que esse era o propósito do Espírito Santo e que Deus abençoaria seus esforços nesta missão e os coroaria com sucesso!*

Em suma, Atos é um livro de estratégias bem-sucedidas em evangelismo internacional. As verdades nele contidas tinham como alvo agitar os cristãos primitivos judeus que por muito tempo estavam ligados a Jerusalém e à Judeia ou, no mínimo, ao judaísmo.

Os estudiosos da Bíblia têm se incomodado pelo longo tempo que alguns dos apóstolos passaram em Jerusalém após a Ressurreição. Apesar da ordem clara de Jesus de ir e fazer discípulos de *todas* as nações, parece que alguns deles se apegaram ao templo e ao judaísmo por talvez um quarto de século.

Mesmo quando os apóstolos ocasionalmente tinham a oportunidade, ou eram forçados a levar um gentio a Cristo, eles logo voltavam para Jerusalém. Mesmo quando os crentes foram espalhados por causa da perseguição e enviados a todos os lugares para pregar, Lucas observa que havia uma expectativa que os apóstolos *ficassem* em Jerusalém, e foi isso o que fizeram. Por quê? Possivelmente porque estivessem relutantes de oficialmente partir para ganhar os gentios e começar a organizar igrejas gentias. Quem saberá a angústia ou o temor que esses homens judeus sofreram ao romper com o judaísmo?

> O longo tempo passado em Jerusalém nos leva a supor que alguns dos apóstolos se apegaram ao judaísmo, a despeito da ordem clara de Jesus de fazer discípulos de todas as nações.

É quase certo que o livro de Atos foi escrito por volta do ano 66 d.C. A esta altura os apóstolos, em sua maioria, certamente já teriam saído de Jerusalém e partido em suas missões ao redor do mundo.

Mas o livro de Atos cobre um período considerável de tempo, no mínimo trinta e cinco anos. Talvez as experiências de Paulo tenham funcionado como um desafio direto aos cristãos primitivos e até a alguns dos apóstolos para que se desincumbissem da tarefa que era deles desde o início: alcançar o mundo e todas as nações com o Evangelho. O concílio apostólico em Jerusalém recomendou a Paulo: "Você irá aos gentios e nós iremos aos judeus".

Atos pode muito bem ter sido usado posteriormente como um manual histórico de métodos usados com sucesso por Paulo, de como ele se saiu, e a prova clara que o Espírito Santo evidentemente desejava, a despeito de todos os obstáculos, abençoar uma missão aos gentios. Mas embora não estejamos sugerindo que os apóstolos estivessem sendo constrangidos a realizar sua tarefa de evangelização mundial pelo livro de Atos, visto que a data em que foi escrito sugere essa conclusão, é possível que alguns trechos iniciais do livro ou ao menos as experiências de Paulo que foram mais tarde registradas no livro, possam ter causado esse efeito.

Nada se sabe a respeito do "Teófilo" a quem Lucas dedica Atos. Teófilo é de fato um nome grego cujo significado é "aquele que ama a Deus". Talvez, com muito tato, Paulo estivesse tentando ensinar alguns dos "mestres" uma lição que, de certa maneira, eles ainda não tinham aprendido. Se tivesse sido expressa por meio de críticas diretas, provavelmente eles não teriam aceitado, por estar partindo de Paulo, visto que eram discípulos e apóstolos muito antes dele ter encontrado Cristo e, portanto, talvez se mostrassem relutantes em aceitar uma nova percepção de seus deveres da parte deste retardatário na fé cristã.

Se essas conclusões forem corretas, significa que as primeiras partes do livro de Atos talvez fossem destinadas a alguns apóstolos (Tiago já fora martirizado) praticamente como um manual sobre "métodos bem-sucedidos de testemunhar aos gentios", com o devido crédito cuidadosamente atribuído à unção do Espírito Santo, em todas as situações. Essa hipótese é reforçada nas diversas epístolas de Paulo, particularmente em sua referência à relutância de Pedro até mesmo em comer com os cristãos gentios em Antioquia, quando os cristãos judeus enviados da parte de Tiago em Jerusalém chegaram àquele cenário. Paulo disse: "Quando, porém, Pedro veio a Antioquia, enfrentei-o face a face, por sua atitude condenável" (Gálatas 2.11).

Paulo, na verdade, sentira a relutância dos apóstolos em ir até os gentios de maneira sistemática e apontou a estratégia deles como se segue: "Reconhecendo a graça que me fora concedida, Tiago, Pedro e João, tidos como colunas, estenderam a mão direita a mim e a Barnabé em sinal de comunhão. Eles concordaram em que devíamos nos dirigir aos gentios, e eles, aos circuncisos" (Gálatas 2.9).

Quer o relato das experiências de Paulo, que mais tarde se desenvolveu no hoje chamado livro de Atos, tivesse ou não como um de seus propósitos encorajar e instruir os apóstolos e outros dos primeiros obreiros cristãos em seu dever para com os gentios, foi isso que de fato finalmente aconteceu. Em algum lugar, em algum momento, formal ou naturalmente, os apóstolos um dia aparentemente concordaram numa estratégia mundial de evangelismo e cada um partiu separadamente.

Eusébio relata que os apóstolos "dividiram o mundo" e partiram para as quatro direções da bússola. Teria essa decisão sido motivada ou influenciada pelas experiências de Paulo, mais tarde registradas em Atos? Não se sabe ao certo, mas é bastante provável que, no mínimo, o sucesso de Paulo não poderia passar despercebido, ignorado ou sem ser copiado. Um fragmento de documento da história cristã primitiva indica que pode haver certo fundamento nesta ideia:

> No início do Livro III de sua *History of the Church* [História da Igreja], após ter descrito a Queda de Jerusalém, Eusébio diz que "o

mundo habitado" foi dividido em zonas de influência entre os apóstolos: Tomé, na região dos partos, João, na Ásia, Pedro no Ponto e em Roma, André na Escítia. Essa declaração contém certa medida de veracidade histórica, particularmente no que diz respeito a João, mas é difícil verificar acerca dos outros. Um fato, entretanto, serve de base para ela. Os escritos apócrifos do *Novo Testamento* estão divididos em ciclos: o ciclo de Pedro, o ciclo de Tomé, o ciclo de Filipe, o ciclo de João. Esses ciclos parecem se referir a áreas geográficas definidas, e parece, especialmente, que a missão judaico-cristã no início do século segundo assumiu diferentes formas: a mesopotâmica, ligada a Tiago e Tomé; o cristianismo asiático, que se baseava em Filipe e João; o grupo petrino, que compreendia a Fenícia, o Ponto, a Acaia e Roma.[1]

Um estudo do que teria acontecido aos apóstolos deve, portanto, levar em consideração a possibilidade que a experiência de Paulo, mais tarde registrada em Atos, possa ter servido como um catalisador para impulsionar a decisão dos apóstolos de ir por todo o mundo e pregar o Evangelho. Um estudo da datação do livro de 1Pedro certamente mostra que houve tempo suficiente para o livro de Atos ter sido encerrado por volta do ano 64 d.C. Isso é mencionado porque fica claro a partir de 1Pedro 1.1 que ele fez suas viagens missionárias à Ásia Menor antes da conclusão do primeiro aprisionamento de Paulo pelos romanos, em 64 d.C.

Mas, ainda que Pedro tivesse se tornado testemunha aos gentios antes disso (apesar de Gálatas 2.9), não significa que *todos os outros apóstolos* tenham saído de Jerusalém até 64 d.C., que é a data mais antiga possível para a escrita do livro de Atos. Nem isso implica, também, que, mesmo que todos os apóstolos tivessem saído de Jerusalém muito antes de 64 d.C., eles teriam se engajado em um *ministério aos gentios*, aonde quer que tivessem ido, visto que havia judeus em todos os lugares. Tivesse esse objetivo sido alcançado, ainda que somente por alguns dos apóstolos, o relato das experiências de Paulo e posterior incorporação ao livro de Atos, já teria valido a pena.

De qualquer maneira, após terem partido para as partes mais remotas do Império Romano, os apóstolos acenderam uma chama que ainda brilha na maior parte do mundo até hoje.

---

1 Jean Danielou e Henry Marrou, *The Christian Centuries [Os Séculos Cristãos]* (London: Datton, Longman, e Todd, 1964), p. 39.

CAPÍTULO TRÊS

SIMÃO PEDRO

Uma criada o viu sentado ali [Pedro no pátio do sumo sacerdote] à luz do fogo. Olhou fixamente para ele e disse: "Este homem estava com ele". Mas ele negou: "Mulher, não o conheço". Pouco depois, um homem o viu e disse: "Você também é um deles". "Homem, não sou!", respondeu Pedro. Cerca de uma hora mais tarde, outro afirmou: "Certamente este homem estava com ele, pois é galileu". Pedro respondeu: "Homem, não sei do que você está falando!" Falava ele ainda, quando o galo cantou. O Senhor voltou-se e olhou diretamente para Pedro. Então Pedro se lembrou da palavra que o Senhor lhe tinha dito: "Antes que o galo cante hoje, você me negará três vezes". Saindo dali, chorou amargamente. – Lucas 22.56-62

De todas as personalidades humanas que Jesus transformou, Simão Pedro (ao lado de Paulo) é aquela acerca da qual mais sabemos, e o homem que mais se parece conosco. Como afirmou o Dr. Stalker: "Ele [Cristo] controlou os elementos impetuosos e volúveis do caráter dele [de Pedro] como um perfeito cavaleiro faz ao domar um cavalo selvagem. Ele transformou uma natureza tão instável quanto a água na solidez de uma rocha".

No primeiro encontro de Jesus com Simão, Ele se dirigiu a ele:

Tu és Simão, filho de Jonas; tu serás chamado Cefas (que quer dizer Pedro). (João 1.42, ACF).

Muitos equívocos surgiram em disputas quanto ao verdadeiro significado deste novo nome *Pedro*. As notas de rodapé do Dr. Scofield estão corretas quando ele comenta o seguinte: "Há no grego, um jogo de palavras *Tu és Pedro* (Petros – literalmente 'uma pequena pedra' ou 'pedregulho') e sobre esta Rocha (Petra) edificarei a minha igreja. Ele não promete edificar sua igreja sobre Pedro, mas sobre si mesmo, conforme o próprio Pedro tem o cuidado de nos dizer" (1Pedro 2.4-9). Para que não haja nenhuma interpretação errada sobre isso, deixemos que o apóstolo Paulo encerre o assunto de uma vez por todas quanto ao que seja o Alicerce do cristianismo:

> Porque ninguém pode colocar outro alicerce além do que já está posto, que é Jesus Cristo. (1Coríntios 3.11).

Se Paulo tivesse entendido que Pedro era o alicerce da igreja que Cristo havia fundado em Jerusalém, ele não teria dito que não há outro alicerce além do próprio Cristo.

A Casa de Pedro em Cafarnaum

A descoberta da casa de Pedro é um triunfo da arqueologia moderna. Durante a maior parte do século vinte, com algumas interrupções, arqueólogos italianos escavaram e restauraram a cidade de Cafarnaum. O lugar é um dos mais visitados na Galileia, porém, muitos turistas que passam por ali ainda não reconhecem a verdadeira ligação com a vida dos apóstolos que foi descoberta na casa de Pedro. A história antiga da igreja relata o episódio e apresenta pistas essenciais para a descoberta da história do lar de Pedro.

Em seu Panarion – um tratado sobre heresias – Santo Epifânio menciona as dificuldades encontradas em se instituir uma comunidade cristã em Cafarnaum, que ainda era totalmente judia até a metade do século quarto. Somente quando o conde José – um convertido ao cristianismo e governador de Tiberíades – conseguiu do Imperador Constantino, o Grande [poucos anos antes de sua morte, em 337] um decreto imperial para a construção de uma igreja no lugar tradicional da casa de Pedro em Cafarnaum, foi que os preparativos para esse prédio tiveram início. E mesmo nessa época, o trabalho no local só começou a partir de 352. Com o passar do tempo, esta modesta igreja foi substituída por uma esplêndida basílica frequentemente citada nos textos dos Peregrinos que a visitaram e apreciaram sua beleza.[1]

Em suas New Memoirs of St. Peter by the Sea of Galilee [Novas Memórias de S. Pedro no Mar da Galileia], Virgilio Corbo relata:

---

1 Baruch Sapir e Dov Neeman, Capernaum [Cafarnaum], vol. NI/9 (Tel Aviv: The Historical Sites Library [Biblioteca de Lugares Históricos], 1967), p. 22.

Desde o primeiro dia que Jesus visitou Cafarnaum, o lugar foi marcado como 'a casa de Simão e de André' (Marcos 1.29). Ali, no dia seguinte, Jesus curou a sogra de Pedro. Ali, perto da porta, ele curou um grande número de pessoas enfermas (Marcos 1.33). Mais adiante, fica claro que Ele passou a noite debaixo daquele teto (Marcos 1.35). A casa da hospitalidade em seguida é descrita cercada por tamanha multidão que tentava ver Jesus que não havia lugar nem do lado de fora (Marcos 2.2). Foi para esta casa que Jesus voltou após suas viagens na região do Lago e após a eleição oficial dos doze apóstolos (Marcos 3.20). Nesse mesmo local Ele proferiu seus mais profundos ensinos (Marcos 7.17). Ali, um dia apareceram sua mãe e seus 'irmãos' (Marcos 3.31).

Foi nessa mesma casa que Jesus pegou uma criancinha no colo para ensinar aos doze uma lição de humildade (Marcos 9.33-37). Ali aconteceu o milagre da cura do paralítico (Marcos 2.1-12). A última vez que a casa é mencionada em Marcos é quando Jesus voltou de um roteiro de pregações (Marcos 10.10).

Nesta lista de eventos na vida de Jesus em Cafarnaum, citamos apenas aqueles que envolveram a casa de Simão Pedro e André. Temos tido a felicidade de trazer à luz essa construção, que foi tão abençoada de maneira especial pela presença de Cristo.[2]

O arqueólogo italiano continua com a descrição detalhada:

A basílica octogonal foi construída como local de adoração, não para suprir as necessidades comuns de uma comunidade cristã, mas como um memorial. Ficou em cima das ruínas de uma casa que, desde tempos antigos, deu provas de ser venerada por parte da comunidade cristã de Cafarnaum, que era de origem judaica. Tudo isso fora por muito tempo atestado pela tradição e foi comprovado por nossas escavações.

Estas mostram de maneira muito clara que, debaixo da basílica octogonal há enterrado um complexo de pequenas construções muito antigas. O arquiteto da basílica tomou o cuidado de situar o centro do octógono diretamente acima de um cômodo que era muito reverenciado, e até mesmo de acompanhar as mesmas dimensões. Ao mesmo tempo, apesar de ter removido as partes superiores das antigas construções, ele tomou o cuidado de preservá-las, enchendo-as

---

2 Virgilio Corbo, *New Memoirs of Saint Peter by the Sea of Galilee* [*Novas Memórias de São Pedro no Mar da Galileia*] (Jerusalém: Franciscan Printing Press, 1969), pp.10-11.

de terra. Neste aspecto, uma descoberta foi bastante surpreendente. Para preservar a soleira de uma porta que normalmente teria sido construída nos alicerces, o arquiteto colocou uma pequena ponte sobre ela. Assim, temos para com esse desconhecido projetista uma profunda dívida de gratidão. Ao projetar sua basílica octogonal e colocando o piso um metro e meio acima daquelas antigas moradias, ele poderia ter apagado completamente a estrutura anterior. Em vez disso, ele providencialmente preservou por toda a posteridade aqueles vestígios venerados.[3]

Os arqueólogos, que por muito tempo e meticulosamente escavaram a casa de Pedro em Cafarnaum, desenterraram muitas informações interessantes e vitais que de modo geral não são conhecidas.

A escavação arqueológica sob o pavimento da igreja bizantina não apenas trouxe à luz uma rede de moradias do primeiro século de nossa era, mas também demonstrou com a mesma evidência a evolução de um caráter de culto que se tornou conhecido nessas moradias que cercavam a sala maior do complexo. Sabe-se que este salão ganhou caráter sagrado a partir da antiga tradição cristã que chegou até nós por meio do testemunho dos peregrinos; independentemente desses testemunhos, hoje sabemos isso também a partir do testemunho das escavações que apresentaremos de maneira completa a eruditos na última publicação desta pesquisa.

Pedro, o Diácono relata um texto antigo atribuído a Egéria. "Em Cafarnaum, porém, uma igreja foi criada na casa do príncipe dos Apóstolos; suas paredes continuam de pé da maneira como eram no passado. Foi ali que o Senhor curou o paralítico". Um escritor conhecido como "Anônimo de Piacenza" (570 d.C.) escreve: "Nós também fomos a Cafarnaum na casa do bendito Pedro, que hoje é uma basílica".[4]

O padre Corbo descreve os quartos da casa de Pedro:

O cômodo principal e maior de uma moradia bastante pobre foi venerado pelos cristãos judeus da primeira geração e nos séculos seguintes adaptando-se algumas dependências para transformá-lo num local de reuniões e de oração, a fim de preservar, neste lugar, o caráter sagrado que derivava tanto da pessoa do proprietário, Pedro, como também da consagração conferida pela longa estada do Senhor ali.

---
3 Ibid., pp. 21-22.
4 Baldi, O.F.M. *Enchiridion Locorum Sanctorum*, pp. 293, 299, conforme a citação em Ibid., p. 53.

Assim, embora ao redor deste salão estivesse centrado o culto dos cristãos judeus primitivos da comunidade de Cafarnaum, os outros cômodos que o cercavam continuavam a pulsar com a vida comum das pessoas. A casa de Pedro, nos séculos seguintes, continuou de fato a ser a casa do Senhor e a casa de pessoas.

Entre os objetos encontrados no piso da igreja doméstica menciono dois anzóis e atrás da parede leste do octógono central um pequeno machado de cortar pedras.[5]

O padre Corbo resume as conclusões das descobertas em Cafarnaum:

Tendo chegado ao final deste relatório consideramos útil resumir em alguns pontos as principais descobertas que fizemos nessas duas primeiras campanhas de escavações na área da igreja cristã em Cafarnaum, construída sobre a casa de São Pedro.

1) Um complexo de moradias do século primeiro de nossa era foi encontrado em toda a área de escavação.

2) Neste complexo de moradias bastante pobres um salão era venerado de modo especial desde o primeiro século em diante pela comunidade local de cristãos judeus, que transformaram esta área em um local de culto, embora continuassem a morar nos outros cômodos contíguos a este.

3) Desde o último período romano (por volta do quarto século em diante), a comunidade de cristãos judeus de Cafarnaum ampliou a casa que funcionava como igreja, adicionando ao salão venerado um átrio a leste e dependências ao norte, cercando assim toda a pequena ilha da casa de Pedro no interior de um recinto sagrado.

4) A crença da comunidade de cristãos judeus de Cafarnaum e de peregrinos na santidade do local indicado pela tradição como a casa de São Pedro está expressa em entalhes de símbolos e figuras nas paredes deste salão venerado.

5) A igreja, que tem um projeto centralizado (dois octógonos concêntricos com um pórtico nos cinco lados e sacristias e cômodos subordinados em três lados), foi construída em Cafarnaum quase na metade do século quinto em cima da casa venerada de São Pedro.[6]

---

5 Virgilio Corbo, *The House of Saint Peter at Capharnaum* [A Casa de São Pedro em Cafarnaum] (Jerusalém: Franciscan Printing Press, 1969), pp.54, 70.
6 Ibid., p. 71.

A Conversão de Pedro

Pedro foi conduzido a Cristo por seu irmão André. Eles eram pescadores, exercendo sua profissão no mar da Galileia. Pedro era jovem quando conheceu Jesus Cristo e certamente estava interessado no Messias. Quando seu irmão André anunciou que ele havia encontrado o Messias, Pedro afoitamente jogou de lado suas redes e foi ver por si mesmo. Então voltou para seu ofício.

Foi algum tempo mais tarde que Jesus voltou às praias da Galileia e ali encontrou Pedro que havia conversado com Ele antes. Ali veio o convite de Cristo: "Sigam-me, e eu os farei pescadores de homens" (Mateus 4.19). Pedro e André imediatamente deixaram as redes e os barcos e seguiram Jesus. Pedro era casado e, ao que parece, sua sogra morava com ele e sua esposa.

A Personalidade de Pedro

Muito tem sido dito a respeito do temperamento de Pedro. Ele não era particularmente modesto, mas geralmente autoconfiante. Frequentemente ele se posicionava à frente dos apóstolos e era o seu porta-voz. O único que se sobressairia a ele seria Paulo. Mas Pedro sempre permaneceu arraigado no afeto dos cristãos primitivos como o primeiro dos grandes cristãos. Embora os registros indiquem que também João e Paulo eram tidos em alta conta, não obstante, nas listas de apóstolos nas Escrituras, encontramos o nome de Pedro precedendo o restante dos doze.

Pedro era impulsivo. Com frequência, ele agia primeiro e depois pensava. Ele rapidamente jogou sua rede diante do convite de Cristo. Quando Jesus caminhou por sobre as águas, Pedro saiu do barco e andou sobre a água em direção a Ele. Após a ressurreição, Pedro se lançou no mar e nadou impulsivamente até a praia, sem esperar pelo lento movimento do barco a remos.

O caráter de Pedro não era inicialmente tão firme como poderia ter sido. Ele foi o mais estrondoso em suas declarações de lealdade na noite anterior à prisão de Cristo. Naquela noite, juntamente com os outros, ele o abandonou e amaldiçoou seu nome. Então, em outra reação impetuosa, depois de Jesus ter olhado para ele, Pedro saiu e chorou amargamente.

Pedro era uma rara combinação de coragem e covardia, de grande força e lastimável instabilidade. Cristo falou mais vezes com Pedro do que com qualquer dos outros discípulos, tanto para repreender quanto para elogiar.

> Pedro era uma rara combinação de coragem e covardia, de grande força e lamentável instabilidade. Ele pecou tão gravemente quanto Judas. A única diferença foi que Pedro se arrependeu e Judas não.

Nenhum outro discípulo foi repreendido tão intencionalmente por nosso Senhor quanto Pedro, e nenhum outro discípulo jamais se aventurou a repreender seu Mestre além de Pedro! Porém, paulatinamente e debaixo da orientação, exemplo e ensinos de Cristo, o caráter extremamente intempestivo de Pedro foi gradualmente sendo dominado, até que finalmente após o Pentecostes, ele se tornou a personificação da fidelidade a Cristo.

Havia um fator redentor no caráter de Pedro e que era essa excepcional percepção de pecado. Ele era extremamente sensível e de espírito afável. Foi Pedro que disse: "Afasta-te de mim, Senhor, porque sou um homem pecador!" (Lucas 5.8). Pedro pecou tão gravemente quanto Judas. Judas vendeu Jesus. Pedro o amaldiçoou. Essencialmente não há diferença, exceto que Pedro se arrependeu e Judas não. É esclarecedor ler na epístola do próprio Pedro as seguintes palavras escritas no fim de sua vida.

> *Portanto, amados, sabendo disso, guardem-se para que não sejam levados pelo erro dos que não têm princípios morais, nem percam a sua firmeza e caiam. Cresçam, porém, na graça e no conhecimento de nosso Senhor e Salvador Jesus Cristo. A ele seja a glória, agora e para sempre! Amém. (2Pedro 3.17-18).*

Fatos que o Novo Testamento Revela sobre Pedro

No livro de Atos, observe que desde o início, Pedro assume uma posição única de importância na igreja de Jerusalém. Na verdade, a primeira divisão de Atos é composta em grande parte dos "Atos de Pedro", assim como a segunda divisão do livro contém as histórias dos "Atos de Paulo". O livro de Atos foi originalmente escrito para mostrar a transição do cristianismo, de facção do judaísmo a uma fé mundial. Portanto, a história de Pedro é ali relatada para que possamos ver como Pedro, que tinha uma posição de liderança na igreja primitiva, levou o Evangelho além das fronteiras do mundo judaico até o mundo gentílico. Depois, a história é transferida para Paulo que se tornou exclusivamente apóstolo aos gentios.

3. SIMÃO PEDRO

Foi Pedro que sugeriu que um décimo segundo discípulo fosse escolhido para ocupar o lugar de Judas. Foi ele que se dirigiu à multidão reunida no dia de Pentecostes. Foi ele que realizou o milagre da cura do aleijado. Em Gálatas 2.9, Paulo fala de Pedro, Tiago e João como "colunas" da igreja. Foi Pedro que defendeu a causa do Evangelho quando as autoridades judaicas tomaram medidas contra os apóstolos. Ele aplicou disciplina eclesiástica na congregação, no caso de Ananias e Safira. Ele também falou contra Simão, o mágico, que tentou comprar o dom do Espírito Santo.

O livro de Atos enfatiza a fé que as pessoas comuns tinham no poder miraculoso de Pedro. Elas acreditavam que sua sombra era capaz de efetuar cura. Pedro foi incumbido pelos doze em Jerusalém de ir a Samaria verificar a autenticidade da renovação espiritual que estava acontecendo ali sob a direção de Filipe. Em seguida, Pedro aparece em atividades missionárias em Lida, Jope e Cesareia, onde se faz menção especial a ele que conduziu ao batismo toda a casa do gentio Cornélio.

Finalmente, Pedro aparece no concílio apostólico onde ele defendeu a inclusão dos gentios no cristianismo. A partir deste ponto, Pedro desaparece da narrativa de Atos. Paulo o cita em suas epístolas apenas em relação ao erro de Pedro em Antioquia quando ele teve medo dos judeus cristãos de Jerusalém, que exigiam que os gentios convertidos ao cristianismo não se misturassem com os judeus também convertidos. Em sua afirmação, Paulo diz que a atitude de Pedro era condenável e que, portanto, ele, Paulo teve de *enfrentá-lo face a face*! Ao que parece, Pedro recuou diante do forte argumento de Paulo.

Estamos no caminho certo seguindo Pedro em Corinto, depois de Paulo ter fundado a igreja ali e antes que Paulo escrevesse suas epístolas aos coríntios. Jean Danielou observa:

> Em Corinto, a memória de Pedro foi intimamente associada com a de Paulo pelo bispo Dionísio. Fica evidente, a partir da *Carta* que Clemente de Roma escreveu aos membros da igreja no início do segundo século, que havia ligações entre Corinto e Roma, com as quais Pedro e Paulo também tinham relações. A *Carta* mostra que a cidade estava dividida pela discórdia, os presbíteros contra outro grupo, talvez o de diáconos.[7]

Nas *Epístolas de Inácio* há uma referência a Pedro em Antioquia. Eusébio cita a passagem:

---

7 Danielou e Marrou, *The Christian Centuries* [*Os Séculos Cristãos*], p. 51.

Nesta época, florescia na Ásia Policarpo, um discípulo íntimo dos Apóstolos que fora escolhido e consagrado para ser o bispo da igreja de Esmirna, pelas mãos das testemunhas e servos do Senhor. Nesse mesmo período, Papias tornou-se bastante conhecido como bispo da igreja de Hierápolis, um homem experimentado em toda ciência e profundo conhecedor das Escrituras. Inácio também, que é celebrado por muitos até hoje, como o sucessor de Pedro em Antioquia, foi o segundo que recebeu o bispado ali.[8]

O estudioso de história da igreja Jean Danielou discute a presença de Pedro em Antioquia:

É fato que se a Igreja de Antioquia não era tipicamente petrina, teve muitas ligações com Pedro; temos visto que ele permaneceu ali numa data bastante remota. Os escritos petrinos apócrifos eram populares em Antioquia, como mostram Teófilo e Escrapião. A *Ascensão de Isaías* é a primeira obra que faz menção ao martírio de Pedro. O cristianismo judaico antioquiano, portanto, aparece como representante da posição petrina. Temos também observado sua ligação com o setor fenício, que dependia muito de Pedro. As mesmas ligações são encontradas em outras regiões que sofreram a influência de Pedro e que se comunicavam com Antioquia.

Eusébio nos diz que o Ponto e as regiões vizinhas da Bitínia, Capadócia e Galácia eram subordinadas a Pedro; outros fatos confirmam isso. A *Primeira Epístola de Pedro* foi dirigida aos cristãos dessas regiões. Essa pode ser a fonte da informação de Eusébio, mas esta hipótese está longe de ser incontestável, visto que há outras evidências para estabelecer essa relação. O Ponto e a Capadócia são geograficamente uma extensão do norte da Síria e era naquela direção que a Síria normalmente se expandia. Numa carta de Dionísio, bispo de Corinto em meados do século segundo, vemos as relações entre Corinto e o Ponto. E Corinto estava sob a esfera de influência de Pedro. Na controvérsia pascal, os bispos do Ponto estavam em concordância com o Bispo de Roma e em desacordo com os bispos da Ásia.[9]

Há amplas confirmações que Pedro de fato fez de Antioquia sua sede. O estudioso católico Hugo Hoever escreve em sua *Lives of the Saints* [*A Vida dos Santos*]: "Historiadores da igreja afirmam positivamente que São Pedro

---

8 Eusébio, *Eusebius' Ecclesiastical History* [*Histórica Eclesiástica de Eusébio*] (Grand Rapids: Baker Book House, 1962), p. 120.
9 Danielou e Marrou, *The Christian Centuries*, p. 50.

fundou a Sé de Antioquia, antes de ir a Roma. A Antioquia era então a capital do Oriente. São Gregório, o Grande, declara que o Príncipe dos Apóstolos foi o Bispo daquela cidade por sete anos".[10]

No livro de memórias chamado *Souvenir of India* [Lembrança da Índia], num artigo de V.K. George intitulado "A Santa Sé de Selêucia – Ctésiphon", estão registradas as tradições da igreja do Oriente.

> Entrementes, os apóstolos saíram para pregar o Evangelho, e o primeiro campo missionário deles foram os judeus. Eles tinham o mesmo parentesco racial, eram seus próprios conterrâneos. Eram o povo que aguardava a chegada do Messias. Portanto, o trabalho entre eles era muito fácil. "Os apóstolos tinham apenas que acrescentar alguns elementos à sua fé já existente de que o Messias havia vindo; que Ele morrera por seus pecados e ressuscitara para sua salvação; que Ele ascendera ao céu e enviara o Seu Espírito Santo aos seus discípulos; e que Ele devia ser adorado como Deus."
>
> Naquela época, a Mesopotâmia era um dos mais fortes centros de judeus. Era ali que as "Tribos Perdidas" estavam vivendo. Eles eram muito ricos e influentes e tinham estabelecimentos comerciais em muitos lugares na costa da Índia, Ceilão, Malásia e na costa mais remota da China. Vemos que o próprio Jesus havia enviado os setenta discípulos para a Mesopotâmia durante o seu ministério na terra.
>
> E, portanto, era natural que os apóstolos escolhessem aquela área para sua primeira atividade missionária. São Tadeu (mar Addai) foi a Edessa, em obediência à comissão de Nosso Senhor, pregar ao Rei Abgar de Edessa. São Pedro também pregou o Evangelho na Babilônia e a Bíblia Sagrada prova isso: "Aquela [igreja] que está em Babilônia, também eleita, envia-lhes saudações, e também Marcos, meu filho" (1 Pedro 5.13). São Tomé havia trabalhado entre os judeus da Mesopotâmia e mais tarde foi em busca de pequenas colônias deles na costa da Índia e chegou a Cranganore em 52 d.C.. São Bartolomeu e Mar Mari dos Setenta também foram os fundadores desta Igreja.
>
> Como aconteceu no Império Romano, também no Império Persa, o cristianismo teve seu início em importantes cidades e dali se espalhou para o interior. Assim, Antioquia, Corinto, Éfeso, Alexandria,

---

10 Hugo Hoever, *Lives of the Saints* [A Vida dos Santos] (New York: Catholic Book Publishing Co., 1967), p. 82.

Roma etc., no Império Romano e Edessa, Arbil, Selêucia-Ctésiphon, etc., no Império Persa se tornaram vigorosos centros cristãos.[11]

Os historiadores da Igreja Cóptica concordam com os católicos romanos:

> Além disso, Eusébio afirma que a igreja de Antioquia foi fundada por São Pedro, que se tornou o seu primeiro bispo antes de sua translação para a Sé de Roma. De acordo com a tradição, ele presidiu a recém-formada igreja de Antioquia durante sete anos, de 33 a 40 d.C., quando nomeou São Euodius como seu vigário, antes de partir para o Ocidente. Enquanto a área de pregação do Evangelho era expandida para o Oriente em Edessa, Nisibis e a distante Malabar pelo apóstolo Tomé e Mar Addai (São Tadeu), a queda de Jerusalém no ano 70 d.C. poderia apenas ter aumentado o número de judeus cristãos emigrantes em Antioquia.[12]

Aqui, devemos nos separar de Eusébio. Não há evidências de que Pedro tenha estado em Roma antes de 44 d.C. É muito mais provável que ele estivesse na Babilônia, como afirmam as igrejas do Oriente. No livro de Romanos, Paulo não faz referência a Pedro. O livro de 1Pedro vem da Babilônia, de acordo com a afirmação clara do próprio escritor. Pedro dificilmente poderia ter estado em Roma antes de a epístola aos Romanos ter sido escrita, visto que, ao que parece, ele parou em Corinto depois que Paulo ali esteve, conforme Paulo afirma em 1Coríntios.

Como já observamos, há referências de Paulo em 1Coríntios que indicam que Pedro havia visitado Corinto e pregado ali por algum tempo. Ao que parece, Pedro levou sua esposa consigo nesta viagem, como vemos em 1Coríntios 9.5. Após ter sido preso duas vezes na cidade de Jerusalém, Pedro foi embora e dirigiu-se a outras partes do mundo. Sua epístola indica que foi escrita na "Babilônia". Muitos questionam se essa referência na verdade não significaria Roma, que frequentemente era chamada de Babilônia pelos cristãos primitivos.

A cidade da Babilônia, porém, tinha sua importância. Era um grande conglomerado de colonos judeus e um poderoso centro quando Pedro serviu

---

11 V.K. George, "The Holy See of Seleucia – Ctesiphon" [A Santa Sé de Selêucia – Ctésiphon"], *Souvenir of India, in Honour of the Visit to India of His Holiness Maran Mar Eshai Shimun XXIII* [Lembrança da Índia em Honra da Visita de Sua Santidade Maran Mar Eshai Shimun XXIII à Índia] (Editorial Board of the Publicity and Information Committee of H. H. ThePatriarch Reception Committee, Ernakulam, Kerala State, India, 1962).

12 Aziz S. Atiya, *A History of Eastern Christianity* [História do Cristianimo no Oriente] (London: Methuen & Co., Ltd., 1968), p. 172.

ali por algum tempo. As igrejas do Oriente remontam sua linhagem à Babilônia e, portanto, a Pedro, até os dias de hoje. Em Atos 12.17, vemos que Pedro "saiu e foi para outro lugar". Não sabemos se esse lugar foi a Babilônia nem por quanto tempo ali ficou. Mas a tradição das igrejas orientais é unânime em afirmar que ele de fato foi à Babilônia, de onde escreveu sua primeira epístola.

Não havia a necessidade de usar a Babilônia como um símbolo para Roma, visto que foi mais tarde que João escreveu o livro do Apocalipse. João estava escrevendo uma literatura com o propósito deliberado de passar pela censura romana, mas obviamente Pedro não estava. De acordo com Gálatas 2.9, uma decisão foi tomada pelos apóstolos em Jerusalém, no sentido de que Paulo e seus colaboradores continuassem a pregar aos gentios, ao passo que os missionários de Jerusalém (Pedro e outros) iriam aos circuncisos (isto é, aos judeus).

Assim, Pedro identificou-se desde o início com o grupo dos judeus dentro do cristianismo, ao passo que Paulo identificou-se com os gentios, embora haja muitas evidências de que ambos tenham ultrapassado esse limite e também se aproximado de pessoas do outro grupo. Não se deve supor, entretanto, que Pedro se considerava um oponente de Paulo, apesar dos argumentos de Paulo, conforme registrado em Gálatas. O próprio Pedro se manteve mais próximo de Paulo do que o fizeram os outros membros da igreja de Jerusalém. E também não há evidências de que Paulo tenha reconhecido a primazia de Pedro em relação a si mesmo. Em Corinto, Paulo não permitiu um "partido de Cefas" assim como não permitiu qualquer outro partido.

> "Nisso vocês exultam, ainda que agora, por um pouco de tempo, devam ser entristecidos por todo tipo de provação. Assim acontece para que fique comprovado que a fé que vocês têm, muito mais valiosa do que o ouro que perece, mesmo que refinado pelo fogo, é genuína e resultará em louvor, glória e honra, quando Jesus Cristo for revelado. Mesmo não o tendo visto, vocês o amam; e apesar de não o verem agora, creem nele e exultam com alegria indizível e gloriosa, pois vocês estão alcançando o alvo da sua fé, a salvação das suas almas". (1Pedro 1.6-9)

Teria Pedro Evangelizado a Área ao Norte de Roma?

Em seu estudo exaustivo, porém, não amplamente aceito, acerca do cristianismo primitivo, George F. Jowett apresenta diversas especulações e tradições a respeito do apóstolo Pedro. Em seu livro *The Drama of the Lost Disciples [O Drama dos Discípulos Perdidos]*, ele cria um cenário com base em diversas fontes apócrifas e duvidosas:

Pedro fugiu para a Britânia. Isso é afirmado por Cornélio Lapide, em sua obra *Argumentatum Epistolae St. Pauli ad Romanos*, em que ele responde à pergunta por que Paulo não saúda Pedro em sua *Epístola aos Romanos?* Ele replica: "Pedro, banido de Roma com o restante dos judeus, pelo edito de Cláudio, ausentou-se indo para a Britânia".

Pedro, atuando como um missionário autônomo, a partir de Avalon, pregou na Britânia durante a guerra Caradoc-Claudiana. Enquanto lá esteve a tornou-se próximo dos membros de duas linhagens da Casa Real Siluriana de Arvirago e Caractacus. Ele conheceu os filhos de Caractacus anos antes de serem levados como escravos pelos romanos. Anos mais tarde, quando a família britânica se estabeleceu em Roma, ele naturalmente tinha uma simpatia natural pela casa dos Pudens, no Palácio Britânico. As visitas tanto de Pedro como de Paulo à família dos Pudens, são citadas nas Escrituras. Outros relatos antigos afirmam que os filhos de Claudia e Rufus Pudens foram criados aos pés de Pedro e Paulo e outros discípulos, particularmente Paulo, por razões apresentadas num capítulo anterior.

Há abundância de evidências que demonstram que Pedro teria visitado a Britânia e a Gália diversas vezes durante sua vida; sua última visita tendo acontecido pouco tempo antes de sua prisão final e crucificação no anfiteatro de Nero, em Roma.

Na Gália, Pedro se tornou o Santo Patrono de Chartres, por razão de sua preferência em pregar no famoso templo druida, escavado na rocha, conhecido como *The Grotte des Druides [A Gruta dos Druidas]*. Este é considerado o local druida mais antigo da Gália, onde se situa a mais antiga catedral da França.

Acerca de suas visitas à Britânia, temos as contribuições de Eusébio Panfílio, 306 d.C., a quem Simon Metafrastes cita: "São Pedro esteve na Britânia, assim como em Roma".

3. SIMÃO PEDRO

Mais provas da estada de Pedro nessa região foram descobertas recentemente quando um monumento antigo, gasto pelo tempo, foi escavado em Whithorn. É uma pedra lavrada irregularmente medindo 1,2 m de altura por 38 cm de largura. Na parte da frente desta laje de pedra há uma inscrição que diz: "Locvs Sancti Petri Apvstoli" (o Lugar do Apóstolo São Pedro).

O proeminente Dean Stanley, ao escrever em suas obras acerca do querido apóstolo, afirma que a visão dada a Pedro e que lhe antecipou seu destino ("Porque sei que em breve deixarei este tabernáculo, como o nosso Senhor Jesus Cristo já me revelou" – 2Pedro 1.14), foi-lhe dada em sua última visita à Britânia e aconteceu no local exato onde outrora ficava a antiga igreja britânica de Lambedr (de São Pedro), onde se situa a atual Abadia de São Pedro, de Westminster. Pouco tempo depois, Pedro voltou a Roma, onde foi mais tarde executado.

A primeira igreja dedicada a Pedro foi fundada pelo Rei Lúcio, o Rei Britânico, que foi o primeiro a proclamar, por meio de decreto real, o cristianismo como a fé nacional da Britânia em Winchester, em 156 d.C.

A igreja foi construída em 179 d.C., em memória de São Pedro, em comemoração aos seus esforços evangelísticos na Britânia. Ainda é conhecida como a "São Pedro de Cornhill" e exibe em suas paredes desgastadas pelo tempo a lenda que relata o fato histórico e as datas, por ordem do rei Lúcio, descendente de Arviragus, preservadas até hoje para que todos vejam e leiam.[13]

Pode-se presumir que Jowett esteja depositando muita confiança em documentos duvidosos ou recentes, mas há alguns que concordam com ele. J.W. Taylor observa:

Duas outras tradições do primeiro século das missões cristãs, mas pertencentes a um período um pouco posterior, demandam nossa atenção por também terem disseminado o Cristianismo Ocidental.

A primeira é a tradição de "São Materno" e está relacionada ao antigo país dos treviros e dos tungros, além dos Alpes.

Aqui e especialmente em Trier (Trèves ou Treveris), os romanos tiveram importantes colônias, cerca de 50 anos antes da vinda de

---
13 George F. Jowett, *The Drama of the Lost Disciples [O Drama dos Discípulos Perdidos]* (London: The Covenant Publishing Co., Ltd., 1970), pp. 174-175.

Cristo; e embora, como também ocorria na Britânia, houvesse frequentes insurreições contra o poder de Roma, os romanos mantiveram sua supremacia por mais de 200 anos.

Em nenhum outro lugar tão ao norte se encontram vestígios e ruínas romanas tão belas, tão ricas e tão notáveis como em Trier, atualmente.

E a primeira missão cristã a Trier foi composta em parte por romanos e em parte por hebreus, saída diretamente de Roma, sob a autoridade de Pedro e acompanhou a rota ou o fluxo da colonização romana.

Em alguns desses pontos, ela difere inteiramente daqueles que temos considerado. A tradição também tem outros aspectos de grande interesse. É assim que se segue o relato:

Três santos – Eucário, Valério e Materno – todos que haviam sido alunos de São Pedro em Roma, foram enviados por ele a Trier para pregar o Evangelho de Cristo.

Eucário foi nomeado bispo e Valério e Materno, seus assistentes. Materno era hebreu de nascimento e natural da pequena cidade de Naim, na Palestina, sendo o "filho único de sua mãe" a quem Jesus havia ressuscitado. Mas não lhe era conferida honra especial a esta altura. Ele era o menos importante dos três discípulos missionários, uma das "testemunhas pessoais" que, enquanto vivessem, acompanhavam outros evangelistas na maioria de suas distantes viagens.

Mas apesar de disposto a assumir a posição mais inferior entre seus companheiros grego e romano, ao que parece, Materno foi muito ativo em seus trabalhos apostólicos. Porque, embora os três – Eusébio, Valério e Materno – estejam associados à fundação da igreja em Trier e Colônia (a cena dos principais trabalhos realizados por eles em Trier situados um pouco fora da cidade atual, na região da antiga St. Matthiaskirche [igreja de São Matias]), Materno é o único representado avançando à frente e alcançando o distante povoado de Tungro, onde acredita-se ele teria construído uma igrejinha que dedicou à Virgem Bendita – a primeira igreja além dos Alpes dedicada ao nome e à memória dela ("Ecclesia Tungrensis prima cis Alpes beatae Mariae Virgini consecrata").[14]

---

[14] George F. Jowett, *The Drama of the Lost Disciples* [O Drama dos Discípulos Perdidos] (London: The Covenant Publishing Co., Ltd., 1970), pp. 174-175.

3. SIMÃO PEDRO

Poder-se-ia almejar que Taylor estivesse fundamentado em bases históricas mais firmes e mais amplamente confirmadas, mas, certamente, não há razão porque Pedro não poderia ter visitado a Grã-Bretanha. Muitos acreditam que ele a visitou. Como muitos outros cristãos ao redor do mundo, os crentes britânicos do início da Idade Média tentaram reivindicar a relação de diversos apóstolos com seus antepassados. Quanto mais se estuda a história antiga da Britânia, mais possível essa alegação parece ser. Aqueles que recebem uma educação clássica (isto é, estudos em latim clássico) muitas vezes tendem a tirar a maior parte de suas impressões das crônicas de guerra de Júlio César. Talvez se esqueçam de que *The Gallic War [A Guerra Gálica]* não é somente história, mas também a propaganda política de César, pessoal e tendenciosa. Os bretões ofereceram resistência arrojada e inteligente à conquista romana, como César descobriu, para sua consternação, algo que primitivos não poderiam ter feito.

Descobertas arqueológicas na Britânia confirmam que uma civilização viável se desenvolvera ali e que remonta à época dos fenícios, cujos vestígios foram encontrados na Inglaterra. Foi César que os descreveu como selvagens pintados, muito parecidos com os índios americanos antes de Colombo. Essa impressão é absolutamente equivocada. Talvez a civilização da Britânia não fosse tão avançada como Taylor e Jowett gostariam de acreditar. Mas o uso da roda e o conhecimento da metalurgia que existiram na Britânia muito antes do período de César (cerca de 60-40 a.C.) claramente indicam uma civilização muito mais avançada do que, por exemplo, a dos Astecas, na época da conquista de Cortez (1519 d.C.), que ainda não usavam nem a roda, nem o ferro.

Se considerarmos esta civilização relativamente avançada, não é difícil acreditar que alguns dos apóstolos visitaram a Inglaterra. Será que eles não acreditavam que era sua incumbência levar o Evangelho *até os confins da terra*? Não se pode provar que eles tenham ou não ido à Inglaterra, mas essa hipótese não é improvável nem impossível.

Pedro e Roma

Não se pode comprovar a tradição comum de que Pedro teria fundado a igreja de Roma. Paulo não poderia ter citado tantos nomes de cristãos romanos no último capítulo de Romanos se não houvesse igrejas ali, muito antes da possível visita de Pedro. Jean Danielou observa, no entanto:

Teria sido só de Paulo a missão ao ocidente? O livro de Atos relata que em 43, após a morte de Tiago, Pedro saiu de Jerusalém e foi "para outro lugar" (Atos 12.17). Ele fica fora de vista até o ano 49 quando o encontramos no Concílio de Jerusalém. Nenhum texto canônico tem nada a dizer sobre sua atividade missionária durante esse período. Mas Eusébio escreve que ele foi a Roma por volta de 44, no início do reinado de Cláudio (*HE* II, 14, p. 61). Parece certo que Roma foi evangelizada durante o período que vai de 43 a 49. Suetônio diz que Cláudio expulsou os judeus em 50, porque estavam se tornando agitados "por incitação de Chrestos". Isso mostra que discussões entre judeus e judaico-cristãos estavam acontecendo, gerando conflitos que chegaram aos ouvidos do imperador. De fato, em Corinto, no ano 51, Paulo conheceu alguns judeus convertidos expulsos de Roma por Cláudio: Áquila e Priscila. Em 57, Paulo dirigiu-se à comunidade de Roma, já considerada importante. Em 60, ele encontrou-se com as comunidades estabelecidas em Putéoli e em Roma.[15]

Porém, como já destacamos, é provável que Pedro estivesse na Babilônia de 44 a 49 d.C, e não em Roma. Não podemos imaginar o silêncio de Atos se Pedro tivesse estado em Roma durante aquele período. De qualquer maneira, esse período (44-49 d.C.) parece ser o único momento em que Pedro poderia ter estado na Babilônia, que ficava localizada na grande estrada romana e era a próxima maior cidade a leste de Antioquia.

Não há nenhuma tentativa séria, de nenhum erudito moderno respeitável, de descobrir a presença de Pedro em Roma antes de Paulo ter escrito o livro de Romanos ao grupo de cristãos que já havia crescido consideravelmente naquela capital do mundo do primeiro século. Por outro lado, Pedro teve de morrer e ser sepultado em algum lugar e a tradição cristã tem sido unânime desde os tempos mais remotos que foi de fato em Roma que Pedro morreu. Ninguém menos do que Adolph Harnack, teólogo e historiador protestante, escreveu que: "negar a estada romana de Pedro é um erro que hoje fica claro para qualquer erudito que não seja cego. O martírio de Pedro em Roma já foi contestado anteriormente por conta de preconceito protestante". O teólogo protestante H. Lietzmann chegou à conclusão de que o testemunho do ano 170 concernente ao túmulo de dois apóstolos em Roma deve estar certo. Isto é, que os dois apóstolos (Pedro e Paulo) foram de fato enterrados em dois lugares em Roma.

---
15 Danielou e Marrou, *The Christian Centuries [Os Séculos Cristãos]*, p. 28.

Talvez a palavra peremptória tenha sido escrita por Oscar Cullmann. Em seu livro, *Peter. Disciple. Apostle. Martyr.* [*Pedro. Discípulo. Apóstolo. Mártir.*], ele apresenta um argumento com base em Primeiro Clemente 5.24, em que ele infere, a partir desse texto, que os martírios de Pedro e Paulo aconteceram em Roma.

Escavações na Basílica de São Pedro em Roma

Desde o fim da Segunda Guerra Mundial, grande interesse tem sido dado às escavações no subsolo da igreja de São Pedro, em Roma. Foi oficialmente anunciado pelo Papa que o túmulo de Pedro foi encontrado. Muitos eruditos hoje aceitam a estada de Pedro em Roma. É possível que Apocalipse 11.3-13 contenha um relato crítico do martírio de Paulo e Pedro em Roma. Que essa passagem é tanto histórica quanto profética é evidente. O aspecto histórico pode ser uma referência às mortes de Paulo e Pedro em Roma, embora esse texto pareça apontar principalmente para um cumprimento futuro.

> Pedro teve de morrer e ser sepultado em algum lugar. A tradição cristã tem sido unânime desde os tempos mais remotos que Pedro morreu em Roma.

Perto do encerramento do Evangelho de João há uma pista dada quanto ao tipo de morte que Pedro teria. Ela está em concordância com a tradição que por muito tempo tem nos acompanhado, segundo a qual Nero teria mandado crucificar Pedro de cabeça para baixo, na Colina do Vaticano. Jesus disse a Pedro:

> "*Digo-lhe a verdade: Quando você era mais jovem, vestia-se e ia para onde queria; mas quando for velho, estenderá as mãos e outra pessoa o vestirá e o levará para onde você não deseja ir.*" (João 21.18).

É universalmente aceito que essas palavras tinham o propósito de predizer o martírio de Pedro, já que o versículo seguinte diz que elas se referiam ao tipo de morte que Pedro teria para glorificar a Deus. A expressão "estenderá as mãos" pode indicar a forma de execução, que é a crucificação.

Finalmente, deve-se observar que no âmbito mais amplo da literatura cristã antiga, há silêncio absoluto a respeito da morte de Pedro. Certamente não temos sequer o mais sutil indício que aponte para outro local além de Roma, que pudesse ser considerado como cenário de sua morte. E a favor de Roma, há importantes tradições afirmando que ele de fato teria morrido ali.

Nos séculos segundo e terceiro quando certas igrejas estavam em rivalidade com as igrejas de Roma, nunca lhes ocorreu, a nenhuma delas, contestar a reivindicação de Roma acerca do cenário de martírio de Pedro.

Em *The Christian Centuries*, Danielou compartilha uma alusão à visita de Pedro a Roma, escrevendo: "Um certo Paron coloca sua casa (aedes) à disposição de São Pedro, bem como o jardim interno, que poderia abrigar 500 pessoas".[16]

Talvez possamos obter uma impressão realista sobre os últimos dias de Pedro em Roma, a partir de Jowett:

> Malignamente condenado, Pedro foi lançado na horrível e fétida prisão Mamertina. Ali, por nove meses, em absoluta escuridão, ele suportou monstruosa tortura amarrado a uma estaca.
>
> Nunca antes, ou desde então, houve um calabouço de igual horror. Os historiadores escrevem a respeito dessa prisão como a mais medonha dentre os feitos mais brutais da humanidade. Com mais de três mil anos de idade, é provavelmente a mais antiga câmara de tortura existente, o mais antigo monumento remanescente da bestialidade da antiga Roma, um triste testemunho de sua desumanidade bárbara, saturado pelo sofrimento dos cristãos e pela agonia de milhares de suas vítimas assassinadas. Pode ser vista até hoje, com o calabouço e o poste onde Pedro ficou amarrado com correntes.
>
> Esse lugar pavoroso é conhecido por dois nomes. Na história clássica é descrito como Gemonium ou a Masmorra do Tuliano. Mais tarde, na história moderna, passou a ser mais conhecido como Mamertina. A esta altura, não é inoportuno fazer uma pausa em nossa história para descrever esse buraco horrendo, ainda que seja apenas para nos dar, a nós que vivemos tão seguros hoje, um rápido vislumbre do que os soldados de Cristo sofreram por nossa causa, para que possamos ser despertados para valorizar a essência de nossa herança cristã.
>
> A Mamertina é descrita como uma cela profunda escavada na rocha sólida na base do capitólio, que consiste de duas câmaras, uma em cima da outra. A única entrada é por meio de uma abertura no teto. A câmara inferior era a cela da morte. A luz nunca entrava ali e nunca era limpa. O fedor terrível e a imundícia causavam um veneno fatal aos presos no calabouço, o mais horrendo já conhecido. Já a partir de 50 a.C., o historiador Sallust o descreve nos seguintes termos:

---

16 Ibid., p. 166.

3. SIMÃO PEDRO

"Na masmorra chamada tuliana, há um lugar com cerca de três metros de profundidade. É cercado por paredes e fechado em cima por um teto de pedra, semelhante ao de uma câmara mortuária. Sua aparência, por causa da sujeira, da escuridão e do cheiro, é terrível."

Ninguém consegue imaginar os horrores desse lugar, 100 anos depois desse relato, quando Pedro foi aprisionado em suas profundezas.

Nessa rocha subterrânea abjeta, o famoso Jugurta ficou sem receber alimento e enlouqueceu. Vercingetórix, o valoroso chefe druida gaulês, foi morto por ordem de Júlio César.

Afirma-se que o número de cristãos que pereceram no interior desta cela diabólica é incontável – tal é a glória de Roma.

Pode-se reler as palavras denunciadoras da nobre rainha Boadiceia, com proveito. Ela os qualificou pelo que de fato eram. Essas pessoas da realeza romana, que escarneciam de seus inimigos, chamando-os de bárbaros, foram os maiores e mais cruéis bárbaros de todos os tempos.

Como Pedro conseguiu sobreviver àqueles longos nove meses pavorosos está além da imaginação humana. Durante seu encarceramento inteiro ele ficou amarrado de pé, acorrentado à coluna, impossibilitado de deitar-se para descansar. Entretanto, seu espírito magnífico não se deixou intimidar. Ardia com o fervor imortal de sua alma nobre proclamando a glória de Deus, através de Seu Filho, Jesus Cristo. A história nos relata o surpreendente fato que, apesar de todo o sofrimento a que Pedro foi submetido, ele converteu seus carcereiros, Processo, Martiniano e 47 outros.

É estranho, e ao mesmo tempo curioso, que a cadeira ou o trono de Pio IX, no Concílio Vaticano, tenha sido erguida diretamente em cima do altar de Processo e Martiniano. (*sic*)

Pedro, a pedra, conforme fora predito, morreu em Roma pelas mãos dos assassinos romanos, que o crucificaram seguindo o costume diabólico. Ele se recusou a morrer na mesma posição que nosso Senhor, declarando não ser digno. Pedro pediu que fosse crucificado na posição invertida, com sua cabeça pendurada para baixo. Ironicamente o bastante, seu pedido foi atendido pelos escarnecedores romanos, no anfiteatro de Nero, em 67 d.C.[17]

---
17 Jowett, *The Drama of the Lost Disciples*, p. 176.

As Lendas de Pedro e Paulo

As lendas, diferente das tradições, contêm na melhor das hipóteses, apenas traços de verdade e pode ser impossível encontrar esses traços. Porém, há uma lenda recorrente em relação a Pedro e Simão, o mágico, que, no mínimo, tem sua origem no relato histórico no livro de Atos, em que Pedro denunciou Simão por estar tentando comprar o Espírito Santo. É assim que a lenda relata o desfecho desse episódio:

> O mágico, subjugado por um poder superior, arremessou seus livros no mar Morto, quebrou sua varinha, e fugiu para Roma, onde se tornou um grande favorito do imperador Cláudio e, mais tarde, de Nero. Pedro, determinado a opor-se às perversas feitiçarias de Simão, o seguiu até Roma. Cerca de dois anos após sua chegada, o apóstolo Paulo se juntou a ele ali. Após Simão, o Mago, ter afirmado ser ele mesmo um deus e alegado ser capaz de ressuscitar mortos, Pedro e Paulo repreenderam sua impiedade e o desafiaram a uma prova de habilidade na presença do imperador. As artes do mágico falharam; Pedro e Paulo restauraram a vida da jovem e em muitas outras ocasiões Simão foi subjugado e envergonhado pelo poder miraculoso dos Apóstolos. Com o tempo ele intentou "ascender" até o céu, diante do imperador e do povo; e coroado com triunfo, suspenso no ar, ele voou de uma torre, e por algum tempo parecia que flutuava no ar, mas São Pedro, caindo de joelhos, ordenou que o soltassem e Simão, caindo ao chão, se despedaçou.[18]

O mesmo livro registra as crenças dos pais da igreja primitiva nas histórias de Pedro e Simão, o mágico:

> Não pode haver dúvida de que existiu, no primeiro século, um Simão samaritano, que fingia ter autoridade divina e poderes sobrenaturais; que, por algum tempo, teve muitos seguidores; que teve certa relação com o cristianismo; e que pode ter defendido algumas opiniões mais ou menos semelhantes às nutridas pelos mais famosos hereges das épocas antigas, os gnósticos. Irineu chama esse Simão de pai de todos os hereges. "Todos aqueles", ele afirma, "que de alguma maneira corrompem a verdade, ou arruínam a pregação da Igreja, são discípulos e sucessores de Simão, o mágico samaritano". Simão se apresentava como uma divindade e levava consigo uma bela mu-

---

18 Anna Jameson, *Sacred and Legendary Art* [Arte Legendária e Sagrada], vol. 1 (Boston e New York: Houghton, Mifflin e Co., 1957, terceira edição), p. 209.

3. SIMÃO PEDRO

lher chamada Helena, que ele considerava a primeira criação de sua mente divina, isto é, o símbolo ou manifestação daquela porção de espiritualidade que se fundira na matéria.[19]

Por ser Pedro uma figura tão notável, é natural que houvesse mais lendas sobre ele além da história de Simão, o mágico. Outro exemplo descrito por Anna Jameson:

> O apóstolo Pedro tinha uma filha legítima, que o acompanhava em suas viagens desde o Oriente. Estando em Roma com ele, ela adoeceu gravemente, ficando impossibilitada de usar os membros. E aconteceu que como os discípulos estivessem à mesa com ele em sua casa, um lhe disse: "Mestre, como é que tu, que curas as enfermidades dos outros, não curas tua filha Petronilla?"
>
> E São Pedro respondeu: "É bom para ela permanecer doente". Mas para que eles pudessem ver o poder que havia na palavra de Deus, ele ordenou que ela se levantasse e os servisse, o que ela fez; e tendo feito isso, voltou a se deitar tão incapaz quanto antes; mas muitos anos mais tarde, tendo sido aperfeiçoada por seu sofrimento e orando fervorosamente, ela foi curada. Petronilla era muito bela. Valério Flaco, que era pagão, se enamorou de sua beleza e a procurou para que se tornasse sua esposa; por ser ele muito poderoso, ela teve medo de recusar; portanto, ela pediu que ele voltasse em três dias e prometeu que, então, ele poderia levá-la consigo para casa. Mas ela orou intensamente para ser livrada desse perigo; e quando Flaco voltou em três dias com grande pompa para celebrar o casamento, encontrou-a morta. O séquito de nobres que o acompanhavam a levou para a sepultura, onde a depositaram, coberta de rosas; e Flaco lamentou muito.
>
> A lenda situa sua morte no ano 98, ou seja, 34 anos após a morte de São Pedro; mas seria inútil tentar harmonizar as datas e improbabilidades dessa história.[20]

Estamos em solo histórico mais firme nos registros dos pais da igreja, concernentes à morte do próprio Pedro.

> Assim, Nero publicamente se declarando principal inimigo de Deus, em sua fúria, foi levado a matar os apóstolos. Afirma-se, portanto, que Paulo teria sido decapitado em Roma e Pedro crucificado abaixo dele. E esse relato é confirmado pelo fato que os nomes de Pe-

---
19 Ibid.
20 Ibid., p. 215.

dro e Paulo ainda permanecem nos cemitérios daquela cidade até os dias de hoje. Mas, de igual modo, certo escritor eclesiástico, de nome Caio, que nasceu na mesma época de Zeferino, bispo de Roma, disputando com Proclo, líder da seita dos frígios, dá a seguinte declaração acerca dos lugares onde os tabernáculos terrenos dos apóstolos acima mencionados estão depositados. "Mas eu posso mostrar", ele diz, "o troféu dos apóstolos". Porque se você for ao Vaticano, ou à Via Óstia, você encontrará os troféus daqueles que lançaram os alicerces desta igreja. E que ambos sofreram martírio na mesma época, Dionísio, bispo de Corinto dá o seguinte testemunho, em seu discurso dirigido aos romanos. "Assim, de igual modo, vocês, por meio desta admoestação, misturaram a semente florescente que foi plantada por Pedro e Paulo em Roma e Corinto. Visto que ambos, tendo nos plantado em Corinto, igualmente nos ensinaram; e tendo, de maneira semelhante, ensinado na Itália, ali sofreram martírio na mesma época". Adicionei esse testemunho para que a veracidade da história possa ser ainda mais confirmada.[21]

Há muita evidência que Pedro teria escolhido Marcos como seu secretário ou amanuense.

A fama literária de Pedro se deve em maior grau à sua relação com o Evangelho de Marcos. Papias de Hierápolis registrou o fato de que "Marcos, o intérprete de Pedro, escreveu cuidadosamente o que ele se lembrava, tanto os ensinos como os feitos de Cristo, mas não em ordem cronológica, porque não ouviu o Senhor e não o acompanhou. Mais tarde, porém, ele acompanhou Pedro, que adaptou seus ensinos às necessidades [de seus ouvintes], mas não com o objetivo de fazer uma série interligada de discursos de nosso Senhor. Por isso, Marcos não errou ao escrever os discursos individuais, na ordem em que Pedro se lembrava deles."

Com base nessa autoridade, acredita-se que Marcos tenha servido como um tradutor para Pedro quando ele pregou em Roma. À medida que Pedro contava e recontava suas experiências com Jesus, Marcos as interpretava repetidas vezes a grupos de cristãos. Essa frequente repetição permitiu que ele memorizasse quase que literalmente a coletânea de Pedro. Após a morte de Pedro, percebendo o valor do relato, em primeira mão, registrou o que ele se lembrava tão claramente no documento que hoje conhecemos como o primeiro

---

21 Eusebius, *Ecclesiastical History [História Eclesiástica]*, p. 80.

3. SIMÃO PEDRO

dos Evangelhos. Mateus e Lucas obviamente usaram o Evangelho de Marcos ao escrever seus relatos sobre a vida de Jesus. Desta forma, Pedro se tornou a fonte de nosso mais antigo Evangelho e, portanto, em grande parte, forneceu o material para o primeiro registro escrito de nosso Senhor. Se essa reconstrução de eventos estiver correta, o Evangelho de Marcos pode ser considerado as lembranças pessoais de Pedro de sua vida com Jesus. E, como tal, continua sendo uma das maiores contribuições de Pedro à Igreja Cristã.[22]

O escritor do século XVII Dorman Newman escreveu em *The Lives and Deaths of the Holy Apostles* [*A Vida e a Morte dos Santos Apóstolos*] que "Pedro foi levado ao topo do monte do Vaticano, perto do Tibre e foi crucificado de cabeça para baixo. O seu corpo foi embalsamado por Marcelino, o Presbítero, segundo o costume judaico, depois enterrado no Vaticano, perto da Via Triunfal. Em cima de seu túmulo, uma pequena igreja foi erguida. Ela foi destruída por Heliogalachis".[23]

Ao que parece, Dorman Newmann tinha fontes não disponíveis a nós que possivelmente lançaram mais luz ao sepultamento de Pedro:

> Seu corpo [de Pedro] foi removido para o cemitério na Via Ápia, a cerca de três quilômetros de Roma, onde permaneceu obscuramente até o Reinado de Constantino, que reconstruiu e ampliou o Vaticano em honra a São Pedro.
>
> A aparência de São Pedro era a seguinte: seu corpo era esguio de altura média tendendo a ser alto. Sua compleição era pálida [*sic*] e quase branca. Sua barba crespa e grossa, mas curta. Seus olhos eram pretos, mas manchados de vermelho por causa do frequente choro. As sobrancelhas eram finas ou praticamente inexistentes.

A história romana de Robert Grant intitulada *Augustus to Constantine* [*De Augusto a Constantino*] contém uma interessante visão concernente às controvérsias sobre a adequação da veneração dos túmulos apostólicos pelos cristãos primitivos.

> Proclo argumentou que os túmulos das quatro filhas de Filipe, todas profetisas nos tempos do Novo Testamento, ainda podiam ser vistos em Hierápolis, na Ásia. Gaio replicou que ele podia apontar os

---

22 Asbury Smith, *The Twelve Christ Chose* [*Os Doze que Cristo Escolheu*] (New York: Harper and Brothers, 1958), pp. 221-222.
23 Dorman Newman, *The Lives and Deaths of the Holy Apostles* [*A Vida e a Morte dos Santos Apóstolos*] (London: Kings Arms in the Poultry, 1685), p. 20.

"troféus" dos apóstolos (Pedro e Paulo) que haviam fundado a igreja romana; eles estavam na Colina do Vaticano, perto da Via Óstia.

Esse interesse em túmulos era bastante difundido entre as igrejas cristãs e certamente estava presente em Roma antes da metade do século segundo. Não surgiu naquela época, já que no próprio *Novo Testamento* lemos sobre o sepultamento de João Batista e do mártir Estevão. Inácio de Antioquia esperava que animais selvagens fossem seu túmulo, mas esse foi um caso especial. Policarpo de Esmirna foi cuidadosamente enterrado, embora a referência a uma comemoração anual no final do século segundo possa ser um acréscimo no relato de seu martírio.[24]

> O Evangelho de João dá pistas sobre o tipo de morte que Pedro teve – que o Imperador Nero mandou crucificar Pedro de cabeça para baixo na Colina do Vaticano.

Afirma-se que a cabeça de Pedro está enterrada na Basílica de São João de Latrão. O guia fornecido a peregrinos faz as seguintes afirmações a respeito deste túmulo tradicional, mas não dá explicações sobre como a cabeça de Pedro teria chegado ali. "O Altar central é chamado de Altar Papal, porque somente o Papa pode celebrar a missa ali... Atrás da grade, numa galeria, um busto revestido de prata, onde estão preservadas as relíquias das cabeças de São Pedro e São Paulo".[25]

Descobertas Arqueológicas das Relíquias de Pedro

Uma história concernente ao sepultamento de Pedro apareceu em dezembro de 1971, na revista *National Geographic*. Esse relato, citado com permissão, apresenta conclusões arqueológicas e eclesiásticas da Igreja Católica quanto ao túmulo de São Pedro. Esse relatório é interessante, não apenas por causa de suas conclusões, mas porque fornece uma descrição oficial dos passos dados para se chegar a essas conclusões.

A tradição afirma que ele foi crucificado de cabeça para baixo no anfiteatro de Nero, perto da Colina do Vaticano. O seu corpo foi entregue a seus amigos e ele foi enterrado nas proximidades.

---

24 Ibid., p. 21.
25 Robert M. Grant, *Augustus to Constantine, The Thrust of the Christian Movement into the Roman World* [*De Augusto a Constantino: O Avanço do Cristianismo no Mundo Romano*] (London: William Collins Sons and Co., Ltd.), p. 166.

3. Simão Pedro

... Quando Júlio II derrubou grande parte dela e começou a igreja que fica hoje ali, o túmulo de São Pedro não pôde mais ser visto. Os historiadores pensaram que os ossos de Pedro haviam desaparecido, seu túmulo saqueado muito tempo antes pelos sarracenos.

... Em 1939, embora estivessem sendo feitas escavações no túmulo de Pio XI, Pio XII deu ordens que elas se estendessem para uma busca do túmulo de São Pedro. Esse 'bairro' foi uma das grandes descobertas. As casas e túmulos simples debaixo delas datavam do primeiro ao terceiro séculos d.C. Essas construções provavam, sem dúvida alguma, que Constantino havia construído a igreja de São Pedro em cima de um cemitério.

Mas havia uma descoberta ainda mais emocionante. Um presbítero romano chamado Gaio, que viveu nos séculos segundo e terceiro, vira um túmulo em memória de São Pedro, e o mencionara numa carta, cujo fragmento havia chegado a nós. Bem debaixo do altar papal, no início das escavações, um pequeno monumento em ruínas foi encontrado. Pode ter sido o memorial que Gaio viu. Na sua base havia uma placa como uma lápide, enterrada. Os escavadores a ergueram. Encontraram um jazigo, mas estava vazio. Alguns ossos foram descobertos nas proximidades. Por diversos anos acreditou-se que se tratavam dos ossos de Pedro, mas um estudo antropológico determinou que na verdade eram os ossos de mais de uma pessoa.

Inscrição leva a uma descoberta surpreendente

O drama aumenta à medida que o artigo continua:

Teria sido assim, não fosse por uma mulher letrada e obstinada, Margherita Guarducci. Ela é professora na Universidade de Roma e decifra inscrições antigas.

Ela passou seis anos estudando escritos feitos por peregrinos cristãos em duas antigas paredes em cima de um túmulo vazio. Uma das inscrições na parede mais antiga, quando decifrada, revelou uma mensagem eletrizante: "Pedro está aqui". Na outra parede havia uma reentrância revestida de mármore. Para ela, se tratava claramente de um ossuário, um nicho para os ossos de alguém. Teriam já sido encontrados?

A professora conseguiu falar com um trabalhador que parecia lembrar que algo havia sido encontrado ali anos atrás, mas ele achava que era um pedaço de parede com uma inscrição. Audaciosa, ela vasculhou as salas de armazenamento da São Pedro. Ali, numa caixa etiquetada como inscrições, ela encontrou ossos.

Ela descobriu que os ossos eram, de fato, do ossuário na antiga parede. Dez anos antes, um monsenhor, durante sua inspeção diária das escavações havia colocado os ossos numa caixa rasa de madeira e a guardara no depósito.

O Papa Paulo resolve uma disputa acadêmica

O jornalista Aubrey Menem conclui o artigo:

A professora Guarducci levou os ossos para serem examinados pelo professor Venerando Corrnti, um antropólogo da Universidade de Roma que, conforme ela diz, "confirmou completamente o que podia se esperar dos ossos encontrados no único nicho construído por Constantino em seu monumento a São Pedro".

Ficou claro para ela o que acontecera. Quando Constantino ergueu a primeira igreja de São Pedro, ele havia cuidadosamente transferido os ossos do santo de sua sepultura para esse esconderijo, a poucos metros de distância, para protegê-los de deterioração e de ladrões de túmulos.

Que os ossos encontrados pela professora Guarducci são de São Pedro, ela não tem dúvidas. São os ossos de um homem de 60 ou 70 anos, e na caixa junto com eles havia pedaços de terra e fragmentos de tecido de cor púrpura e dourado. A idade corresponde à idade tradicional de Pedro na data de sua crucificação. A tradição afirma que ele foi enterrado na terra rasa. E quando Constantino mandou transferir os ossos para o nicho, parece que o mais apropriado foi envolvê-los em precioso tecido púrpura e dourado.

Os eruditos disputam acerca dessas conclusões; alguns ainda o fazem. Mas o Papa Paulo VI resolveu a questão para o mundo católico. Ao falar na Basílica de São Pedro, em 26 de junho de 1968, ele anunciou que os ossos do santo haviam sido encontrados.

Hoje, os ossos estão de volta ao nicho do túmulo, ocultos ao público.[26]

---

26 Aubrey Menem, "St. Peter's" [De São Pedro], National Geographic, vol. 140, nº 6 (Dezembro de 1971), pp. 872-73.

3. SIMÃO PEDRO

Tive o privilégio de receber permissão no fim de novembro de 1971 para estudar e fotografar o túmulo onde estão os ossos de São Pedro no subsolo da enorme Basílica de São Pedro. Sem dúvida nenhuma, essa enorme construção está de fato construída sobre um cemitério romano do século primeiro d.C., muito extenso e bem preservado, e as fotografias mostram o nome de Pedro claramente inscrito em latim antigo no lugar onde os ossos do apóstolo foram descobertos.

Edgar J. Goodspeed cita Clemente e Eusébio quanto às últimas horas da vida de São Pedro.

> As palavras de despedida de Pedro à sua esposa enquanto ela era levada para o martírio estão registradas por Clemente de Alexandria em sua *Stromata* e repetidas por Eusébio em sua *História Eclesiástica*: "Eles dizem que quando o bendito Pedro viu sua própria esposa sendo levada para morrer, ele se regozijou por ela estar sendo convocada de volta ao lar e bradou-lhe, encorajando-a e consolando-a, chamando-a pelo nome e dizendo: 'Ó, tu, lembra-te do Senhor!'".[27]

---

27 Edgar J. Goodspeed, *The Twelve [Os Doze]* (Philadelphia: The John C. Winston Company, 1967), p. 157.

Capítulo Quatro

ANDRÉ

André, irmão de Simão Pedro, era um dos dois que tinham ouvido o que João dissera e que haviam seguido Jesus. – João 1.40.

André era da Galileia, natural de Betsaida. Mais tarde viveu perto do mar, em Cafarnaum. Josefo, perto do final do primeiro século, escreveu com estilo sobre essa área, que era perto da cidade que ele governou e tempos depois se rendeu ao exército romano.

Ao longo do Lago de Genesaré há uma faixa de terra com o mesmo nome, maravilhosa em suas características e beleza. Graças ao rico solo não existe uma planta que não cresça ali e os habitantes cultivam de tudo; o ar é tão temperado que é adequado para as mais diferentes espécies. A nogueira, uma das árvores mais adaptadas ao frio, floresce em abundância, assim como a palmeira, que se desenvolve bem no calor, lado a lado com figueiras e oliveiras, para as quais um clima mais ameno é o ideal. Pode-se considerar isso uma dádiva da natureza em colocar juntos, em um único lugar, inimigos naturais e levar as estações a uma rivalidade saudável, cada qual reivindicando para si a posse da região. Porque ela não apenas produz a mais surpreendente variedade de frutos; ela mantém um suprimento contínuo. Essas frutas nobres, a uva e o figo, são produzidas durante dez meses, a maioria amadurecendo nas árvores o ano todo; porque, além do clima temperado, a terra é irrigada por uma primavera com grande poder fertilizante, conhecido localmente como Cafarnaum.[1]

---

1 Josefo Flávio, citado em Dov Neeman e Baruch Sapir, *Capernaum [Cafarnaum]*, VII. A descrição de Josefo é extraída de *The Jewish War [A Guerra Judaica]*, livro 3, cap. VI, 8.

4. ANDRÉ

Hoje a Galileia é exatamente a mesma em todos os aspectos, como nos dias de Josefo e André. Não há dificuldades em encaixar as cenas bíblicas nas encostas viçosas e nas águas azuis que continuaram praticamente intactas na aparência ao longo dos séculos, desde que André ali viveu.

André foi o primeiro apóstolo que Jesus escolheu. Ele era, de certo modo, um sucessor de João Batista. Assim como João Batista apresentou Jesus à nação, André se destaca por ter apresentado Jesus a indivíduos.

André era filho de uma mulher chamada Joana e de um pescador chamado João e tinha um irmão chamado Simão, que mais tarde recebeu o nome de Pedro. Na verdade, o nome do pai de André não era João como dizemos hoje, mas Jonas, o mesmo do famoso profeta. Não é comumente conhecido, mas a aldeia nativa de Jonas, Gate-Hefer, ficava perto de Nazaré. O profeta Jonas fora o mais ilustre cidadão que vivera perto de Nazaré.

Betsaida, onde André nasceu, ficava a 40 quilômetros a leste de Nazaré, localizada nas praias ao norte do mar. Era altamente apropriado que o chefe da família em que a tradição da pesca era passada de pai para filho se chamasse Jonas. Assim como o sobrenome Smith[2] originalmente se referia à ocupação de um homem, também o nome Jonas, ao que parece, muitas vezes era dado a homens que seguiam a profissão da pesca. Outro Jonas, que chamamos de Apóstolo João, também foi pescador.

Ao que parece, André se preocupou mais com os assuntos da alma do que com a pesca, porque ele abandonou suas redes para seguir João Batista. Ele andou um longo caminho pelo vale do Jordão para chegar ao lugar onde João estava pregando, em Betânia, do outro lado do rio Jordão, a partir de Jericó. Ali André encontrou aquela voz de autoridade em questões espirituais que ele estava buscando. Ele não estava satisfeito com a impiedade espiritual, a hipocrisia e a corrupção que vira nas cidades da Galileia e da Judeia. Mas João Batista era um homem segundo o seu próprio coração: um homem do campo, rústico, simples, que praticava as virtudes simples e que vivia a vida de um homem para quem a carne tinha pouca importância e a aclamação do mundo pesava ainda menos. Esse sim era um homem que podia ser seguido!

Assim, André ocupou-se em servir a João Batista. Foi com ele que André aprendeu que um dia, talvez logo, o prometido Rei viria. Para a mente judaica, esse rei vindouro era conhecido como o Messias, que é traduzido por uma palavra grega, *Christos*, e significa "o ungido para ser rei, que ainda não veio para governar".

---

2 Significa ferreiro e é muito comum.

> André foi o primeiro apóstolo que Jesus escolheu. Assim como João Batista apresentou Jesus à nação, André se destaca por ter apresentado Jesus a indivíduos.

Depois que André ouviu João pregar, e viu as multidões desgarradas pelas cidades da Judeia, procurando auxílio espiritual, e depois de ter ajudado João a batizar muitos que queriam morrer para seu antigo estilo de vida e viver uma nova vida, André estava preparado para um evento que, em pouco tempo, mudaria sua vida também.

Um dia, em meio a uma crescente oposição da parte de Herodes em relação ao popular João Batista (que eventualmente resultaria na prisão e posterior execução de João), surgiu dentre a multidão, querendo ser batizado, Jesus de Nazaré.

Quando João Batista viu seu primo Jesus, ele parou sua pregação, voltou a atenção da multidão para aquela figura solitária e disse: "Vejam! É o Cordeiro de Deus, que tira o pecado do mundo! Este é aquele a quem eu me referi, quando disse: Vem depois de mim um homem que é superior a mim, porque já existia antes de mim" (João 1.29-30). André, que ouviu essas palavras, estivera buscando algo além da mensagem de João, visto que a mensagem de João era transmitida a partir da visão da antiga revelação. João foi o último dos profetas. Mas agora, *ali estava aquele a quem João havia predito que viria*. Ali estava o Cristo! Então, André imediatamente deixou João e apegou-se a Jesus. É provável que João, o futuro apóstolo, que também fora primeiro um seguidor de João Batista, também tenha seguido Jesus nesta mesma época. Depois, André encontrou seu irmão Simão Pedro e, mais tarde, Filipe, e os apresentou a Jesus.

A esta altura, André ainda não era discípulo de Jesus. Ele era simplesmente um seguidor – isto é, um espectador interessado que estava tentando acompanhá-lo para observar. Jesus levou Pedro, André, Filipe e João consigo a Nazaré, após os quarenta dias de tentação no deserto, que se seguiram ao seu batismo. Lá, eles puderam acompanhá-lo a uma festa familiar em honra de um casamento, em Caná da Galileia, a cerca de dez quilômetros de Nazaré. Em Caná, eles viram Jesus realizar o seu primeiro milagre.

Então, Jesus os levou num roteiro de pregações pela Galileia e, mais tarde, numa visita a Jerusalém, onde o viram purificar o templo. Mas durante esse tempo nenhum deles ainda era seu discípulo. Finalmente, retornaram à Galileia e voltaram para seu antigo ofício de pesca. Não sabemos quanto tempo passou, mas um dia Jesus foi à costa da Galileia, até Cafarnaum, e ali encontrou André e Pedro.

4. ANDRÉ

Com frequência, temos ouvido Pedro sendo descrito como o "grande pescador". Ele era, mas também André o era. Temos ouvido muitas vezes as palavras de Cristo a Pedro, citadas: "Sigam-me, e eu os farei pescadores de homens" (Mateus 4.19). Mas devemos lembrar que essas palavras foram ditas a André também, não apenas a Pedro. André merecia esse título ainda mais do que Pedro. Ou, para ser justo a ambos, digamos que Pedro se tornou pescador de homens *em massa*, ao passo que André foi o pescador de *indivíduos*.

Agora, finalmente André havia sido inscrito como um discípulo de Cristo e para ele se seguiram aproximadamente dois anos e meio de ensino. O nome dele foi inscrito na lista original dos doze apóstolos. Ele estava presente na alimentação das cinco mil pessoas, às margens do mar da Galileia, onde ele apresentou Jesus ao menino que tinha cinco pães e dois peixes.

Ele também esteve presente na Festa da Páscoa e conduziu muitos ao Mestre.

No Monte das Oliveiras, André esteve presente com Pedro e indagou diligentemente sobre a destruição iminente de Jerusalém e o fim dos tempos. O seu nome é alistado como apóstolo no livro de Atos. Esse é o último registro que temos dele na Bíblia.

Entretanto, devemos perceber que André estava presente e servia à igreja de Jerusalém. Toda vez que virmos uma referência àquela igreja e aos anciãos ou apóstolos, devemos também ler o nome de André, porque ele pertenceu àquele lugar.

Não se sabe ao certo quando André saiu de Jerusalém. Talvez ele tenha partido como um missionário por sua própria decisão, ou talvez tenha sido obrigado, por causa da perseguição que se levantou.

O Ministério Posterior de André

Há algumas tradições impressionantes sobre o ministério posterior de André. Uma delas, registrada por Eusébio (*HE* III, 1, 1), é que ele foi para a Cítia, no sul da Rússia, na região ao redor do mar Morto. André foi conhecido por um longo tempo depois disso como o santo patrono da Rússia, e essa adoção de André como o santo patrono se baseava na tradição antiga de que ele havia pregado o Evangelho na Rússia. Obras apócrifas primitivas estão em acordo:

> Acredita-se que André tenha sido crucificado numa cruz com o formato de um "X". Até os dias de hoje, esse tipo de cruz é conhecida como a Cruz de Santo André.

"*The Acts of St. Andrew and St. Bartholomew* [Os Atos de Santo André e São Bartolomeu] dão um relato de sua missão entre os partos".[3]

De acordo com o livro de Budge *The Martyrdom of St. Andrew* [O Martírio de Santo André], o apóstolo foi apedrejado e crucificado na Cítia.

Outra forte tradição situa seu ministério na Grécia. Ali, de acordo com a tradição, ele foi preso, depois crucificado por ordem do procônsul Egates, cuja esposa, Maximilla, se distanciara do marido pela pregação de André. Acredita-se que André tenha sido crucificado numa cruz que, em vez de ser feita como aquela em que Jesus morreu, tinha o formato de um "X". Até os dias de hoje, esse tipo de cruz é conhecida como a Cruz de Santo André.

Há uma terceira tradição sobre o ministério de André, que o descreve estando em Éfeso e na Ásia Menor, no qual se acredita que João tenha escrito seu Evangelho, a partir de uma revelação dada a André.

Goodspeed escreve:

> Para André, a tradição atribui a Cítia, ao norte do mar Negro, como seu campo missionário, mas os Atos de André, escritos provavelmente por volta de 260 d.C., descrevem seu trabalho sendo desenvolvido principalmente na Grécia ou na Macedônia, onde seu martírio ocorre em Patras, conforme descrito em seus Atos.[4]

À primeira vista, poderia parecer que essas três tradições são contraditórias. Mas talvez se complementem. Afinal, André teve de servir *em algum lugar* no mundo, e se ele não morreu em Jerusalém, é muito possível que tivesse ido para a Ásia Menor para estar com seu velho amigo, João. Ou que por algum tempo ele tivesse ido além da Ásia Menor, até a Cítia – também é bastante razoável. Os citas são mencionados no Novo Testamento. Então, talvez André tenha voltado para a Ásia Menor, porque é o corredor natural entre a Rússia e a Grécia. É totalmente possível que André tenha trabalhado por um período em Éfeso e na região circunvizinha e depois, finalmente, tenha ido para a Grécia, em seus últimos anos.

Lá no sul da Grécia ele pode ter, como diz a tradição, enfurecido tanto o governador por ganhar sua esposa para a fé cristã, que, em busca de vingan-

---

3 E.A. Wallis Budge, *The Contendings of the Apostles* [As Contendas dos Apóstolos] (London: The British Museum, 1899 edition, 1901 edition, 1935 edition).
4 Edgar J. Goodspeed, *The Twelve* [Os Doze], p. 99.

ça, fez com que esse pregador da Cruz, fosse também crucificado em Patras. Não era nem um pouco incomum no primeiro século que pessoas nobres, especialmente as mulheres de nobres, se convertessem ao cristianismo. Não há nada nesta tradição que seja impossível ou inverossímil.

Há algumas falsificações medievais sobre a vida e o ministério do apóstolo André às quais, porém, não se pode dar crédito. No mínimo, é provável que não haja muita verdade nelas. Há a história de que foi revelado a André que o apóstolo Matias (escolhido para suceder a Judas), fora preso por canibais. André foi enviado para ir libertá-lo. Após uma viagem miraculosa, ele chegou ao lugar e foi um instrumento usado para libertar Matias e na conversão ao cristianismo de toda a população canibal, exceto por alguns poucos incorrigíveis, por meio de milagres espetaculares.

Mas essa história é obviamente uma lenda. Não obstante, pode haver uma pitada de verdade no fato de que André, leal ao seu caráter como um ganhador de almas e interessado em salvar pessoas, pode ter de fato ajudado um ou outro dos apóstolos, talvez até mesmo Matias, a ser resgatado de uma situação difícil. E ele pode, em consequência, ter ganhado os captores de Matias para Cristo. André pode, na verdade, ter tido algum tipo de aventura com canibais na Rússia, embora não com os exageros fantasiosos, conforme narrados nessa lenda.

Na época do Imperador Justiniano, as relíquias do apóstolo André foram encontradas em Constantinopla. Essa cidade era um depositário de relíquias cristãs do sul da Rússia e da Ásia Menor, bem como da Grécia. De fato, as relíquias dos mártires eram transportadas com frequência a essa importante cidade do Cristianismo Ortodoxo Grego. Uma autoridade moderna, Michael Maclagan relata que "Constantino iniciou em 336, um santuário para os Santos Apóstolos. O edifício foi concluído por seu filho e consagrado por volta de 356. Ele continha as relíquias de São Timóteo, São Lucas e Santo André".[5]

Alguns ossos, considerados de André, foram transportados para a Escócia por um cristão chamado São Régulo, no quarto ou quinto século. Ali, eles foram enterrados num lugar que mais tarde foi chamado "St. Andrews". Hoje, o apóstolo é o santo padroeiro da Escócia, e a Cruz de Santo André é o símbolo oficial daquele país cristão. Ele também é reivindicado como santo padroeiro pelos cristãos russos e gregos.

---

5 Michael Maclagan, Thomas Hudson, *City of Constantinople [A Cidade de Constantinopla]* (New York: Frederick A. Praeger Publishing, 1968), p. 50.

Dorman Newman relata os detalhes da vida e da morte de Santo André, como eram conhecidos em 1685:

> Santo André foi para a Cítia e para o Bizâncio onde fundou igrejas. A partir dali, foi para a Grécia e finalmente a Patras, uma cidade da Acaia, onde foi martirizado. Egates, procônsul da Acaia, após intenso debate, ordenou a André que abandonasse sua religião ou fosse terrivelmente torturado. Ambos imploraram que o outro se retratasse. Egates instou com André que não perdesse sua vida. André, por sua vez, instou com Egates que não perdesse sua alma.
>
> Após suportar pacientemente os açoites, André foi amarrado, não pregado, a uma cruz para que o seu sofrimento fosse prolongado. Ele exortou os cristãos e orou, saudando a cruz que havia por muito tempo ansiado como a oportunidade de dar um testemunho honroso ao seu Mestre. André ficou pendurado na cruz por dois dias, exortando a todos que o assistiam. Algumas pessoas importunaram o procônsul, mas André suplicou ao Senhor que ele pudesse testemunhar com o próprio sangue a verdade de sua fé. Ele morreu no último dia de novembro, embora nenhum relato acerca do ano exato tenha sido recuperado.[6]

Deve-se acrescentar, apesar da afirmação de Newman, que o ano 69 d.C. tem sido geralmente aceito como o ano do martírio de Santo André, em Patras.

Mary Sharp indica a tradição católica romana para o destino das relíquias de André:

> As relíquias de Santo André: cabeça, na Basílica de São Pedro, em Roma; algumas estão em Sant'Andrea al Quirinal, em Roma, o restante, em Amalfi. Foram roubadas de Constantinopla em 1210 e levadas para a Catedral de Amalfi, perto de Nápoles. Em 1462, o Papa Pio II transferiu a cabeça para a Basílica de São Pedro, em Roma.[7]

Em 1964, o Papa Paulo VI entregou a cabeça de Santo André à Igreja Ortodoxa Grega em Patras, Grécia, onde André foi martirizado. Em novembro de 1971, viajei para Patras, para fotografar o relicário que contém a cabeça de Santo André, agora mantida numa antiga igreja construída em cima

---

6 Dorman Newman, *The Lives and Deaths of the Holy Apostles* [A Vida e a Morte dos Santos Apóstolos] (London: Kings Arms in the Poultry, 1685), pp. 43-45.
7 Mary Sharp, *A Traveller's Guide to Saints in Europe* [Guia Turístico aos Santos da Europa] (London: The Trinity Press, 1964), p. 15.

de um poço de água que, dizem, existia na época do apóstolo. Num belo relicário de prata, depositado em um altar, está a cabeça que o Papa devolveu a Patras. Uma nova catedral foi construída perto dali, para abrigar a sagrada relíquia. O sacerdote ortodoxo grego da igreja era a bondade em pessoa e permitiu que as fotografias fossem tiradas.

O relicário de ouro original, que tinha o formato do rosto do apóstolo, feito pelos católicos romanos enquanto tinham a custódia da relíquia, foi destruído por um louco em Patras, alguns anos atrás. A doutrina ortodoxa grega proíbe a reprodução de formas ou rosto humano "em três dimensões", preferindo as imagens planas (*ikons*) por se assemelharem menos a deuses pagãos. A pessoa louca foi descoberta após ter removido a cabeça de Santo André, sem ser vista, e ter esmagado o relicário de ouro em que a relíquia fora entregue de Roma, em 1964. O novo relicário de prata usado hoje é um recipiente redondo profusamente decorado, mas sem nenhuma semelhança com um rosto humano.

> Então Jesus subiu ao monte e sentou-se com os seus discípulos. (...) Levantando os olhos e vendo uma grande multidão que se aproximava, Jesus disse a Filipe: "Onde compraremos pão para esse povo comer?" (...) Outro discípulo, André, irmão de Simão Pedro, tomou a palavra: "Aqui está um rapaz com cinco pães de cevada e dois peixinhos, mas o que é isto para tanta gente?" João 6.3-9

Na igreja de Santo André em Patras, há um livro escrito em grego que lança luz à história de André. Devo muito ao reverendo Mark Beshara, um de meus alunos na *California Graduate School of Theology* [Faculdade de Teologia da Califórnia] e a um ministro ortodoxo, por sua excelente tradução do original do qual extraí a seguinte citação:

> A Santa Tradição afirma que André percorreu as regiões mais baixas do Cáucaso (atual Geórgia), indo pregar à raça dos citas, nas distantes regiões do mar Cáspio.
>
> Dirigiu-se, então, a Bizâncio (atual Istambul), onde ordenou a Eustáquio como bispo local.
>
> André foi encarcerado e apedrejado, vindo a padecer muito por amor de Cristo. Em Sinope, sofreu a terrível ameaça de ser devorado vivo por canibais. Não obstante, continuou firme em sua tarefa apostólica de ordenar bispos e espalhar o Evangelho do Salvador Jesus Cristo.

De Bizâncio dirigiu-se à Grécia, em sua principal jornada evangelística. Viajou pela Trácia e Macedônia até atingir o Golfo de Corinto, em Patras. Foi ali que André anunciou o Evangelho pela última vez.

Egates, o governador de Patras, irou-se sobremodo com a pregação de André, ordenando sua apresentação perante o tribunal local, numa atitude que visava erradicar dali a fé cristã. Como o apóstolo resistisse ao tribunal, Egates condenou-o à morte por crucificação. André permaneceu atado à cruz por espessas cordas durante três dias, sendo estas suas últimas palavras: "Aceita-me ó Cristo Jesus, Aquele a quem vi, a quem amo e em quem subsisto; recebe em paz meu espírito em Teu Reino sempiterno".

Uma cristã de nome Maximilla tirou da cruz o corpo de André e sepultou-o. Quando Constâncio, filho do imperador Constantino, tornou-se o imperador, ordenou que se conduzisse o corpo de André até a Igreja dos Santos Apóstolos, em Bizâncio (Istambul), onde foi depositado sobre um altar. A cabeça de Santo André, no entanto, permaneceu em Patras.

Em 1460 d.C., a cabeça do apóstolo foi levada para a Itália e colocada na Igreja de São Pedro, para maior proteção, após o avanço turco sobre Bizâncio. Ali permaneceu até o ano de 1964, quando o Papa Paulo VI determinou seu retorno à Sé Episcopal de Patras. Três representantes do Papa acompanharam a cabeça, colocada em um relicário e conduzida pelo Cardeal Bea a partir da Basílica de São Pedro. Ao chegar ao destino, a peça foi retornada ao Arcebispo Metropolitano Constantino, que ainda hoje a guarda.[8]

Alguns fatos interessantes acerca do destino de parte dos restos mortais de André podem ser encontrados no livro *Sacred and Legendary Art* [Arte Sagrada e Legendária]:

> Ao tempo em que Constantinopla foi tomada, sendo as relíquias de Santo André, por conseguinte, dispersadas, foi verificado por toda a cristandade um grande e entusiástico interesse pela vida desse apóstolo. Previamente honrado pela Igreja como o irmão de São Pedro, o apóstolo André já havia desde o passado se tornado foco de grande admiração.

---

8 The Very Reverend Archimandrite Hariton Pneumatikakis, *The First-Called Apostle Andrew* [André, o Primeiro Apóstolo Chamado] (Athens: Alexander Matsoukis, Inc., 1971).

4. ANDRÉ

Filipe de Burgundy (1433 d.C.), pagando um alto custo, adquiriu para si parte das preciosas relíquias, que consistiam basicamente em alguns pedaços de sua cruz. Este, ao fundar sua nova ordem de cavaleiros, estabeleceu-a sob a proteção do apóstolo. Em seu preâmbulo, a ordem demonstrava o propósito de reavivar a honra e a memória dos argonautas. Assim, seus cavaleiros passaram a usar como insígnia a Cruz de Santo André.[9]

Dentre os restos mortais dos apóstolos, os de Santo André são reputados como dos mais genuínos, devido à relativa clareza histórica de seu percurso, desde os primórdios da Igreja até o presente, envolvendo as citadas cidades de Roma, Amalfi e, atualmente com maior importância, Patras, na costa oeste da Grécia. Em breve, uma grande catedral abrigará a sagrada cabeça do apóstolo, honrando-o por seu martírio no local exato onde ele foi executado por causa de sua fé.[10]

---

9 Anna Jameson, *Sacred and Legendary Art* [Arte Sagrada e Lendária], p. 238.
10 Nota do editor: As relíquias de Santo André estão mantidas na Nova Igreja de Santo André, em Patras, num túmulo especial e são reverenciadas numa cerimônia especial todo dia 30 de novembro. A cruz de Santo André, na qual ele foi martirizado, também é mantida na Nova Igreja de Santo André, perto das relíquias do santo. Dois templos foram construídos em sua honra, uma basílica em estilo bizantino antigo e uma igreja moderna monumental, concluída em 1979.

Capítulo Cinco

TIAGO, FILHO DE ZEBEDEU

Indo adiante, viu outros dois irmãos: Tiago, filho de Zebedeu, e João, seu irmão. Eles estavam num barco com seu pai, Zebedeu, preparando as suas redes. Jesus os chamou, e eles, deixando imediatamente o barco e seu pai, o seguiram. – Mateus 4.21-22

Dos três discípulos mais próximos de Cristo (Pedro, Tiago e João), Tiago é aquele sobre quem menos sabemos. Apesar do relativo silêncio do relato bíblico acerca de Tiago, ele foi notável entre os apóstolos. Talvez o mais inusitado a respeito de sua vida tenha sido a maneira como morreu e o momento de sua morte, visto que foi o primeiro dos apóstolos de Cristo a se tornar mártir. Judas e Tiago são os dois únicos dos doze discípulos cujas mortes são relatadas nas Escrituras.

Tiago era o irmão mais velho de João, o discípulo amado. Juntamente com João, era parceiro de André e Pedro no ofício da pesca, ao lado de Zebedeu, seu pai. Possuíam diversos barcos e contratavam empregados, portanto, essa companhia de pesca deve ter sido bastante rica. Há também alguma evidência que Tiago era primo em primeiro grau de Jesus Cristo e que o conhecia desde a infância.

Tiago recebeu seu chamado para seguir a Cristo quando Jesus estava caminhando na praia do mar da Galileia.

Andando à beira do mar da Galileia, Jesus viu dois irmãos: Simão, chamado Pedro, e seu irmão André. Eles estavam lançando redes ao mar, pois eram pescadores. (...) Indo adiante, viu outros dois irmãos: Tiago, filho de Zebedeu, e João, seu irmão. Eles estavam num barco com seu pai, Zebe-

5. TIAGO, FILHO DE ZEBEDEU

deu, preparando as suas redes. Jesus os chamou, e eles, deixando imediatamente seu pai e o barco, o seguiram. (Mateus 4.18,21-22).

João havia sido discípulo de João Batista e o deixara para seguir a Jesus. Mas não há referência a Tiago sendo primeiro um discípulo de João Batista. Após certo período de companheirismo e aprendizado ao lado de Jesus, Tiago é descrito como presente no momento da cura da sogra de Pedro em Cafarnaum. Logo a seguir, é ordenado como um dos doze discípulos de Cristo, vindo a ocupar um lugar de proeminência entre os apóstolos. Ao lado de Pedro e João, tornou-se parte do círculo mais íntimo dos que seguiam a Jesus. Estes três, à parte dos demais, presenciaram a ressurreição da filha de Jairo, a transfiguração e a agonia no Jardim do Getsêmani.

> Tiago foi o primeiro dos apóstolos de Cristo a se tornar mártir. Judas e Tiago são os dois únicos dos doze discípulos cujas mortes são relatadas nas Escrituras.

É interessante notar que esses três discípulos, que deveriam sofrer muito pela causa de Cristo, precisavam testemunhar a ressurreição dos mortos que lhes daria coragem para morrer; a transfiguração de Cristo, para que conhecessem a realidade do mundo espiritual; e a agonia no Jardim, a fim de que pudessem entender que eles, também, deveriam sofrer agonia por amor a Cristo. Observe que foi Pedro o primeiro a levar a causa do Evangelho de maneira tão proeminente, liderando, assim, os apóstolos. Foi João quem viveu mais do que todos os outros apóstolos e morreu de morte natural, após ter completado cinco livros do Novo Testamento e ter realizado um grande ministério na Ásia Menor, tornando-se a principal voz do cristianismo no mundo, quase até o ano 100 d.C.

Em contraste com esses dois, que foram os maiores líderes dentre os apóstolos, está Tiago, cuja vida foi ceifada enquanto a igreja ainda era jovem. Sendo o primeiro apóstolo a morrer como mártir, é significativo que Cristo tenha permitido que ele participasse dos segredos de sua agonia no Jardim e de sua transfiguração.

Pouco tempo depois da Transfiguração, quando Jesus se preparava para ir a Jerusalém e no caminho, passando por Samaria, a ira de Tiago e João, seu irmão, se acendeu por causa da recepção hostil dada a Jesus pelas pessoas de uma pequena aldeia que ficava em sua rota de viagem.

Ao verem isso, os discípulos Tiago e João perguntaram: "Senhor, queres que façamos cair fogo do céu para destruí-los?" Mas Jesus, voltando-se, os repreendeu. (Lucas 9.54-55a).

Provavelmente foi por causa dessa impetuosidade e inclinação irascível que ganharam o apelido Boanerges, cuja tradução é "Filhos do Trovão". Esse nome foi-lhes dado desde o início de seu chamado como discípulos.

Não muito tempo depois disso, a mãe de Tiago e João pediu a Jesus que garantisse aos seus filhos o direito de assentar-se à sua direita e à sua esquerda quando Ele viesse com sua glória. Os outros dez discípulos se indignaram e Jesus os repreendeu por essa ambição tão terrena. O desfecho desse episódio está relatado em Marcos 10.42-45:

Jesus os chamou e disse: "Vocês sabem que aqueles que são considerados governantes das nações as dominam, e as pessoas importantes exercem poder sobre elas. Não será assim entre vocês. Pelo contrário, quem quiser tornar-se importante entre vocês deverá ser servo; e quem quiser ser o primeiro deverá ser escravo de todos. Pois nem mesmo o Filho do homem veio para ser servido, mas para servir e dar a sua vida em resgate por muitos".

Tiago foi um dos quatro que questionaram o Senhor Jesus acerca das últimas coisas quando Jesus fez seu discurso no monte das Oliveiras, enquanto avistavam o templo ali do alto. Tiago também esteve presente quando o Cristo ressurreto apareceu pela terceira vez aos discípulos e na pesca maravilhosa, realizada no mar de Tiberíades.

Tiago foi morto pelo rei Herodes Agripa I, por volta do ano 44 d.C., pouco antes da morte do próprio Herodes. O relato se encontra em Atos 12.1-2:

Nessa ocasião, o rei Herodes prendeu alguns que pertenciam à igreja, com a intenção de maltratá-los, e mandou matar à espada Tiago, irmão de João.

Assim, Tiago cumpriu a profecia de Cristo que ele também beberia do cálice de seu Mestre.

Disse-lhes Jesus: "(...) Podem vocês beber o cálice que eu estou bebendo ou ser batizados com o batismo com que estou sendo batizado?" "Podemos", responderam eles. Jesus lhes disse: "Vocês beberão o cálice que estou bebendo e serão batizados com o batismo com que estou sendo batizado". (Marcos 10.38-39).

As Lendas de São Tiago Maior

Os Atos de São Tiago na Índia falam de uma viagem missionária de Tiago e Pedro à Índia. De acordo com o *Martírio de São Tiago*, ele teria pregado às doze tribos da dispersão, para as quais o apóstolo teria suplicado, em suas preleções, que destinassem seus dízimos à Igreja de Cristo e não a Herodes.

A *História Apostólica* de Abdias faz referência a Tiago e a dois mágicos chamados Hermógenes e Fileto. Este último teria se convertido pela pregação de Tiago e estaria prestes a abandonar seu companheiro. Hermógenes, então, teria lançado um feitiço contra Fileto que enviou mensagem a Tiago em busca de ajuda. Tiago lhe enviou seu lenço e por meio dele Fileto foi liberto do feitiço. Hermógenes, irado, ordenou que seus demônios se lançassem ao encalço de Tiago e Fileto, mas os demônios nada puderam fazer contra eles. Tiago ordenou que voltassem e levassem Hermógenes preso, o que obedeceram. Tiago o libertou dos demônios e Hermógenes se converteu a Cristo, vindo a dedicar-se à prática da caridade e à operação de milagres em benefício dos necessitados e oprimidos que o cercavam.

Outra lenda sobre Tiago é relatada por Eusébio que a extraiu do sétimo livro de *Hypotyposes*, a obra perdida de Clemente de Alexandria. A lenda nos conta acerca da existência de um delator, responsável pelo aprisionamento e pelo julgamento que levaria Tiago à sentença capital. Ao ouvir o testemunho de Tiago, ele teria de tal sorte se arrependido, que – conta Eusébio – apresentou-se aos mesmos magistrados confessando-se também ser cristão. Tendo rogado e recebido o perdão de Tiago, o delator arrependido foi decapitado ao lado do apóstolo.

Os artistas dos séculos XIV e XV adotaram as histórias de Tiago como temas de muitas de suas pinturas, divulgando, assim, amplamente e em lugares distantes a fama dos apóstolos. Algumas lendas interessantes se desenvolveram ao longo da história da Espanha. A obra *Arte Sagrada e Lendária* relata algumas dessas lendas:

> De acordo com a lenda espanhola, o apóstolo Tiago era filho de Zebedeu, um ilustre nobre da Galileia, proprietário de barcos e acostumado a pescar ao longo das praias do lago de Genesaré, mas apenas por prazer e recreação: ora, quem poderia esperar que a Espanha, a nação de Hidalgos e Caballeros, poderia escolher como padroeiro, ou aceitar como líder e general em chefe de seus exércitos, um pobre e ignóbil pescador? É, portanto, indiscutível, que esse glorioso apósto-

lo, que era primo de nosso Senhor, era de linhagem nobre e digno de sua lança como cavaleiro e cavalheiro – assim como em Dante.

Foi, porém, de seu agrado, em sua grande humildade, seguir aqui na terra, o exemplo de seu divino Senhor, e reservar sua bravura bélica até que fosse chamado a lutar contra os milhares de mouros perversos, perpétuos inimigos de Cristo e de seus servos. Um dia, quando Tiago e seu irmão João estavam no barco de seu pai, juntamente com alguns empregados, ocupados consertando as redes, o Senhor, que passava pelas praias daquele lago, os chamou; eles deixaram tudo e o seguiram; e dali por diante se tornaram seus discípulos favoritos, e testemunhas de seus milagres aqui na terra. Após a ascensão de Cristo, Tiago pregou o Evangelho na Judeia; a seguir, viajou por todo o mundo chegando por último à Espanha, onde por meio de sua pregação poucos se converteram, devido à ignorância e obscuridade das pessoas.

A seguir, São Tiago, tendo fundado a fé cristã na Espanha, retornou para a Judeia, onde pregou ainda por muitos anos e realizou muitos sinais e milagres à vista do povo. E aconteceu que certo feiticeiro, cujo nome era Hermógenes, opôs-se ao apóstolo, assim como o mago Simão perversa e presunçosamente se opôs a São Pedro, recebendo em si consequência semelhante. Hermógenes enviou seu discípulo Fileto para disputar com Tiago e competir com ele na realização de prodígios; mas, como você facilmente perceberá, não teve a mínima chance contra o apóstolo e, reconhecendo sua derrota, voltou para o seu mestre, a quem anunciou sua intenção de passar a seguir Tiago e sua doutrina. Enfurecido, Hermógenes amaldiçoou a Fileto, lançando sobre ele um feitiço diabólico, de modo que ele não conseguia mover as mãos nem os pés, e disse: "Vejamos se o teu novo mestre poderá livrar-te". Fileto enviou seu servo a São Tiago, rogando-lhe que o ajudasse. O apóstolo, então, tomou seu lenço e o entregou ao servo de Fileto, mandando que o levasse ao seu dono; no mesmo instante em que Fileto o tocou, foi liberto, e apressou-se a lançar-se aos pés de seu libertador.

Hermógenes, ainda mais enfurecido, invocou os demônios que o serviam, mandando que fossem buscar Tiago e Fileto, trazendo-os amarrados em grilhões; mas no caminho, os demônios se depararam com uma legião de anjos que se apoderaram deles castigando-os por intentarem fazer o mal, até que clamassem por misericórdia. Então,

5. TIAGO, FILHO DE ZEBEDEU

São Tiago lhes disse: "Voltem ao que os enviou e tragam-no amarrado". E assim o fizeram; tendo, pois, lançado o feiticeiro aos pés de são Tiago, eles imploraram, dizendo: "Agora, dá-nos poder para nos vingarmos de nosso inimigo, que é também teu!" Mas São Tiago os repreendeu, dizendo: "Cristo nos ordenou pagar o mal com o bem". Assim dizendo, ele libertou Hermógenes das mãos daqueles demônios; e o mágico, completamente perplexo, lançou ao mar seus livros e rogou a São Tiago que o protegesse dos demônios, seus antigos servos. Ao que São Tiago lhe deu seu bordão, que lhe servisse de instrumento mais eficaz de defesa [sic] contra os espíritos infernais; assim, Hermógenes tornou-se um fiel discípulo e pregador, daquele dia em diante.

Porém, os maquiavélicos judeus, cada vez mais enraivecidos, tomaram Tiago e o prenderam, levando-o perante o tribunal de Herodes Agripa. Um de seus delatores, sensibilizado pela conduta bondosa do apóstolo, e diante de sua miraculosa misericórdia, converteu-se, e suplicou que pudesse morrer com ele; o apóstolo concedeu-lhe o beijo da paz, dizendo: "Pax vobis!", cuja saudação tem sido repetida até hoje como uma forma de bênção na igreja. A seguir, foram ambos decapitados e assim morreram.

E, vindo os discípulos de São Tiago, tomaram consigo seu corpo e, não ousando sepultá-lo, por medo dos judeus, levaram-no até Jope, onde o depositaram a bordo de um navio. Alguns dizem que o navio era todo de mármore, embora isso não possa ser comprovado. Entretanto, é quase certo que anjos conduziram o navio miraculosamente até a costa da Espanha, ali chegando após sete dias. Tendo navegado pelo estreito conhecido como Colunas de Hércules, desembarcaram por fim na Galícia, num porto então chamado Iria Flavia, hoje, Padron.

Naqueles dias reinava na região uma rainha cujo nome era Lupa e ela e todo o seu povo estavam imersos na impiedade e na idolatria. Ao chegar à praia, o corpo do apóstolo foi depositado sobre uma grande pedra que se tornou como cera, envolvendo o corpo e selando-o em seu interior: esse foi o sinal de que o santo desejava permanecer ali. Entretanto, a maligna rainha Lupa se desagradou e ordenou que atrelassem touros selvagens a uma carroça, colocando sobre ela o corpo de Tiago, juntamente com o túmulo que havia nele se fundido, esperando assim que ele fosse arrastado e completamente destruído.

Porém, seus planos foram frustrados porque ao avistar a cruz, os touros selvagens se tornaram tão dóceis como ovelhas e levaram o corpo do apóstolo diretamente para o interior do palácio da rainha. Ao presenciar aquele milagre, a rainha Lupa ficou perplexa e converteu-se ao cristianismo, estimulando seus súditos a fazerem o mesmo. Ela construiu uma magnífica igreja para abrigar os restos mortais de São Tiago e morreu com uma reputação de santidade.

Mas, então, vieram as trevas e a destruição durante a invasão dos bárbaros que obscureceu toda a Espanha. Nesse período, o corpo do apóstolo desapareceu, sem que ninguém pudesse encontrá-lo até que, no ano 800, o local do sepulcro foi revelado a um santo monge.

Então, transportaram o corpo do santo a Compostela; e em consequência dos surpreendentes milagres que agraciaram seu santuário, ele passou a ser honrado não apenas na Galícia, mas em toda a Espanha. Peregrinos de todos os países visitam o local, chegando a ultrapassar a casa de cem mil visitantes por ano. A Ordem Militar de São Tiago, alistada por Dom Alfonso para sua proteção, tornou-se uma das maiores e mais ricas da Espanha.[1]

Teria o Apóstolo Tiago se dirigido à Espanha?

É pouco provável que Tiago tenha visitado a Espanha durante sua vida, embora a hipótese de que seus restos mortais tenham sido transportados para lá no século sétimo pareça mais convincente. Na introdução do renomado livro, *A Grande Peregrinação da Idade Média*, de Vera e Hellmut Hell, Sir Thomas Kendrick relata as tradições históricas:

> No início do século nono, talvez por volta do ano 810, três corpos, atribuídos a São Tiago Maior e dois de seus discípulos, foram encontrados no extremo noroeste da Espanha, por Teodomiro, bispo de Iria Flavia (Patrono); eles jaziam num túmulo, há muito esquecido, numa região agreste, a cerca de 20 quilômetros da sede episcopal. Na época da descoberta, havia se iniciado a reconquista da Espanha das mãos dos mouros e o reinado de Astúrias, onde se deu o achado, tornara-se um baluarte da cristandade, que corajosamente passava ao restante da Europa a esperança de que o avanço do islamismo havia sido barrado com sucesso ao sul dos Pireneus.

---

1 Anna Jameson, *Sacred and Legendary Art* [*Arte Sagrada e Legendária*], 238 ff.

5. Tiago, Filho de Zebedeu

Então, veio o pronunciamento. Foi feito pelo bispo e, a seguir, pelo rei de Astúrias, Alfonso II (791-842), que deixaram claro que a descoberta fora feita como resultado de orientação divina. Em outras palavras, numa época em que grande perigo ameaçava o oeste da Europa, são Tiago ofereceu, repentinamente, o poderoso encorajamento por meio de seus ossos (não era pouca coisa numa era obcecada pelas relíquias), para fortalecer o ânimo dos cristãos que lutavam na frente de batalha contra o Islã.

Certamente foi algo espantoso que aconteceu, e afirma-se que Alfonso II notificou o Papa Leão III e Carlos Magno, acerca do maravilhoso achado em suas terras; mas, seja como for, alguns podem achar que os resultados da descoberta foram ainda mais espantosos. Em cima da necrópole onde supostamente se achou o corpo de São Tiago jaz, se ergueu a cidade de Santiago de Compostela, que a partir do século XII, viria a se firmar, juntamente com Roma e Jerusalém, como um dos três maiores centros de peregrinação cristã.

Queremos entender por que foi tão fácil acreditar que o corpo de São Tiago foi encontrado naquele túmulo. O apóstolo não era objeto das afeições dos espanhóis, num vínculo de longa data. Somente a partir do século sétimo foi que se passou a supor que São Tiago teria pregado na Espanha durante sua vida. E essa cogitação se baseava em nada além de um erro de cópia de uma palavra numa lista apócrifa dos campos missionários apostólicos. De início, pouca atenção se deu a isso.

A honra que passou a ser dedicada a São Tiago por toda a Europa e as multidões de peregrinos que visitam seu túmulo podem felizmente ser estudadas, ainda que fique sem resposta a pergunta se foi de fato o apóstolo a quem o bispo Teodomiro, de Iria Flavia, teria encontrado num túmulo galiciano esquecido. As discussões sobre essa questão perduram até hoje e, de fato, foram levadas propositadamente a um estágio posterior pelos autores deste livro. Os ossos atribuídos ao apóstolo Tiago e a dois de seus discípulos foram encontrados num túmulo verdadeiro, e tudo que podemos fazer é nos maravilhar com o resultado da descoberta. Deve-se destacar, porém, que mesmo antes do século XII, havia peregrinos que não estavam tão certos se o *bout du pelerinage* era tudo que se declarava a respeito dele.

Os bolandistas aceitavam como fato que o apóstolo teria liderado uma missão à Espanha durante sua vida. Era uma questão que havia sido duvidada e o prestígio de São Tiago havia sofrido. (...) Mas os bolandistas apareceram para resgatá-lo (após dolorosa investigação feita por William Cuypers), com cujo veredito concordou o renomado historiador da Espanha, Enrique Florez, e endossado também por Benedito XIV.

Foi somente a partir de 1879 que as relíquias de Tiago foram novamente encontradas por trabalhadores, uma descoberta sensacional que causou o desmaio e a cegueira temporária a um deles. Testes elaborados foram aplicados aos restos mortais misturados de São Tiago e de seus dois discípulos e a ossada do apóstolo foi identificada, com a ajuda de um fragmento que faltava e estava guardado num relicário na catedral de Pistoya. Numa bula de 1884 que apresenta os Dias de Todos os Santos, o Papa Leão XIII declarou que os restos mortais de São Tiago haviam sido encontrados naquela catedral de Compostela onde por mais de mil anos os fiéis puderam conhecer o glorioso apóstolo em sua sepultura.[2]

Nesse mesmo excelente livro os autores apresentam a trajetória das relíquias de São Tiago.

Podemos supor com razoável segurança que São Tiago morreu no ano 44, sendo executado em Jerusalém durante o reinado de Herodes Agripa I (Atos 12.2). Sendo assim, é provável que seu túmulo se situasse originalmente nos arredores de Jerusalém. Entretanto, no ano 614, com a ocupação persa dos territórios bizantinos da Síria e da Palestina, alguns eruditos (Tillemont) acreditam que o corpo de Tiago foi levado para a Galícia, naquele mesmo período. Outra hipótese (Gams) é que o corpo teria sido transferido num período anterior, no sexto século, na época do Imperador Justiniano, que teria presenteado com as relíquias o monastério de Raithiu, localizado na península do Sinai.

Outra alternativa é o que dizem alguns cronistas entre o oitavo e o décimo segundo século (ex. *Breviarium Apostolorum*). Segundo eles, Tiago fora sepultado em "Achaia Marmorica" (soletrada de maneiras distintas). Até agora, contudo, este nome não foi plenamente identificado com nenhum lugar ou com qualquer cidade conhecida.

A miraculosa descoberta das relíquias do apóstolo em Santiago ocorreu no primeiro quarto do nono século (durante o reino de Al-

---

2   Vera e Helmut Hell, *The Great Pilgrimage of the Middle Ages [A Grande Peregrinação da Idade Média]* (New York: Clarkson N. Potter, Inc., 1964), pp.13-14, 16, 28-29.

5. TIAGO, FILHO DE ZEBEDEU

fonso II, 791 -842 d.C., mas anteriormente ao ano 842), isto é, antes da primeira destruição do santuário de São Menos, mas num período em que é provável que já houvesse certo cuidado com a segurança delas. Assim, pode-se aceitar que os restos do apóstolo tenham sido transportados para a Galícia, quando muito, nos primórdios do nono século. É igualmente possível que essa transferência tenha se dado antes de 711 (data da invasão árabe na Espanha), sendo, no entanto, pouco provável que tenha ocorrido durante a ocupação árabe na península ibérica. Foi no princípio do nono século que o reino das Astúrias, no norte da Espanha, conquistou suficiente estabilidade para almejar a reconquista do restante da nação. A primeira alternativa se sustenta no fato de que as referências à Acaia Marmórica como local de sepultamento do santo datam do oitavo século.

Se essas conjecturas estiverem corretas, então é possível que a rota percorrida pelas relíquias desde Jerusalém até Santiago [de Compostela], tenha passado pelo Sinai e pela cidade de Menas. Nesse caso, o período mais plausível da travessia até a Espanha é o princípio do nono século, ou seja, pouco antes da construção da Igreja em Santiago, sob o reino de Alfonso II.[3]

Uma autoridade moderna nesse assunto, William Barclay, em seu livro *The Master's Men* [Os Homens do Mestre], apresenta um argumento que contradiz a visita de Tiago à Espanha.

Considerando a data precoce de seu martírio, é praticamente impossível a relação de Tiago com a Espanha, por mais que se deseje que ela seja verdadeira; e a história toda é um dos mistérios lendários sem explicação. Na arte, Tiago é ilustrado com a cópia dos Evangelhos em uma mão e um bordão de peregrino e um manuscrito na outra, para mostrar simbolicamente o quanto ele viajou pregando o Evangelho.[4]

Contudo, Asbury Smith, em seu estudo acerca dos apóstolos, *The Twelve Christ Chose* [Os Doze que Cristo Escolheu], considera a remota possibilidade que Tiago poderia ter visitado a Espanha.

Tiago não é mencionado no Evangelho de João, um fato interessante, se aceitarmos que João, irmão de Tiago, foi o seu autor. O Evangelho de João é a única fonte de informação a respeito de Filipe, André e Natanael Bartolomeu. Entretanto, por estranho que

---
3 Ibid., pp. 31, 34-35.
4 William Barclay, *The Master's Men* [Os Homens do Mestre] (London: SCM Press Ltd., 1970), p. 100.

seja, João nada relata sobre Tiago, seu irmão, ocultando sua própria identidade sob o disfarce de "o discípulo amado". A explicação usual dada a essas omissões é a reticência de João, porém, elas são estranhas e difíceis de entender. Essa é uma das muitas porções da Bíblia que necessitam de maior estudo para sua compreensão.

O processo pelo qual a Espanha foi cristianizada não está claro. Em sua carta aos Romanos, Paulo falou de seu desejo de levar o Evangelho até a Espanha. A maioria dos estudiosos acredita que seu martírio o impediu de realizar esse desejo, mas outros creem que ele de fato teria ido à Espanha. A tradição espanhola, contudo, diz que o apóstolo Tiago fundou a Igreja Cristã ali. Embora sua morte precoce torne essa conclusão quase insustentável, essa lenda tem exercido grande influência sobre o povo espanhol. Os historiadores geralmente apontam para o segundo ou terceiro século como o início do cristianismo na Espanha. Mas ninguém pode estar certo a respeito desse período, visto que não há fontes de informação fidedignas.[5]

J. W. Taylor, em *The Coming of the Saints* [*O Surgimento dos Santos*], parece ávido em aceitar a teoria de Tiago como missionário pioneiro na Espanha.

São Pedro e São João estavam juntos em Jerusalém durante os anos imediatamente subsequentes, mas em nenhum lugar se lê sobre a presença de Tiago com eles. Isso é curioso porque ele havia estado constantemente com eles anteriormente. Único a participar com eles da revelação especial no monte da Transfiguração, e novamente o único a participar com eles da última conversa com Jesus no Jardim do Getsêmani, sua ausência posterior no grupo, especialmente quando "Pedro e João estavam subindo ao templo na hora da oração, às três horas da tarde" (Atos 3.1), necessita enfaticamente de uma explicação. A única conclusão possível é que seu companheiro, sempre presente no passado, estava fora de Jerusalém.

Existem algumas tradições bastante antigas, que remontam aos primeiros séculos, que, se aceitas, explicam esse silêncio fenomenal em relação a um dos principais apóstolos.

Nelas, São Tiago é representado como um viajante em terras distantes do Ocidente, já nos primeiros anos após a ascensão de Cristo, e como missionário pioneiro na Sardenha e na Espanha.

---

5 Asbury Smith, *The Twelve Christ Chose* [*Os Doze que Cristo Escolheu*] (New York: Harper and Brothers, 1958), pp. 40-41, 45.

5. Tiago, Filho de Zebedeu

Essas tradições acerca de São Tiago são tão antigas e tão decisivas, por mais improváveis que pareçam, que não me desculpo por reproduzi-las em seus detalhes mais notáveis. Elas apresentam o apóstolo saindo do Oriente e pregando o Evangelho tanto na Sardenha quanto na Espanha; a seguir, voltando para Jerusalém para participar da Festa da Páscoa em Jerusalém, onde visitou a Igreja e seus amigos e, posteriormente, sofreu o martírio.

O seu corpo teria sido recolhido e levado da Palestina para a Espanha por seus amados discípulos, que o sepultaram em solo espanhol, entre as primeiras pessoas às quais ele havia pregado o Evangelho do Reino.

Um fato mencionado por historiadores contemporâneos – tanto Tácito como Josefo – torna essa missão antecedente mais provável do que parece à primeira vista.

Aproximadamente 19 d.C., Tácito nos informa que quatro mil jovens "afetados pelas superstições judaicas e egípcias" foram transportados da Itália para a Sardenha (*Anais*, vol. II, c. 85). Josefo se refere a eles como "os quatro mil judeus" (*Antiguidades*, livro XVIII, c. 3), evidenciando que seu banimento e alistamento compulsivo (já que foram usados como soldados na Sardenha) causaram profunda consternação nos judeus da Palestina.

> O seu corpo teria sido recolhido e levado da Palestina para a Espanha por seus amados discípulos, que o sepultaram entre as primeiras pessoas às quais ele havia pregado o Evangelho do Reino.

Alguns supõem que esses judeus deportados já eram crentes em Jesus ou seguidores dos ensinos de João Batista, o que é muito pouco provável. Entretanto, é possível que muitos deles tenham sido antigos seguidores de Judas, o Galileu (At 5.37), que agora viviam como prisioneiros em Roma. Se assim for, alguns daqueles homens – ou as famílias às quais pertenciam – poderiam ser particularmente conhecidos de Tiago e João. Eles seriam, de fato, "ovelhas perdidas da casa de Israel" e teriam se tornado alvo especial e urgente da compaixão do grande apóstolo.

A crença na lenda ou tradição da missão de São Tiago à Espanha parece remontar ao ano 820 d.C., quando o corpo do santo foi "descoberto" por Teodósio, bispo de Tira. Ao redor do corpo atribuído ao apóstolo, com o passar do tempo surgiram o santuário, a catedral, a cidade e finalmente as peregrinações a "Santiago de Compostela". A igreja original foi consagrada no ano 899 d.C., mas foi destruída pelos mouros em El Mansui em 997. No mesmo local foi construída outra catedral, fundada em 1078. Mas, muito tempo antes da suposta descoberta – ou redescoberta – do corpo de São Tiago, há evidências de que a essência dessa tradição já era sustentada pelos habitantes da Espanha, bem como por seus escritores. Desde tempos imemoráveis, ou pelo menos, desde 400 d.C., encontramos referências a essa tradição em antigos ofícios espanhóis.

Na segunda metade do século seguinte ou início do sétimo século (por volta do ano 600 d.C.) há três referências distintas confirmando a tradição da pregação de São Tiago na Espanha, nos escritos de Isidoro Hispalense (vii, 390, 392 e v, 183), embora esse autor relate o sepultamento do apóstolo em "Marmorica", na Acaia. A tradição é novamente confirmada por São Juliano, que dirigiu a Igreja de Toledo no século sétimo (*Acta Sanctorum*, vol. 33, p. 86) e por Freculfo, que escreveu por volta de 850 d.C. (livro ii, cap. 4). O compêndio dos bolandistas no livro *Acta Sacntorum* parece ser decisivamente favorável à tese que tem como fidedigna e histórica a missão espanhola de São Tiago.[6]

Ninguém parece ter feito uma pesquisa mais abrangente do que J. W. Taylor sobre a era apostólica, embora fique evidente a ânsia desse autor em comprovar sua tese. Por mais tentador que isso também nos pareça, simplesmente não ousamos compartilhar de todo o entusiasmo de Taylor. Tampouco, por outro lado, os estudiosos sérios têm o direito de rejeitar seus argumentos sem antes fazer uma análise criteriosa.

A melhor enciclopédia bíblica (*The International Standard Bible Encyclopaedia*) mostra que Tiago foi morto por Herodes Agripa I, por volta do ano 44 d.C.. Os editores fazem o seguinte comentário teológico: "Assim, Tiago cumpriu a profecia de nosso Senhor, de que ele também beberia do cálice de seu Mestre" (Marcos 10.39). A mesma fonte cita a seguinte literatura apócrifa:

De acordo com *Genealogies of the Twelve Apostles* [Genealogias dos Doze Apóstolos] (cf. Budge, *The Contendings of the Apostles*, vol. 2, 49), Zebedeu era da casa de Levi, e sua mulher, da casa de Judá. Pelo fato do pai de Tiago amá-lo tanto ele o contava entre os da fa-

---

[6] J. W. Taylor, *The Coming of the Saints [A Vinda dos Santos]* (London: The Covenant Publishing Co., Ltd., 1969), pp. 57-58.

5. TIAGO, FILHO DE ZEBEDEU

mília de seu pai, Levi, e semelhantemente, pelo fato da mãe de João amá-lo tanto, ela o contava entre a família de seu pai, Judá. E eles receberam o sobrenome "Filhos do Trovão", já que ambos descendiam da linhagem sacerdotal e real. Os *Atos de São João*, uma obra herética do século segundo, citada por Clemente de Alexandria em sua obra *Hypotyposes* e também por Eusébio (*HE*, III, 25), apresenta um relato do chamado de Tiago e sua presença na Transfiguração, semelhante ao dos Evangelhos, mas com o acréscimo de detalhes fantasiosos concernentes à natureza sobrenatural do corpo de Cristo e como suas aparições causaram confusão em Tiago e outros discípulos (cf. Hennecke, *Handbuck zu den neutestamentlichen Apokryphen*, 423-59). Os *Atos de São Tiago na Índia* (cf. Budge, *Contendings of the Apostles*, 295-303) falam da viagem missionária de Tiago e Pedro à Índia, da aparição de Cristo a eles na forma de um belo jovem, descreve-os curando um cego, relata a prisão e libertação miraculosa dos dois apóstolos e a conversão das pessoas a quem pregavam.[7]

Hugo Hoever, quase cem anos atrás, fez uma coletânea das crenças dos eruditos cristãos durante essa era: "Por causa do zelo inicial de Tiago e João, o nosso Senhor passou a chamá-los de Boanerges, que significa filhos do trovão (...) São Tiago pregou o Evangelho na Espanha e depois voltou a Jerusalém onde foi o primeiro dos apóstolos a sofrer o martírio. Por ordem de Herodes Agripa I, foi decapitado em Jerusalém, quando se aproximava a festa da Páscoa, no ano 44 d.C."[8]

A obra muito competente *A Traveller's Guide to Saints in Europe [Guia aos Santos para o Viajante na Europa]* apresenta a seguinte suposição: "A maioria dos eruditos acredita que é improvável que ele tenha visitado a Espanha, mas afirma que isso não descarta a alegação de que as relíquias de Santiago sejam dele".[9]

A *Enciclopédia Britânica* não rejeita totalmente a hipótese de que possa ter havido alguma relação de Tiago com a Espanha, mas afirma que o martírio oficial de Tiago teria ocorrido 14 anos após a morte de Cristo (Atos 12.2), no governo de Herodes Agripa I, neto de Herodes, o Grande. Ela acrescenta: "Há uma tradição aberta a sérias dificuldades e que não é unanimemente

---

7   *The International Standard Bible Encyclopaedia* [Enciclopédia da Bíblia Padrão Internacional], vols. I-V (GRand Rapids: William B. Eerdmans Publishing Co.; 1960), volumes III, IV.
8   Hugo Hoever, *The Lives of the Saints [A Vida dos Santos]* (new York: Catholic Books Publishing Co., 1967), p. 282.
9   Mary Sharp, *A Traveller's Guide to Saints in Europe [Guia aos Santos para o Viajante na Europa]* (London: Trinity Press, 1964), p. 120.

reconhecida, de que Tiago teria pregado o Evangelho na Espanha e que, após sua morte, o corpo dele teria sido transportado a Compostela".[10]

Uma tradição rival é defendida pelo autor do *Armenian Patriarchate of Jerusalem* [*Patriarcado Armênio de Jerusalém*]. Essa autoridade afirma que a Catedral de São Tiago em Jerusalém, a sede do Patriarcado Armênio, situa--se hoje no local onde ficava a casa de Tiago Menor. [Num capítulo posterior neste livro, demonstrei que qualquer que seja a historicidade dessa afirmação, é improvável que seja o lugar onde Tiago Menor está sepultado, e sim, o túmulo de Tiago, irmão de Jesus]. Entretanto, a afirmação a seguir é interessante por ser contrária quanto ao local atual onde está enterrado o corpo de Tiago Maior. "A Catedral contém o Santuário de São Tiago Maior (o apóstolo e irmão de São João). A cabeça do apóstolo está enterrada nesse santuário".[11]

Em outro volume, *The Treasures of the Armenian Patriarchate of Jerusalem* [*Os Tesouros do Patriarcado Armênio de Jerusalém*], a seguinte alegação é feita:

> A Catedral de São Tiago fica no local onde, segundo a tradição, foi enterrada (debaixo da parede norte da atual igreja) a cabeça de São Tiago Maior, irmão de João, que foi decapitado por Herodes Agripa, em 44 d.C. Atualmente, a sepultura está situada dentro da igreja. De acordo com a tradição, uma capela foi construída no local da decapitação de São Tiago Maior, no primeiro século. Entretanto, há muitas evidências de que os alicerces da primeira igreja construída nesse lugar sagrado teriam sido lançados no século quarto.[12]

A mesma autoridade acrescenta:

> De acordo com a tradição armênia, após a destruição do monastério onde o corpo martirizado do apóstolo Tiago Jovem foi originalmente enterrado, suas relíquias foram removidas para a Catedral de São Tiago e colocadas no local onde hoje está situado o altar principal. Acredita-se que nessa Catedral tenha sido enterrada a cabeça do apóstolo Tiago Maior, irmão de João, o evangelista. Essas tradições têm apresentado provas a fim de ressaltar a relação histórica da ins-

---

10 *Encyclopaedia Brittanica*, vol II. (sem data de edição), p. 120
11 Sem autor, *Brief Notes on the Armenian Patriarchate of Jerusalem* [*Notas Breves sobre o Patriarcado Armênio de Jerusalém*], (Jerusalém: St. James Press), p. 10.
12 Arpag Mekhitarian, *Treasures of the Armenian Patriarchate of Jerusalem* [*Tesouros do Patriarcado Armênio de Jerusalém*] (Jerusalém: Armenian Patriarchate, 1969), p. 9.

tituição armênia com os dois apóstolos cujas relíquias têm sido ciosamente guardadas por eles há muitos séculos.[13]

O que Teria Acontecido ao Corpo de Tiago?

A resposta a esta pergunta pode ser deduzida a partir das evidências quanto à vida, ao martírio e subsequente destino do corpo de Tiago: de fato, a história de Tiago Maior é uma mistura de certezas e tradições conflitantes. Sugerimos a seguinte *hipótese* tentando harmonizar as informações obtidas, embora estudos posteriores aguardem novas descobertas.

Tiago ainda viveu por 14 anos após a ressurreição de Jesus. Considerando a facilidade com que os habitantes da bacia mediterrânica podiam viajar de uma extremidade do mar à outra, desde os tempos de Aníbal de Cartago, e considerando a facilidade ainda maior de deslocamentos na era de Júlio César (c. 60-40 a.C.), que visitou a Espanha ao menos três vezes, não vemos dificuldades enormes contra a possibilidade de Tiago ter visitado colônias de judeus na Espanha. É provável que Tiago tivesse pregado aos gentios, exceto aos prosélitos da sinagoga judaica, na Espanha.

Uma importante vertente do Judaísmo, o grupo dos sefaradim, tem se identificado mais com a Espanha do que com qualquer outro país europeu. Tiago dificilmente teria considerado sua responsabilidade missionária incluir uma missão aos gentios uma vez que, se é que ele foi à Espanha, por causa da brevidade de sua carreira como pregador (14 anos) é provável que ele tenha se dirigido apenas às remotas colônias de judeus na Espanha.

O apóstolo Paulo ainda não havia conseguido libertar o cristianismo de seu vínculo com o judaísmo, na época em que Tiago teria saído da Judeia, se de fato ele foi à Espanha. Entretanto, a ausência do nome ou do registro das atividades de um apóstolo tão importante como Tiago Maior, no livro de Atos, após a primeira lista de apóstolos no primeiro capítulo, pode ter algum significado. É difícil também aceitar a ideia que Tiago teria viajado para a Índia e para a Espanha. Entretanto, visto que não se pode descartar completamente a visita à Espanha durante os 14 anos de silêncio na história deste apóstolo e visto que é razoável crer que Tiago foi um alvo especial da perseguição herodiana perpetrada contra a igreja, não há nenhum obstáculo *descomunal* a uma possível visita de Tiago a esse país.

---

13 Ibid., p. 5.

Assim, Tiago *pode* ter ido à Espanha para pregar aos colonos judeus e escravos ali. Não sabemos por que ele teria escolhido ir aos judeus na Espanha. Ao retornar a Jerusalém, é bem possível que Tiago tenha sido acusado por Herodes Agripa I de ter fomentado a sedição entre os judeus escravos na Espanha. Sem dúvida, Herodes era impopular na Judeia porque teria enviado aqueles judeus como escravos. Ou ainda, ele não teria encontrado argumentos suficientes para se opor a Roma contra a escravização daqueles judeus. O mais provável, entretanto, é que aqueles escravos judeus fossem inimigos tanto de Herodes quanto de Roma.

Qualquer pessoa que fizesse a longa viagem da Judeia à Espanha e fosse observada falando aos escravos poderia muito bem, ao retornar, ser considerada por Herodes como inimigo potencial ao seu trono.

Com o rápido crescimento do movimento cristão em Jerusalém, Herodes pode ter enxergado alguns líderes cristãos, ou todos eles, como rebeldes em potencial. É provável que ele tenha, portanto, acusado Tiago de espalhar sedição e tenha mandado decapitá-lo como inimigo público do estado. Mesmo esse ato de Herodes não teria ficado sem o apoio de simpatizantes entre os sacerdotes ou grupos influentes de judeus. No ano 44 d.C. a liderança judaica religiosa e política já não era mais tolerante para com o cristianismo, ainda que nos anos iniciais, possa tê-lo considerado como um movimento pequeno demais para ser considerado ameaçador.

Não consigo ver nenhuma razão para Tiago não ter sido vítima dos temores e da ira de Herodes com base na acusação de sedição. Se Herodes estava determinado a aniquilar o cristianismo, ou ao menos, impedir seu avanço para agradar os judeus influentes, não seria anormal da parte dele subornar várias "testemunhas". Ou então, também é possível que por meio da pregação a respeito de um Messias que viera e *voltaria*, Tiago conquistara muitos seguidores e crentes entre os escravos judeus na Espanha. Neste caso, isso poderia ter causado problemas aos romanos e Tiago pode ter sido responsabilizado por esses distúrbios. Nem é preciso teorizar que seriam necessárias falsas testemunhas. A pena capital como resultado de simples suspeita de atividades ilegais, e aplicada ao apóstolo Tiago, era uma marca do governo de todos os Herodes.

Não se pode ir além das suposições para confirmar essa teoria. Mas é inteiramente possível que um número de judeus escravos na Espanha tenham se convertido a Cristo pela pregação de Tiago, e basearam nesse fato suas histórias fantásticas relacionadas à visita de Tiago. Essas lendas podem mais tarde ter sido o fundamento de uma associação posterior de Tiago com tal país. Dita visita estaria inteiramente em sintonia com o que se sabe a respeito da personalidade de Tiago. Ele era um judeu zeloso, cheio de compaixão pela salvação daqueles desafortunados escravos judeus na Espanha. Ele queria ganhá-los para Cristo e teria sofrido profundamente por estarem separados do restante de Israel.

A Morte de Tiago

Com respeito à morte de Tiago, é certo que seus amigos e condiscípulos sepultaram seu corpo em algum lugar da cidade de Jerusalém. Um túmulo de família próximo à atual localização do Patriarcado Armênio pode ter sido o abrigo de seu corpo, assim como de sua cabeça decapitada. É provável, portanto, que o crânio tenha permanecido naquela localidade, sendo enterrado ali quando da construção, mais tarde, de uma Igreja naquele lugar.

Não é de todo impossível que, com o incremento da veneração das relíquias apostólicas, no princípio dos tempos medievais, alguns ossos de Tiago – talvez pertencentes ao seu corpo – tenham sido transportados para a Espanha a fim de serem protegidos da invasão persa. A cabeça, contudo, talvez tenha permanecido em Jerusalém, uma vez que o relicário que a contém seria facilmente escondido dos invasores e saqueadores persas. O corpo teria sido, então, enviado à Espanha para mantê-lo em segurança. Podemos facilmente imaginar os cristãos armênios daqueles distantes dias, prudentemente deliberando acerca da separação das relíquias do apóstolo Tiago, de sorte que algumas delas pudessem ser preservadas, mesmo que outras eventualmente viessem a se perder no processo. Até os dias de hoje, certos lugares na Espanha, como El Escorial, alegam possuir fragmentos dos corpos de quase todos os apóstolos. A fragmentação de relíquias era prática quase universal nos tempos medievais, não havendo, portanto, nenhuma razão consistente para negarmos a hipótese de que boa parte dos restos do apóstolo esteja repousando presentemente em Santiago de Compostela.

Como temos enfatizado, tal possibilidade deve ser encarada como uma postulação, já que não dispomos de qualquer fato que a confirme ou refute seriamente. Visto não ser provável nenhuma nova descoberta, devemos nos contentar com a teoria. De minha parte, tendo confirmado a prática da fragmentação das relíquias apostólicas e após ter visitado tanto a Espanha como Jerusalém, não vejo razão para duvidar da possibilidade que os ossos de Tiago, filho de Zebedeu, estejam localizados parcialmente na Espanha e parcialmente em Jerusalém, até os dias de hoje.

Capítulo Seis

JOÃO

Quando Jesus viu sua mãe ali [perto da cruz], e, perto dela, o discípulo [João] a quem ele amava, disse à sua mãe: "Aí está o seu filho", e ao discípulo: "Aí está a sua mãe". Daquela hora em diante, o discípulo a recebeu em sua família. – João 19.26-27

Como todas as outras biografias bíblicas, a de João é fragmentária. Porém, a quantidade de informações que temos a seu respeito é considerável.

João era um dos filhos de Zebedeu, um pescador da Galileia, e de Salomé, que era provavelmente irmã de Maria, mãe de Jesus. Ele cresceu na Galileia e era parceiro de seu irmão Tiago, e também de André e Pedro na pesca. Juntamente com André, foi discípulo de João Batista (João 1.34-40). Ele acompanhou Jesus em sua primeira viagem pela Galileia e mais tarde, com alguns de seus companheiros de pesca, abandonou o ofício para se tornar discípulo de Cristo. João estava com Jesus no casamento em Caná da Galileia (João 2.1-11) e também esteve presente em Jerusalém durante o ministério inicial de Jesus na Judeia.

Afirma-se que João possuía uma casa em Jerusalém; provavelmente a entrevista com Nicodemos aconteceu nessa casa. Ele foi enviado como um dos doze numa missão para pregar o Evangelho. Juntamente com Pedro e Tiago, esteve presente na ressurreição da filha de Jairo (Marcos 5.37) e na transfiguração (Mateus 17). Esses três discípulos estiveram mais perto de Jesus na agonia do Getsêmani. João foi, na verdade, o mais íntimo dos discípulos de Cristo. Ele e seu irmão foram chamados "filhos do Trovão" quando quiseram invocar que caísse fogo do céu sobre a aldeia samaritana cujos habitantes se recusaram a recebê-los (Marcos 3.17). Em outra ocasião, João exibiu seu zelo, intolerância e exclusivismo ao exclamar: "Mestre, vimos um homem expulsando demônios em teu nome e procuramos impedi-lo, porque ele não era um dos nossos" (Marcos 9.38). A mãe de João expressou a ambição de seus filhos ao pedir que eles ocupassem os principais lugares no reino (Marcos 10.35).

Na Última Ceia João ocupou o lugar privilegiado de intimidade, ao lado de Jesus (João 13.23). Ele esteve presente na corte, durante o julgamento de Jesus devido ao fato de ser conhecido da família do Sumo Sacerdote. Ele, provavelmente, exercera negócios em Jerusalém na área de representações da indústria pesqueira de seu pai, tornando-se assim conhecido de gente proeminente daquela cidade. João esteve presente na crucificação e ali Jesus lhe deu a responsabilidade de cuidar de Maria (João 19.26). Ele estava com Pedro quando Jesus foi sepultado e o acompanhou como uma das primeiras visitas para ver o túmulo vazio. O maior ato de fé de João foi quando ele viu os lençóis no túmulo vazio; como ele mesmo testifica: "Ele viu e creu" (João 20.8).

João estava com Pedro na porta do templo quando um homem coxo foi curado (Atos 3.10). Ele também estava com Pedro na missão a Samaria quando o Espírito Santo foi concedido aos novos convertidos (Atos 8.12). João, juntamente com Pedro e Tiago, irmão do Senhor, são chamados de "colunas" da igreja de Jerusalém.

Muitos identificaram João como o "discípulo a quem Jesus amava" (João 12.23; 19.26; 20.2; 21.7,20).

Sabemos, pela introdução do Evangelho de João, que esse apóstolo viveu por um longo período após o início da era cristã. Suas cartas revelam que sua influência cresceu tanto a ponto de atingir os cristãos do mundo todo e pouco tempo antes da destruição de Jerusalém, ele se mudou para Éfeso, na Ásia Menor. Nesse lugar estratégico, João tornou-se o pastor da igreja de Éfeso mantendo um estreito relacionamento com as outras igrejas da região, como vemos a partir de suas cartas para as sete igrejas da Ásia. Seu irmão, Tiago, foi o primeiro apóstolo a ser morto. João, por outro lado, foi o último a morrer. Quase todos os outros apóstolos tiveram mortes violentas, ao passo que João morreu tranquilamente em Éfeso, em idade avançada, por volta do ano 100 d.C.

> Tiago, irmão de João, foi o primeiro dos apóstolos a morrer, ao passo que João, foi o último; morreu tranquilamente em Éfeso, em idade avançada.

A Vida Posterior de João

Quando João estava morando em Éfeso, acredita-se que Maria, mãe de Jesus, tenha vivido com ele por alguns anos. Nicéforo, na *História Eclesiástica* (2.2), afirma que João permaneceu em Jerusalém e cuidou de Maria como um filho até o dia de sua morte. Porém, essa é uma tradição de menor peso do que a que diz que João levou Maria consigo a Éfeso, onde ela teria morrido. A questão não seria importante exceto pelo fato de haver dois lugares atualmente atribuídos como local da morte de Maria. Há um túmulo em Jerusalém e em Éfeso, a "Casa de Santa Maria". Embora o túmulo em Éfeso não tenha sido encontrado, parece haver maior respaldo arqueológico indicando que ele existiu. Dois livros guias encontrados nas ruínas da antiga Éfeso mostram que essa hipótese é a mais provável.[1]

Irineu, ele mesmo nativo da Ásia, que conheceu Policarpo, discípulo de João, diversas vezes faz menção ao ensino de João em Éfeso e afirma que o apóstolo viveu ali até a época de Trajano.[2]

Enquanto vivia em Éfeso, João foi exilado para a ilha de Patmos, uma colônia penal perto da costa da Turquia. Isso é confirmado por Eusébio, capítulo XVIII, i.

De acordo com a tradição antiga, o texto sagrado do livro de *Apocalipse* foi revelado a São João e por ele escrito enquanto estava na caverna, hoje conhecida como caverna do Apocalipse, que se encontra oculta sob os edifícios do Monastério do Apocalipse. O mosteiro foi construído no século XVII para abrigar a Patmias, uma escola de teologia fundada naquele século, cujas estruturas foram muito pouco alteradas desde então. A construção é formada por um complexo de celas, salas de aula, pátios floridos e escadarias, além das capelas dedicadas a São Nicolau, Santo Artêmio e Santa Ana, esta última construída de frente para a abertura da caverna.

A caverna sagrada há muito tempo foi transformada numa pequena igreja dedicada a São João Teólogo. Na gruta há supostos vestígios da presença de João, defendidos e sustentados pela longa tradição: em um canto há o lugar onde o apóstolo recostava sua cabeça para descansar; ao lado, o lugar onde ele apoiava a mão para se levantar do piso pedregoso sobre o qual dormia. Próximo dali, o lugar onde o ancião estendia seu pergaminho para escrever. No teto da ca-

---
[1] Naci Keskin, *Ephesus [Éfeso]* (Istambul: Keskin Color Ltd., Co. Printing House) e Cemil Toksoz, *The Glories of Ephesus [As Glórias de Éfeso]* (Istambul: Basildigi Tarih: Nisan, Apa Ofset Basimevi, 1967), p. 16.
[2] Ver Irineu Adv. Haer., II, pp. 22,59.

verna pode se ver três fendas na rocha por onde ele ouviu "a grande voz como o som de trombeta". A caverna é pequena e a iluminação é pouca; é um lugar que evoca a meditação, a oração, a adoração contemplativa... um lugar onde se pode dizer: "Quão temível é esse lugar! É sem dúvida a casa de Deus, o portão do céu".

Um escrito apócrifo cuja data é bem posterior ao livro do Apocalipse, cuja autoria é atribuída a Prócoro, "discípulo" de João, nos dá alguns detalhes relativos à permanência do apóstolo em Patmos. Esse documento, intitulado "Viagens e Milagres do São João, o Teólogo, Apóstolo e Evangelista, escritos por seu discípulo Prócoro", data provavelmente do quinto século, embora alguns eruditos o situem no século quarto, ao passo que outros, numa data muito posterior, como o século 13.

Todas as tradições nativas da ilha derivam desse texto que fornece um extenso relato de como São João teria escrito seu Evangelho em Patmos. Essa tradição foi largamente disseminada a partir do século XI, embora hoje não possamos vê-la senão com grande ceticismo. O mesmo texto também relata os milagres realizados por São João antes de sua chegada a Patmos, as dificuldades encontradas por ele na ilha e o sucesso final de seu apostolado. Há um relato específico de como ele entrou em conflito com um mago chamado Kynóps, sobre quem, no devido tempo, triunfou. Ainda hoje podemos ver os nativos da ilha de Patmos apontando os diversos lugares mencionados nessa narrativa. Enquanto os pescadores costumam indicar aquilo que – segundo eles – é o próprio Kynóps petrificado sob as calmas águas da baía de Scala, alguns monges exibem os afrescos que ilustram essa mesma cena, no nártex externo do grande Mosteiro de São João Teólogo, em Cora.

A partir do quarto século, Patmos transformou-se num dos principais centros de peregrinação da cristandade. Muitas colunas e capitéis encontrados na Igreja principal e no grande mosteiro, assim como em outras capelas da ilha, são originalmente procedentes das igrejas construídas durante os séculos V e VI. Contudo, a partir do século VII, Patmos, assim como a maior parte das ilhas do mar Egeu, conheceu o abandono, devido ao surgimento do islamismo e das subsequentes batalhas navais entre árabes e bizantinos.[3]

---

3 S. Papadopoulos, *Patmoc* (AThens: The Monastery of St. John the Theologia [Atenas: o Mosteiro de São João Teólogo], 1962), pp. 3,4.

Eusébio relata que João foi solto de Patmos e voltou a Éfeso:

Porém, após Domiciano ter reinado 15 anos, vindo Nerva a sucedê-lo no governo, o senado romano decretou a revogação das honras a ele outorgadas, bem como o retorno para casa dos que foram injustamente exilados e a restituição de todos os seus bens. Essa é a declaração dos historiadores da época. Foi quando, então, o apóstolo João retornou de seu exílio em Patmos voltando a residir em Éfeso, segundo uma antiga tradição da igreja.[4]

Uma das histórias mais interessantes de João também é registrada por Eusébio:

Por essa época, João, o amado discípulo de Jesus, apóstolo e evangelista, ainda vivo, governou as igrejas da Ásia, após o retorno de seu exílio insular, com a morte de Domiciano. Quanto ao fato de João ter vivido até então, são suficientes duas testemunhas que, como guardiãs das sãs doutrinas da Igreja, são dignas de todo crédito: Irineu e Clemente de Alexandria.

Irineu, em seu segundo livro contra heresias, escreve o seguinte: "E todos os presbíteros da Ásia que conferenciaram com João, o discípulo de nosso Senhor, testificam que o apóstolo permaneceu com eles até os dias de Trajano". No terceiro livro da mesma obra, Irineu registra esse fato com as seguintes palavras: "De igual maneira, a Igreja de Éfeso, fundada por Paulo e onde João continuou a habitar até os dias de Trajano, é uma fiel testemunha da tradição apostólica".

Clemente também, indicando o período, acrescenta uma narrativa muito agradável a todos que se comprazem em ouvir o que é excelente e proveitoso, em seu discurso intitulado *Algum Rico é Salvo?* Ao tomar, portanto, o livro, leia-o onde contém a seguinte narrativa:

Ouvi a essa história que nada tem de fictícia, antes expressa a pura realidade, cuidadosamente preservada, e que diz respeito ao apóstolo João.

Após a morte do tirano, João retornou da Ilha de Patmos para Éfeso e dirigiu-se, sempre que solicitado, às regiões gentílicas adjacentes, onde ordenou bispos, instituiu igrejas inteiras ou apenas separou para o ministério aqueles que o Espírito Santo já havia escolhido.

---

4 Eusebius, *Eusebius' Ecclesiastical History* [*História Eclesiástica de Eusébio*] (Grand Rapids: Baker Book House, 1962), p. 103.

6. JOÃO

Tendo chegado a uma cidade não muito distante, cujo nome alguns ainda podem citar, João, após consolar os irmãos, observou ali um jovem de boa estatura, de aspecto gracioso e de mente ardorosa. O apóstolo, então, voltando-se para o presbítero ordenado, disse-lhe: "Encomendo-te este mancebo, com todo zelo, na presença da Igreja e de Cristo". Aproximando-se do jovem, prometeu-lhe muitas coisas e repetiu-lhe aquelas palavras, sobre elas testificando antes de retornar a Éfeso.

Assim, o presbítero, levando consigo o rapaz que lhe fora confiado, educou-o e sustentou-o até, por fim, batizá-lo. Algum tempo depois, contudo, relaxou em seu cuidado e em sua vigilância, como se o jovem, agora selado no Senhor, já estivesse totalmente seguro.

Então, certos homens ociosos e dissolutos, familiarizados a toda sorte de iniquidade, desafortunadamente se juntaram ao mancebo, desligando-o prematuramente de sua rígida educação. A princípio, conduziram-no aos mais caros divertimentos. Depois, levaram-no consigo em suas investidas noturnas, nas quais se entregavam aos saques. A seguir, sendo encorajado a desafios cada vez maiores, aquele jovem, em seu espírito audaz, passou gradualmente a acostumar-se com os modos de seus parceiros, tendo-se tornado qual um corcel bruto, que mordendo seu cabresto, se desvia do caminho e se arroja com impetuosidade no precipício.

Por fim, renunciando à salvação de Deus, passou a desprezar os pequenos delitos e, entregando-se a grandes transgressões, achou-se arruinado e disposto a padecer até o fim junto àqueles com quem andava. Tomando, pois, consigo os mesmos parceiros, fez deles uma corja, da qual se tornou o capitão, pelo que a todos sobrepujava em sanguinolência e crueldade.

Passado muito tempo, João foi novamente solicitado naquela região e, tendo cuidado dos assuntos porque fora chamado, disse: "Vem, ó presbítero, e retorna-me o depósito que te fiz na presença da Igreja sobre a qual presides". O ministro, a princípio, confuso, pensou tratar-se da cobrança de alguma soma de dinheiro. No entanto, quando João claramente falou-lhe: "Demando-te a alma do jovem irmão", o presbítero, gemendo e derramando-se em lágrimas, replicou: "Ele está morto!". "Como assim, morto?" pergunta João. "Ele está morto" – disse ele – "morto para Deus. Tornou-se, a princípio, ímpio e libertino e, por fim, um salteador. Agora, acerca-se das regiões montanhosas em companhia de um bando de homens semelhantes a ele".

Ouvindo essas palavras, o apóstolo rasgou suas vestes e, ao bater em sua cabeça com grande lamentação, disse-lhes: "Preparai-me, pois, um cavalo e alguém dentre vós para guiar-me em meu caminho".

Assim João, ao cavalgar, muito distanciou-se da Igreja e, tendo chegado ao campo, foi feito prisioneiro pelas sentinelas dos bandidos. O apóstolo, entretanto, não esboçou qualquer tentativa de fuga, tampouco ofereceu resistência a sua prisão, antes disse-lhes: "Por esse motivo vim até aqui. Conduzi-me ao vosso capitão".

O jovem, armado, permanecia observando a tudo. Porém, ao identificar aquele que se aproximava como João, viu-se tomado de grande vergonha e tencionou retirar-se imediatamente. O apóstolo, no entanto, procurando persuadi-lo com toda a força e compaixão de sua idade, rogou-lhe: "Por que foges, filho meu, por que foges de teu idoso e indefeso pai? Tem piedade de mim, filho meu; não temas, pois tu ainda gozas de esperança para a vida. Intercederei por ti, diante de Cristo. Fora necessário e eu sofreria a morte por ti, como Cristo assim sofreu por nós. Eu to daria a minha própria vida. Fica e crê que Cristo me enviou".

Ao ouvir as palavras de João, o rapaz, interrompendo sua retirada, permaneceu cabisbaixo. Então, de braços abertos, sofregamente correu para o ancião, tomado por uma lamentação por intermédio da qual expressava, tanto quanto podia, suas súplicas por perdão. Derramando-se, como se fora, em suas próprias lágrimas, batizado pela segunda vez, o jovem preocupava-se apenas em esconder sua mão direita. Mas, o ancião, pondo-se de joelhos em oração, empenhou sua palavra, lhe assegurando que verdadeiramente recebera o perdão de seus pecados das mãos de Cristo. Tomando, então, sua mão direita, como já purificada de toda iniquidade, beijou-a.

O ancião, pois, levando consigo o jovem, conduziu-o de volta à Igreja, sustentando-o com muitas orações e constantes jejuns e abrandando sua alma com frequentes consolações. João – como dizem – não o deixou até vê-lo completamente restaurado à Igreja. O apóstolo conseguira, assim, um poderoso exemplo de genuíno ar-

6. JOÃO

rependimento, uma grande evidência de regeneração e um troféu de uma visível ressurreição.⁵

O registro acerca de João nas Escrituras se encerra com as sete cartas às sete igrejas mencionadas nos dois primeiros capítulos do livro do Apocalipse. Santo Agostinho afirma que João pregou aos partos – o povo que vivia na fronteira do que hoje é conhecido como Rússia e Irã, e perto do lado leste da Turquia.

Tertuliano, ao escrever sua obra *De Praesciptione*, afirma que João teria estado presente em Roma, ao lado de Pedro, local em que, por algum tempo, sua vida corria perigo. Diz a lenda que o apóstolo foi torturado com óleo fervente, mas saiu miraculosamente ileso. Embora essa história seja presumivelmente fantasiosa, sem fundamentação em fatos, Roma ostenta até hoje a Igreja de San Giovani in Olio, erigida para eternizar esse suposto livramento na vida do apóstolo.

Outra tradição católica relativa à estada de João em Roma faz menção a uma tentativa de matá-lo por envenenamento. Mas diz a lenda que o ancião, antes que pudesse ingerir o líquido fatal, viu a peçonha deslizar cálice afora, transformada em serpente. Esse relato incrível inspirou o símbolo católico-romano que representa o apóstolo, onde se vê João segurando uma taça, a partir de cujo interior flui sinuosamente uma víbora.⁶

> Eu, João, irmão e companheiro de vocês no sofrimento, no Reino e na perseverança em Jesus, estava na ilha de Patmos, por causa da palavra de Deus e do testemunho de Jesus.
> Apocalipse 1.9

Enquanto esteve em Éfeso, João escreveu seu Evangelho. Eusébio relata as circunstâncias em que isso aconteceu:

> O quarto dos evangelhos foi escrito por João, um dos apóstolos. Quando exortado por seus condiscípulos e bispos, ele teria dito: "Ficai e jejuai comigo por três dias; e sucederá que aquilo que vier a ser revelado a qualquer um de nós, será compartilhado entre todos". Naquela mesma noite foi revelado a André, um dos discípulos, que João seria aquele que escreveria sobre os acontecimentos em seu próprio nome, e os demais o certificariam.⁷

A história da igreja registra poucos momentos de humor, mas certamente um deles deve ser a imagem que Eusébio apresenta nesta passagem concernente a Cerinto, um conhecido herege dos dias de João. Eusébio re-

---
5 Ibid., pp. 104-107.
6 Asbury Smith, *The Twelve Christ Chose* [*Os Doze que Cristo Escolheu*], pp. 58-60.
7 J. Stevenson, *A New Eusebius* [*Um Novo Eusébio*], p. 145.

lata o episódio citando Irineu: "João, o apóstolo, certa vez dirigiu-se a uma casa de banho para lavar-se. Porém, ao ver naquelas dependências um certo Cerinto, João, num salto, se dirige porta afora, não se permitindo compartilhar o mesmo teto com aquele herético. Exortando aos demais que ali se encontravam para fazerem o mesmo, João diz: 'Vinde, fujamos daqui, para que porventura as termas não desabem sobre nós, porquanto Cerinto, o inimigo da verdade, aqui se encontra'."[8]

Tratando da mesma questão, São Jerônimo escreveu diversos parágrafos, indicando que João teria escrito seu Evangelho para combater a heresia propagada por Cerinto. Vale a pena ler o trecho na íntegra, extraído de São Jerônimo:

> João, o apóstolo a quem Jesus amava, filho de Zebedeu e irmão de Tiago – aquele a quem Herodes, após a paixão de Cristo, mandou decapitar – escreveu um Evangelho a pedido dos bispos da Ásia, contra a doutrina de Cerinto e outros hereges, especialmente em oposição ao então crescente dogma dos ebionitas, os quais afirmavam que Jesus não existia antes de Maria. Nesse relato, o apóstolo foi compelido a defender a existência divina de Jesus. Há, no entanto, outra razão para João ter escrito essa obra: após ter lido os Evangelhos de Mateus, Marcos e Lucas, apesar de ter aprovado o conteúdo desses relatos e ter confirmado a veracidade de tudo que ali disseram, afirmou terem apresentado os fatos somente a partir do aprisionamento de João, seguido de sua morte. Então, deixando de lado os eventos que já haviam sido apresentados pelos outros evangelistas, João narrou os eventos anteriores à prisão de João, para que se tornassem também conhecidos daqueles que lessem com diligência os quatro evangelhos. Isso também elimina a discrepância que parece haver entre a narrativa de João e a dos outros evangelhos. Ele escreveu também uma epístola que se inicia assim: "O que era desde o princípio (...) isto proclamamos a respeito da Palavra da vida".

No ano catorze após a morte de Nero, tendo Domiciano levantado nova perseguição contra os cristãos, João foi banido para a ilha de Patmos, onde escreveu o Apocalipse, a respeito do qual Justino Mártir e Irineu escreveram posteriormente comentários. Porém, quando Domiciano foi morto, e seus atos, pela crueldade com que eram aplicados, foram anulados pelo senado, João voltou para Éfeso, no governo de Nerva, onde permaneceu até a época do imperador

---
8 Eusebius, *Eusebius' Ecclesiastical History*, p. 114.

Trajano. O apóstolo fundou e edificou igrejas por toda a Ásia e, em idade avançada, morreu 68 anos após a paixão de nosso Senhor, sendo sepultado perto daquela mesma cidade.[9]

Outra tradição concernente a João também foi relatada nos escritos de Jerônimo. Ela diz que quando João já era idoso em Éfeso, precisava ser amparado pelos braços de seus discípulos para ser levado à igreja. Naquelas reuniões, ele costumava dizer apenas: "Filhinhos, amai-vos uns aos outros!" Depois de um tempo, os discípulos se cansaram de ouvir sempre as mesmas palavras e perguntaram: "Mestre, por que o senhor sempre diz isso?", "É ordem do Senhor", foi sua resposta. "E se somente isso for feito, será o bastante!"

Somos envolvidos pelo sentimento que movia o idoso apóstolo, num poema de autoria de Eastwood, em que ele descreve as últimas horas da vida de João.

> Que dizeis, amigos?
> Que isto é Éfeso e Cristo retornou
> Ao seu reino? Sim, é assim, é assim;
> Sei bem: e, no entanto, neste momento eu parecia estar de novo
> No topo das colinas de minha terra
> A tocar meu Mestre...
> Levantai! Levai-me até a igreja uma vez mais
> Onde novamente vos falarei do amor do Salvador:
> Porque pela doçura da voz de meu Mestre
> Penso que ele está muito perto.
> ... Então, aprumai minha cabeça:
> Quão escuro está! Não consigo enxergar
> O rosto das ovelhas do meu rebanho
> Será o mar que murmura ou será o som de pranto?
> Silêncio!
> "Meus filhinhos! Deus amou o mundo de tal maneira
> Que deu seu filho: portanto, amai-vos uns aos outros,
> Amai a Deus e aos homens. Amém."[10]

Há uma tradição sólida segundo a qual João teria vivido até o reinado de Nerva, 68 anos após a ressurreição de Jesus.[11]

---

9 *The Nicene and Post-Nicene Fathers: Theodoret, Jerome, Gennadius, Rufinus[Os Pais Nicenos e Pós-Nicenos: Teodoro, Jerônimo, Genadio, Rufino]*, Philip e Henry Wace, eds. 2ª series, vol. III (Grand Rapids: Wm. B. Eerdmans Publishing Company, 1953), pp. 364-365.

10 William Steuart McBirnie, *What Became of the Twelve Apostles [O que Sucedeu aos Doze Apóstolos]* (Upland, CA, 1963), pp. 30-31.

11 Ver Budge, *The Contending of the Apostles [As Contendas dos Apóstolos]*, p. 213; ver também Asbury Smith, *The Twelve Christ Chose*, p. 58.

Clemente de Alexandria escreveu que "durante seus últimos dias João nomeou bispos na nova comunidade cristã";[12] já Irineu afirmou em sua obra que "Policarpo e Papias eram seus discípulos".[13]

Visitando o Túmulo de São João

Os livros guias locais disponíveis ao visitante de Éfeso foram escritos com erudição. Eles narram a história da tumba de São João.

Os discípulos de João construíram uma capela sobre a tumba do evangelista, que acabou se tornando um centro de adoração cristã. Um sem número de peregrinos visitou aquele santuário sobre o qual o imperador Justiniano e sua esposa Teodora decidiram erigir, no século VI, um monumento digno de São João, em face do inexpressivo valor artístico da construção original.

A Igreja de Justiniano, construída em forma de cruz, possuía 130 m de comprimento e era composta por três naves. A nave principal, mais larga, era coberta por seis grandes domos, tendo o nártex cinco domos menores. A cúpula principal, assim como a seção central da Igreja, era sustentada por quatro pilares quadrados. A tumba do apóstolo situava-se numa sala sob o piso logo abaixo do grande domo. Segundo a tradição, a poeira que emanava desta sala possuía poderes terapêuticos, razão que determinou um grande afluxo de doentes para o local durante a Idade Média.

O piso da Igreja era coberto por mosaicos. Os monogramas de Justiniano e sua esposa Teodora, ainda podem ser claramente distinguidos nos capitéis de algumas das colunas.

Aos 26 dias do mês de setembro, possível data da passagem do evangelista, eram realizadas ali cerimônias comemorativas nas quais as procissões iluminadas atraíam grandes multidões dos distritos vizinhos. Moedas datadas do segundo século, encontradas na tumba de São João, provam que, já em tempos remotíssimos, o lugar havia se tornado centro de peregrinação.

Ao norte das ruínas da Basílica de São João vemos, do lado oposto, como uma coroa no ponto mais alto da Colina Seljuk, uma imponente cidadela com suas 15 torres. Trata-se de uma fortaleza

---

12 Clemente de Alexandria, *Quisdives*, p. 42.
13 Irineu, *Against Heresies V [Contra as Heresias V]*, pp. 33-34; J. Danielou, *The Christian Centuries* [Os Séculos Cristãos], p. 41.

6. JOÃO

bizantina cuja construção foi em grande parte restaurada durante a época de Aydinogullari. Uma das torres e os muros da parte sul da construção são características daquele período. É possível entrar na cidadela pelo lado oeste. Ela abriga uma igreja, uma mesquita e cisternas. De acordo com a tradição, o Evangelho de São João foi escrito nesta colina.[14]

A mesma história é narrada com poucas variações em outro livro com o mesmo título:

> Desde o princípio da cristandade, muitas comunidades cristãs aceitavam esse lugar (Éfeso) como ponto de peregrinação, ali realizando suas devoções. Posteriormente, essa Igreja, segundo os desígnios de Deus, foi destruída e reerguida de forma ampliada pelo imperador Justiniano. De aspecto cupular, a Igreja compunha-se de dois andares e ostentava um belo jardim cercado de pilares. Com seus 100 m de comprimento, abrigava seis grandes domos, além de cinco pequenos, os quais eram revestidos com mosaicos. Algumas moedas pertencentes à segunda metade do primeiro século foram descobertas em escavações no local, o que prova que a tumba de São João já era visitada por muitos naquele período. Mananciais sagrados – onde se cantavam hinos – assim como o pó que curava toda sorte de enfermidades, se encontravam sob os tetos abobadados.

> As águas curativas que minavam próximas da tumba de São João eram especialmente prezadas pelos peregrinos daquele tempo. Por cerca de quatro ou cinco anos São João permaneceu ao lado de sua rival Artêmis! Embora o templo de Artêmis tenha sido, tantas vezes, saqueado, ninguém ousou tocar no santuário de São João, uma vez que o apóstolo, como seguidor de Cristo, representa o mensageiro maior do sagrado amor. A tumba de João, tanto quanto o Templo de Santa Maria nas colinas, foi erigido para abrigar os restos de apenas um discípulo. Sua memória jamais será negligenciada pelos cristãos do ocidente.[15]

Ao descrever o interior da igreja de São João, Keskin explica:

> Sua reconstrução mostra que essa igreja ficava dentro das muralhas da colina Ayasuluk de onde se controlava a área ao redor. Não há acesso ao túmulo de São João. Desde a Idade Média, acreditava-se que, assim como as águas da Fonte de Santa Maria, supostamente

---
14 Cemil Toksoz, *Ephesus*, pp. 16,18.
15 Naci Keskin, *Ephesus*, sem número de página.

milagrosas, um tipo de poeira como cinza, com poderes terapêuticos, se soltava daquela construção. Por essa razão, o lugar transformou-se num centro de peregrinação da cristandade naquele período. Em cima do túmulo de São João, Justiniano construiu, de início, uma pequena igreja e, mais tarde, uma bem maior, no século quarto d.C.[16]

Eusébio confirma a localização do túmulo de São João, por meio dessa citação de Polícrates: "O local de seu sepultamento é mostrado na epístola de Polícrates, bispo da igreja de Éfeso, cuja epístola endereçou a Vítor, bispo de Roma... assim... 'João, que se recostou sobre o peito do Senhor... descansa afinal em Éfeso'".[17]

Em 1953, quando visitei pela primeira vez as ruínas de Éfeso, elas se achavam bastante abandonadas. Naquela época, não havia mais o piso da Basílica de São João, mas era possível ter acesso à entrada do túmulo. Em 1971, por ocasião de minha última visita, o piso da igreja havia sido restaurado e a entrada do túmulo fora fechada com grades de ferro. Ao que parece, os restos mortais do apóstolo haviam desaparecido. Um guia turco explicou-me em inglês que eles haviam sido removidos para o Museu Britânico.

Certamente um grande número de peças de escultura em mármore do templo de Diana, que fica nas proximidades, foi de fato removido para o Museu Britânico pelo arqueólogo inglês Wood, quando fez sua notável descoberta desse famoso prédio. Evidentemente os turcos não ficaram muito satisfeitos com a remoção daquelas peças, e assim atribuem aos britânicos a culpa pelo desaparecimento de qualquer outra coisa que não possam encontrar. Mas uma visita pessoal ao Museu Britânico e uma entrevista com as autoridades de lá mostraram que não há nenhum registro de tal achado pelo senhor Wood, tampouco eles têm a posse das relíquias de São João.

É um estranho desfecho para a história. Algumas relíquias de outros apóstolos ainda existem; entretanto, a tumba de João, que é, dentre todos os túmulos apostólicos, provavelmente o mais certo – tanto pela história como pela arqueologia – não contém quaisquer restos mortais, tampouco acha-se ali qualquer traço histórico ou tradição daquilo que se possa ter sucedido a eles!

---

16 Ibid.
17 Eusébio, *História Eclesiástica*, p. 31.

Capítulo Sete

FILIPE

No dia seguinte Jesus decidiu partir para a Galileia. Quando encontrou Filipe, disse-lhe: "Siga-me". Filipe encontrou Natanael e lhe disse: "Achamos aquele sobre quem Moisés escreveu na Lei, e a respeito de quem os profetas também escreveram: Jesus de Nazaré, filho de José". – João 1.43,45.

Como poderia um judeu receber um nome de origem grega, tal como *Filipe*? Esse nome significa "amante de cavalos". O Filipe mais conhecido na história é Filipe da Macedônia, pai de Alexandre, o Grande. Alexandre conquistou a Palestina deixando atrás de si uma duradoura influência grega, especialmente no norte da Galileia. No primeiro século havia um rei local na província de Itureia (que sem dúvida recebeu esse nome por causa do Filipe acima citado) chamado Filipe, o Tetrarca, que elevou Betsaida ao *status* de capital da província. O apóstolo provavelmente recebeu esse nome em honra ao tetrarca que, cerca de dez anos antes do nascimento do apóstolo, fizera tanto por aquela região e pela cidade de Betsaida onde Filipe nasceu. A influência grega na vida e no ministério de Filipe é bastante significativa. O historiador E. A. Wallis Budge afirma que Filipe era da tribo de Zebulom.

Jesus encontrou Filipe e lhe disse: "Siga-me" (João 1.43). Esse jovem judeu liberal certamente com alguma influência da cultura grega em sua formação, poderia ser útil ao Mestre que ordenaria que seu Evangelho fosse levado tanto aos gregos, quanto aos judeus.

Filipe saiu imediatamente para encontrar seu amigo Natanael. "Achamos aquele sobre quem Moisés escreveu na Lei, e a respeito de quem os profetas também escreveram: Jesus de Nazaré, filho de José." (João 1.45).

Foi Filipe quem mais tarde levou certos gregos a Cristo (ver João 12.20-33). Ele foi mencionado na multiplicação dos pães aos cinco mil e novamente

> Entre os que tinham ido adorar a Deus na festa da Páscoa, estavam alguns gregos. Eles se aproximaram de Filipe, que era de Betsaida da Galileia, com um pedido: "Senhor, queremos ver Jesus". Filipe foi dizê-lo a André, e os dois juntos o disseram a Jesus. Jesus respondeu: "Chegou a hora de ser glorificado o Filho do homem. Quem me serve precisa seguir-me; e, onde estou, o meu servo também estará. Aquele que me serve, meu Pai o honrará". (João 12.20-23,26).

na Última Ceia (João 6.5-7). É impressionante que todas as referências a Filipe estejam no Evangelho de João. O próprio João era Galileu, que vivia na aldeia vizinha de Cafarnaum, à beira do mar. Ele, sem dúvida, era um amigo próximo de Filipe.

De acordo com a autora Anna Jameson, em sua obra *Sacred and Legendary Art*:

> Após a ascensão, Filipe viajou até a Cítia, onde permaneceu pregando o Evangelho por 20 anos. Deslocou-se, então, a Hierápolis, na Frígia, onde se deparou com adeptos da adoração de um monstro assemelhado a uma serpente ou a um dragão, ou ainda do deus Marte. Apiedando-se daquela cegueira espiritual, o apóstolo ordenou que a serpente desaparecesse, em nome da cruz que ele próprio empunhava. Imediatamente, o réptil rastejou desde o interior do altar, emitindo um odor de tal sorte repugnante, que muitos não o suportaram, vindo a falecer. Entre os tais, se encontrava o filho do rei, que expirou nos braços de seus servos. O apóstolo, contudo, por meio do poder divino, restaurou-lhe a vida. Destarte, os sacerdotes do monstro enfureceram-se contra ele e, tomando-o, o crucificaram e o apedrejaram. Filipe, assim, entregou seu espírito a Deus, orando como seu Divino Mestre, em prol de seus inimigos e perseguidores.[1]

Jean Danielou afirma:

> Em sua obra *Exposições dos Oráculos do Senhor*, Papias reúne uma coletânea de tradições sobre os apóstolos a partir de relatos de pessoas que haviam estado com eles. Um dos relatos, em particular, é o das filhas do apóstolo Filipe, falando em Hierápolis; assim, podemos acreditar que seja segura a informação de que o Apóstolo Filipe viveu em Hierápolis. Mais tarde, o montanista Proclus declarou que não se tratava do apóstolo Filipe, e sim de um diácono homônimo, e a pessoa descrita em Atos, cujas quatro filhas eram virgens e profetisas, teria permanecido em Cesareia (HE, 31, 4). Polícrates de Éfeso, porém, no fim do século segundo, confirma o que Papias disse, afirmando

---

1 Anna Jameson, *Sacred and Legendary Art* [Arte Sagrada e Legendária], p. 249.

7. FILIPE

que certamente se tratava do apóstolo Filipe, que teria morrido em Hierápolis (*HE*, 31,3). Duas de suas filhas permaneceram virgens e também teriam morrido em Hierápolis; as outras se casaram (*HE* III, 29, 1) e uma teria morrido em Éfeso (*HE* III, 31,3).

Outros fatos parecem confirmar essa ligação entre Filipe e a Frígia. Essa região ficava próxima à do apóstolo João. É notável que Filipe ocupe um papel especialmente importante no Evangelho de João, escrito nesse período, já no final do primeiro século.

Além disso, foi encontrado um *Evangelho de Filipe* em Nag Hammadi. É gnóstico em essência e certamente de data posterior, mas seus pontos de contato com a teologia asiática de Irineu e o gnosticismo asiático de Marcos, o Mago, são notáveis. Também existe o texto apócrifo *Atos de Filipe* que louva a virgindade e a vida casta. Finalmente, deve-se notar que Hierápolis não recebeu nenhuma carta de Paulo ou de João, ao passo que as cidades vizinhas de Colossos e Laodiceia sim; talvez a explicação a isso seja a presença de outro apóstolo experiente naquela cidade [Hierápolis].[2]

> Filipe tinha o perfil ideal para um ministério entre pessoas que falavam o grego e morreu numa área governada pelos romanos, mas cuja cultura era largamente grega.

Em cinco ocasiões visitei as maravilhosas ruínas da cidade turca de Hierápolis, antiga estância hidromineral onde o túmulo de Filipe ainda pode ser encontrado. Uma grande fonte de águas com propriedades químicas e termais ainda brota das rochas formando uma enorme queda num dos lados da montanha, quase tão grande quanto as quedas de Niágara. Nos tempos bíblicos, a cidade era um *spa*, visitado por pessoas enfermas que para lá se dirigiam de diferentes partes de todo o mundo. Sem dúvida, isso tornava a cidade potencialmente importante na estratégia missionária, onde o Evangelho poderia ser divulgado aos muitos visitantes e por meio deles, alcançar muitos lugares do mundo. Não há motivos para duvidar que Filipe tenha de fato servido nesta cidade greco-romana, nem que tenha morrido ali. Ele tinha o perfil ideal para desenvolver um ministério entre pessoas que falavam o grego e morreu numa região de cultura grega, apesar de ser governada por Roma, naquela época.

---

2   Jean Danielou, *The Christian Centuries* [*Os Séculos Cristãos*], p. 40.

Robert Grant escreve: "O montanista Proclus afirmava que os túmulos das quatro filhas de Filipe, todas profetisas nos tempos do Novo Testamento, ainda podiam ser vistos em Hierápolis, na Ásia".[3]

Tradições Concernentes ao Ministério e Sepultamento de Filipe

Tem havido algumas discussões acaloradas quanto a Filipe ter ou não visitado a França (Gália). Não há dúvidas de que Filipe tenha morrido em Hierápolis, perto de Laodiceia e Colossos, ambas cidades bíblicas. A história da igreja na era bizantina indica grande atividade de cristãos nessas três cidades.

Uma vez que o cristianismo se espalhou pela Ásia Menor (hoje Turquia), é evidente que tanto esforço missionário logo transformou a Ásia Menor num país nominalmente cristão. Uma vez que tanto Colossos quanto Laodiceia são importantes cidades do Novo Testamento, é evidente que o Evangelho espalhou-se desde os primórdios da era cristã naquela era. Em Colossos, que fica a cerca de 25 quilômetros de Hierápolis, estava localizada uma igreja bem desenvolvida durante a vida de Paulo para a qual o apóstolo escreveu a carta aos Colossenses.

Quando João escreveu o livro de Apocalipse, a vizinha Laodiceia era sede de uma igreja que, sem dúvida, fora fundada por Paulo e que tinha, na época de João, amadurecido e atingido uma posição de grande riqueza e influência. Se a tradição da pregação de Filipe na Cítia (sul da Rússia) for verdadeira, certamente não será improvável supor que ele pode com o tempo ter voltado para a Ásia Menor, onde teria ficado perto de seu antigo amigo, João, que estava em Éfeso. Visto que João se refere no livro do Apocalipse à igreja de Laodiceia, que ficava a apenas cerca de dez quilômetros de Hierápolis, onde Filipe servia, não pode haver razão histórica para duvidar que Filipe tenha, de fato, servido e morrido em Hierápolis. Nas mensagens de Filipe, a história e a tradição se aproximam tanto que ao mesmo tempo se validam e se esclarecem mutuamente.

Há algumas fortes tradições posteriores que afirmam ter Filipe visitado a França. Antes de olharmos essa documentação, devemos entender que os gauleses (França) haviam migrado da Galácia, na Turquia. Uma vez que o ministério de Filipe o levou definitivamente até a Galácia, onde está situa-

---

3 Robert Grant, *Augustus to Constantine* [*De Augusto a Constantino*], p. 166.

da a cidade de Hierápolis, é bastante plausível supor que essa tenha sido a área da maior parte de seu ministério. As lendas relativas à visita de Filipe à França (Gália) parecem ter se originado de antigo erro de escrita devido à semelhança dos nomes *Gália* e *Galácia*.

Mas parece que esse argumento também funcionaria para afirmar o contrário. Se no passado os gauleses haviam migrado para a Galácia, por que não seria plausível que Filipe, como missionário aos gálatas, também tivesse viajado até a França para pregar o Evangelho aos gauleses? A refutação a essa suposição, naturalmente, parte daqueles que negam ter isso acontecido. Mas quanto à sua plausibilidade e possibilidade, quase não restam dúvidas.

Todo menino em idade escolar sabe que a Gália foi conquistada por Júlio César, quando mais de um milhão de homens foram mortos. Na época de César, a Gália tinha grandes cidades e era evidentemente civilizada o bastante para que César ali vivesse por quase dez anos. Essa conquista aconteceu quase 80 anos antes do ministério de Filipe. Durante esse período, a civilização e a cultura romana estavam plenamente estabelecidas. Foi a partir da Gália que César tentou conquistar a Inglaterra por duas vezes e foi dali também que Cláudio realizou esse feito. Seria difícil acreditar que o Evangelho também não teria chegado à Gália no auge da era apostólica.

> O único apóstolo associado pela tradição à França é Filipe.

O único apóstolo que a tradição associa à França é Filipe, embora outras figuras ligadas aos apóstolos, tais como Maria Madalena, Lázaro e suas irmãs Marta e Maria, também estivessem associadas à Marselha, na França. Na verdade, seus túmulos são exibidos ali até hoje.

Tendo compreendido, portanto, a confusão entre *Gália* e *Galácia* que pode ter levado alguns escritores da igreja primitiva a errar, debrucemo-nos sobre as tradições de Filipe na França.

Isidoro, arcebispo de Sevilha (600-636 d.C.), a quem o Dr. William Smith, autor do *Dicionário de Biografias Cristãs*, chama de "indubitavelmente o maior homem de seu tempo na igreja da Espanha... um escritor copioso versado nas letras... dono de uma mente culta e erudita" escreveu:

> Filipe, da cidade de Betsaida, de onde também provinha Pedro, apregoou Cristo na Gália e nas nações vizinhas, trazendo seus bárbaros, que estavam em trevas e prestes a serem tragados pelo abismo, à luz do entendimento e ao porto da fé. Mais tarde, foi apedrejado,

crucificado e morto em Hierápolis, uma cidade da Frígia, onde foi sepultado de cabeça para baixo, ao lado de suas filhas.[4]

O cardeal Barônio narra: "Filipe, o quinto na ordem, é reconhecido por ter adornado a Ásia Maior com o Evangelho e finalmente, em Hierápolis, aos 87 anos de idade, teria sofrido martírio, cujo legado foi registrado por João Crisóstomo. Dizem que aquele mesmo homem viajou por parte da Cítia e por algum tempo pregou o Evangelho junto com Bartolomeu. Em Isidoro se lê que Filipe até mesmo embebeu os gauleses com a fé cristã, cujo relato também se lê no Breviário de Toledo, da Escola de Isidoro. Mas já dissemos em nossas anotações a respeito do Livro dos Mártires Romanos que a expressão "aos gauleses" deve ser substituída pela "aos gálatas".[5]

Contrariando as afirmações acima transcritas, o letrado arcebispo Ussher diz: "Não estou nem um pouco satisfeito com a suposição de Barônio de transferir as declarações de Isidoro a respeito de nossos gauleses para os gálatas da Ásia; e menos ainda com a ousadia de um recente editor das obras de Isidoro, Jacobus Breulius, que substituiu o termo "gauleses" por "gálatas" no texto, sem qualquer referência à versão antiga".[6]

O arcebispo Ussher também afirma que Bede (ou quem quer que seja o autor de *Coleções e Flores*), nascido por volta do ano 673 d.C., "também atribuiu a Gália a Filipe no rodapé do terceiro tomo de suas obras".[7]

Freculfus, Bispo de Lisieux (825-851 d.C.), escreveu:

> Filipe, natural de Betsaida, assim como Pedro, e a quem os Evangelhos e Atos dos Apóstolos frequentemente mencionam de maneira honrosa, possuía filhas que se tornaram profetisas conhecidas por sua maravilhosa santidade e perpétua virgindade. Ele é citado pela história eclesiástica, como tendo pregado a Cristo nas Gálias.[8]

Santo Epifânio, 315-407 d.C., bispo de Salamina, que de acordo com William Smith, em seu *Dicionário de Biografias Cristãs*, é "um dos mais zelosos campeões da fé ortodoxa e da piedade monástica" escreveu:

> Tendo sido o ministério da palavra divina confiado a São Lucas, ele o exercitou passando pela Dalmácia, Gália, Itália, Macedônia, mas principalmente, pela Gália, de modo que São Paulo fala em suas epístolas acerca de alguns de seus discípulos: "Crescente está na Gá-

---

4   Isidoro, Arcebispo de Sevilha, *De ortu et obitu Patrum*, cap. LXXIII, p. 131.
5   Cardeal Barônio: *Anais*: Tomo 1, Ann. Christi Claudii Imp. 2, Sec. 32.
6   *British Ecclesiastical Antiquities* [Antiguidades Eclesiásticas Britânicas], cap. 11.
7   Ibid., cap. 2.
8   Freculphus, *Tom posterior Chronicorum*, Lib. II, cap. IV.

7. FILIPE

lia". Não se deve ler "na Galácia", como alguns erroneamente têm pensado, mas sim "na Gália".[9]

Pere Longueval destaca no livro de Lionel Lewis, *São José de Arimateia em Glastonbury* que esse sentimento era tão geral no Oriente, que apesar de Theodoret ter interpretado a expressão "na Gália" como "na Galácia" não se equivocou porque, na verdade, os gregos deram esse nome à Gália visto que os gálatas só passaram a ser chamados por esse nome porque eram uma colônia de gauleses que haviam migrado para aquela região.[10] Entretanto, Lewis está incorreto ao supor que a Galácia tenha sido colonizada pelos gauleses. Foi o caminho oposto.

Polícrates (194 d.C.) escreveu, como já dissemos, uma carta sinodal contra Vitor, bispo de Roma, na qual diz que "ele segue a autoridade do apóstolo João e dos antigos". Ele acrescenta: "Filipe, um dos doze apóstolos, dorme em Hierápolis".[11] Portanto, podemos considerar com confiança Hierápolis como o lugar em que Filipe morreu e foi primeiramente sepultado.

Quer Filipe tenha visitado a França e retornado à Galácia onde morreu, quer nunca tenha ido à França, não se pode, é claro, comprovar plenamente à luz da data tardia dos escritores que citamos acima.

Porém, sabemos que o papa João Terceiro (560-572) adquiriu o corpo de São Filipe da cidade de Hierápolis, transferindo-o para Roma a fim de sepultá-lo em uma igreja originalmente chamada Igreja dos Santos Apóstolos Filipe e Tiago. De acordo com o livro guia[12] escrito por Emma Zocca e publicado por aquela igreja, a construção desse santuário remonta ao século sexto. Atualmente é conhecida como Igreja dos Santos Apóstolos. Em seu interior, repousando em um sarcófago de mármore, sob o altar e em um relicário atrás dele, está aquilo que a tradição católica romana afirma ser os restos do memorável apóstolo Filipe.

> Indo Filipe para uma cidade de Samaria, ali lhes anunciava o Cristo. Quando a multidão ouviu Filipe e viu os sinais miraculosos que ele realizava, deu unânime atenção ao que ele dizia.
> (Atos 8.5-6).

---

9 *Memoire de L'Apostolat de St. Mansuet* (vide, 83) par l'Abbe Guillaume, p. II.
10 Lionel Smithett Lewis, *St Joseph of Arimathea at Glastonbury* (London: James Clarke & Co., Ltd., 1964), pp. 112-114.
11 *The Nicene and Post-Nicene Fathers: Jerome [Os Pais Nicenos e Pós-Nicenos: Jerônimo]*, segunda série, p. 372.
12 Emma Zocca, *La Basilica Dei S. S. Apostoli in Roma* (Rome: 1959), pp. 8-9, 23.

Capítulo Oito

BARTOLOMEU (NATANAEL)

Ao ver Natanael se aproximando, disse Jesus: "Aí está um verdadeiro israelita, em quem não há falsidade". – João 1.47

O nome desse discípulo significa literalmente "Filho de Talmai". Ele é mencionado como um dos doze apóstolos (Mateus 10.3; Marcos 3.18; Lucas 6.14; Atos 1.13). Não há outras menções dele no Novo Testamento. De acordo com as *Genealogias dos Doze Apóstolos*, ele era da casa de Naftali. Elias de Damasco, um nestoriano do nono século, foi o primeiro a identificar Bartolomeu com Natanael. Nas listas dos Doze registradas nos primeiros três Evangelhos e em Atos, os nomes de Filipe e Bartolomeu sempre aparecem juntos. No quarto Evangelho vemos que foi Filipe quem levou Natanael a Jesus (João 1.45). Isso tem levado muitos a crer que Bartolomeu e Natanael se tratam da mesma pessoa.

O apócrifo *Evangelho de Bartolomeu* registra a tradição de que ele teria pregado o Evangelho na Índia e teria levado consigo uma cópia do Evangelho de Mateus, em hebraico. No livro *Preaching of St. Bartholomew in the Oasis* [A Pregação de São Bartolomeu no Oásis] ele é descrito pregando no oásis de Al Bahnasa. De acordo com *The Preaching of St. Andrew and St. Bartholomew* [A Pregação de Santo André e de São Bartolomeu], ele teria trabalhado entre os partos. Outra tradição o apresenta pregando na Frígia, região localizada na Ásia Menor.

Os *Atos de Filipe* contam como Filipe e Bartolomeu pregaram em Hierápolis e como Filipe foi martirizado ali, tendo as coxas perfuradas e morrendo pendurado de cabeça para baixo. Bartolomeu, porém, escapou do martírio naquele lugar. Mais adiante, afirma-se que ele teria pregado na Armênia, sendo o apóstolo considerado pela Igreja Armênia o seu fundador. Outra

8. BARTOLOMEU (NATANAEL)

tradição relata seu martírio em Albanópolis, a atual Derbend, no Cáucaso. No entanto, como essa cidade fica próxima ou pertencia à antiga Armênia, não há contradição envolvendo essas tradições.

O *Martírio de São Bartolomeu* afirma que ele foi colocado num saco e lançado ao mar. Existe, no entanto, um relato contrário de seu martírio na cidade de Albanópolis. Essa tradição encontra-se na *História Apostólica* de Abdias. Segundo ela, Bartolomeu teria curado a filha do rei expondo a vaidade do ídolo adorado pelo rei. Diante desse milagre, o rei e muitos outros foram batizados, mas os sacerdotes e o irmão do rei, Astyages, permaneceram hostis ao cristianismo. Eles prenderam Bartolomeu, o surraram e finalmente o crucificaram.

> O apócrifo Evangelho de Bartolomeu registra a tradição de que ele teria pregado o Evangelho na Índia e teria levado consigo uma cópia do Evangelho de Mateus.

Os Relatos Históricos e Tradicionais acerca de Bartolomeu

Aparentemente, as tradições de Bartolomeu têm sido amplamente difundidas há muito tempo, como confirmam os seguintes relatos.

Em 1685, Dorman Newman relata uma história completamente surpreendente:

> Com o propósito de expandir a igreja cristã, Bartolomeu dirigiu-se à India; ali encontrou uma cópia do Evangelho de São Mateus em hebraico, entre aqueles que ainda preservavam o conhecimento de Cristo, que lhe asseguraram pela Tradição dos Ancestrais, que fora ali deixado por São Bartolomeu, quando pregou o Evangelho naquela região.

Para um relato mais detalhado do apóstolo, afirma-se que ele teria voltado da Índia para o noroeste da África. Em Hierápolis, na Frígia, o encontramos em companhia do apóstolo Filipe (como já fora antes observado em sua vida), diante de cujo martírio por crucificação, Bartolomeu acabou preso e também condenado à mesma pena capital. Entretanto, em razão de algo que desconhecemos, os magistrados interromperam seu suplício e o despediram. Dali, Bartolomeu dirigiu-se à Licaônia, onde João Crisóstomo (*Serm., in SS. XII. Apost.*) afirma ter o apóstolo iniciado muitos na fé cristã. Seu último destino foi Albanópolis, na Armênia (a mesma, sem dúvida, chamada por Nicéforo de Urbanópolis, uma cidade da Cilícia), um lugar miseravelmente dominado pela idolatria. Enquanto procurava converter as pessoas daquele lugar, foi condenado pelo governo local à pena capital por crucificação. Alguns acrescentam que ele foi crucificado com a cabeça para baixo; outros, que conseguiu escapar ainda vivo, que pode muito bem se harmonizar com sua crucificação, visto que essa punição era usada não somente no Egito, mas também pelos persas, vizinhos dos armênios, de quem podem facilmente ter tomado emprestada essa prática de crueldade bárbara e horrenda. Teodoro Lector 1.2. afirma que o imperador Anastácio, após ter construído a cidade de Daras, na Mesopotâmia, no ano 508 d.C., removeu dali o corpo de São Bartolomeu. Tal declaração, porém, parece ser refutada por Gregório de Tours, ao dizer que os habitantes de Lipari, perto da Sicília, o trasladaram do lugar onde fora martirizado até sua ilha, na qual erigiram uma imponente igreja para guardá-lo. De que maneira foi transportado para Benevento, na Itália, e posteriormente à ilha de Tiber, em Roma, onde outra igreja foi construída em honra desse apóstolo, é difícil relatar.

Os hereticos (como é seu costume) forjaram um evangelho usando o nome de São Bartolomeu, que Gelásio, bispo de Roma, classificou como apócrifo, bem como indigno do nome e do patronato do Apóstolo. E talvez seja igualmente forjada a sentença que Dionísio, o falso areopagita, atribui a ele: "Que a teologia é ao mesmo tempo abundante e parca; e o Evangelho, prolixo e longo, porém, ao mesmo tempo conciso e breve".[1]

No atual Irã, os líderes cristãos concordam quanto ao ministério de Bartolomeu no primeiro século:

> A tradição aceita por todos confere a honra de ter lançado as primeiras sementes do cristianismo na Armênia e de tê-las molhado com o próprio sangue, a São Tadeu e São Bartolomeu que, consequentemente, são reverenciados como os primeiros iluminadores da Armênia.

O trabalho e o martírio de São Bartolomeu na Armênia são geralmente reconhecidos por todas as igrejas cristãs. Afirma-se que, após ter pregado na Arábia, no sul da Pérsia e nas fronteiras da Índia, ele dirigiu-se à Armênia onde sofreu o martírio sendo esfolado vivo e

---

1 Dorman Newman, *The Lives and Deaths of the Holy Apostles [A Vida e a Morte dos Santos Apóstolos]* (1685).

depois crucificado, de cabeça para baixo, em Alpac ou Albanópolis, perto de Bashkale.

A missão de São Bartolomeu na Armênia durou 16 anos.[2]

Sobre o ministério apostólico de Bartolomeu na Armênia, Aziz Atiya afirma, em seu livro *A History of Eastern Christianity*.

> Os primeiros Iluminadores da Armênia foram São Tadeu e São Bartolomeu, cujos santuários ainda permanecem de pé em Artaz (Macoo) e Alpac (Bashkale), no sudeste da Armênia, sendo há muito tempo venerados pelos armênios. Uma tradição popular entre eles atribui a primeira evangelização da Armênia ao apóstolo Judas Tadeu que, segundo sua cronologia, lá permaneceu entre os anos 43 e 66 d.C., sendo, a partir de 60 d.C., acompanhado por Bartolomeu, cujo suplício deu-se em 68 d.C., na localidade de Albanus (Derbent). Além disso, os anais armênios dos mártires fazem menção a uma multidão deles na era apostólica. Uma lista de mil vítimas, inclusive homens e mulheres de ascendência nobre, perderam suas vidas com São Tadeu, enquanto outros pereceram com São Bartolomeu. Em duas ocasiões Eusébio (VI, xlvi) se refere aos armênios em sua *História Eclesiástica*. Primeiro, ele afirma que Dionísio de Alexandria, pupilo de Orígenes, escreveu uma epístola "Do arrependimento", "aos que estão na Armênia... cujo bispo era Meruzanes".[3]

Dr. Edgar Goodspeed aborda a questão da localização do ministério de Bartolomeu:

> Devemos também lembrar que "Índia" era um termo muito vago usado pelos antigos, como a afirmação de que Bartolomeu teria ido para lá como missionário e ali encontrado "o Evangelho de Mateus em hebraico". Eusébio declara em sua *História Eclesiástica* (v:10:12), que por volta da ascensão do imperador Cômodo ao trono, em 180 d.C., Pantaenus, o principal mestre na igreja de Alexandria, foi enviado como missionário à longínqua Índia. Ele continua dizendo que Bartolomeu havia pregado a eles, e deixado um Evangelho de Mateus "na língua hebraica", uma declaração bastante surpreendente! Na verdade, afirma-se que no primeiro século, o termo "Índia" era usado de maneira bastante vaga; acreditava-se que seu início ficava no

---

2 "The Armenian Apostolic Church in Iran" [A Igreja Apostólica Armênia no Irã], palestra proferida por John Hananian, Consolata Church, Teheran, 1969.
3 Aziz S. Atiya, *A History of Eastern Christianity* [História do Cristianismo no Oriente] (London: Methuen & Co. ltd., 1968), 316.

Bósforo. A marcha de Alexandre à Índia, três séculos e meio antes do início das missões cristãs, contribuíra grandemente para uma maior abertura das grandes regiões no interior da Pártia à mente ocidental. Ele havia chegado ao extremo leste dos afluentes do rio Indo, antes de dirigir-se ao sul, até o Oceano índico e, a seguir, voltado para o ocidente. Sua grande marcha e as 70 cidades que ele construiu ou fundou, em certa medida, abriram o caminho até a Índia.[4]

A história de Bartolomeu na Pérsia tornou-se conhecida desde muito cedo:

>Pantaenus (Panteno), um filósofo da escola estoica, de acordo com um antigo costume alexandrino, desde a época de Marcos, o evangelista, os eclesiásticos eram sempre doutores, tinha tamanha sabedoria e erudição tanto na Escritura quanto na literatura secular que, a pedido dos embaixadores daquela nação, foi enviado à Índia por Demétrio, bispo de Alexandria, onde descobriu que Bartolomeu, um dos doze apóstolos, havia pregado sobre a vinda do Senhor Jesus, segundo o Evangelho de Mateus. Ao retornar para a Alexandria levou consigo essa cópia que era escrita em caracteres hebraicos.[5]

William Barclay menciona duas lendas atribuídas a São Jerônimo:

>De longe, a conjectura mais interessante tem origem em Jerônimo. Segundo ele, Bartolomeu seria o único dos doze que teve nascimento nobre. Como vimos, seu nome significa filho de Tolmai, ou possivelmente, filho de Talmai. Em 2Samuel 3.3 há menção a um Talmai, rei de Gesur; esse Talmai tinha uma filha chamada Maaca, que se tornou mãe de Absalão, filho de Davi. A suposição é que Bartolomeu descendia desse Talmai e que, portanto, descendia de linhagem real. Mais tarde, outra história surgiu. A segunda parte do nome de Bartolomeu foi relacionada a Ptolomeu, sendo, então, chamado de *filho de Ptolomeu*. Os Ptolomeus eram reis do Egito e, por isso, afirmou-se que Bartolomeu estaria ligado à casa real do Egito. Não se pode garantir que essas hipóteses sejam realmente prováveis; mas seria de grande interesse, se entre o grupo dos apóstolos, houvesse um de linhagem real, que convivesse em perfeita harmonia com os humildes pescadores da Galileia.

---

4   Edgar J. Goodspeed, *The Twelve [Os Doze]* (Philadelphia: The John C. Winston Company, 1967), pp. 97-98.
5   Alexander Roberts e James Donaldson, *Ante-Nicene Fathers [Pais Ante-Nicenos]*, 10 volumes (Grand Rapids: Wm. B. Eerdmans Publishing Company, sem data), p. 370.

8. BARTOLOMEU (NATANAEL)

Acredita-se que ele teria pregado na Armênia, por isso a igreja armênia o declara seu fundador; supõe-se que ele teria sido martirizado em Albana, que é a atual Derbend. Há um relato do martírio de Bartolomeu na *História Apostólica de Abdias*, embora ali a morte de Bartolomeu pareça estar localizada na Índia. É assim que a história se segue: Bartolomeu pregara com tamanho sucesso demonstrando, assim, toda a inutilidade dos deuses pagãos. O livro apresenta uma descrição muito curiosa das características pessoais do apóstolo: "[Bartolomeu] Tinha os cabelos encaracolados e negros, que cobriam as orelhas. Sua pele era clara, seus olhos grandes e seu nariz reto e comprido. A barba era longa e grisalha e sua estatura mediana. Vestia roupas brancas e cingia-se com uma cinta púrpura, tendo sobre si um manto branco com quatro pedras preciosas de cor púrpura em seus cantos. Durante 26 anos as vestiu sem que sequer ficassem velhas. Assim, também, suas alparcas por 26 anos perduraram. Orava 100 vezes ao dia e 100 vezes à noite. Sua voz era como de uma trombeta e anjos velavam sobre ele. Era sempre jovial e conhecia todas as línguas".

Bartolomeu fez muitas maravilhas ali, inclusive curando a filha lunática do rei, mostrando assim, a vaidade do ídolo a quem o rei servia, e expulsando o demônio que ali habitava. O demônio foi visivelmente expulso do ídolo por um anjo e há uma descrição interessante dele: "negro, face cortante, com uma longa barba, cabelos longos até os pés, olhos faiscantes, sopro de fogo, e asas pontiagudas como um ouriço".

O rei e muitos outros foram batizados; mas os sacerdotes permaneceram hostis. Os sacerdotes consultaram o irmão do rei, Astyages que mandou prender Bartolomeu, açoitá-lo com varas, esfolá-lo vivo e crucificá-lo. E assim morreu Bartolomeu, como um mártir por amor ao seu Senhor.

Ainda sobrevive um *Evangelho de Bartolomeu* apócrifo que Jerônimo conheceu. Ele relata uma série de perguntas dirigidas a Jesus e a Maria por Bartolomeu no período entre a Ressurreição e Ascensão.[6]

A tradição armênia concernente a Bartolomeu é fonte de orgulho ao Patriarcado Armênio:

O indestrutível e duradouro amor dos armênios e sua devoção pela Terra Santa têm seu início no primeiro século da era Cristã,

---
6 William Barclay, *The Master's Men [Os Homens do Mestre]* (London: SCM Press Ltd., 1970), p. 104.

quando o cristianismo foi trazido diretamente deste lugar pelos apóstolos São Tadeu e São Bartolomeu. A Igreja que fundaram tornou-se responsável pela conversão de grande parte da população ao longo do segundo e terceiro séculos. No começo do quarto século, em 301 d.C., pelos esforços de São Gregório, o Iluminador, o rei armênio Tiridates, o Grande, e todos os membros da realeza converteram-se e foram batizados.

A ligação antiga com Jerusalém deve-se naturalmente à conversão da Armênia, desde os primórdios do cristianismo. Mesmo antes da descoberta dos lugares santos, os armênios, assim como outros cristãos de países vizinhos, foram à Terra Santa pelas estradas romanas e por outras estradas mais antigas a fim de venerar os lugares que Deus havia santificado. Em Jerusalém, eles viveram e adoraram no Monte das Oliveiras.

Após a declaração do testamento de Constantino, conhecido como Edito de Milão, e da descoberta dos lugares sagrados, peregrinos armênios invadiram a Palestina num fluxo constante ao longo do ano inteiro. O número e a importância das igrejas e monastérios armênios aumentaram ano após ano.

Macário, bispo de Jerusalém, que presidiu as descobertas e construções dos lugares santos em Jerusalém e em seus arredores, teria mantido uma estreita comunhão com o líder da Igreja Armênia, o bispo Vertanes. Numa de suas cartas ao bispo armênio Vertanes, entre 325 e 335 d.C., além de tratar de vários assuntos de interesse eclesiástico, Macário saúda o ministério pastoral, assim como todos os crentes da Armênia.[7]

Outra tradição aceita universalmente pelos armênios é que "Os fundadores tradicionais da Igreja Armênia foram os apóstolos Tadeu e Bartolomeu, cujos túmulos são hoje exibidos e venerados na Armênia como santuários".[8]

A tradição católica romana fala da disposição dos restos mortais do apóstolo:

> Um relato escrito nos diz que após o imperador Anastácio ter construído a cidade de Duras, na Mesopotâmia, em 508 d.C., ele transportou para lá as relíquias do apóstolo. Entretanto, São Gregó-

---

7 *Brief Notes on the Armenian Patriarchate of Jerusalem* [Notas Breves sobre o Patriarcado Armênio de Jerusalém] (Jerusalém: St. James Press, 1971), pp. 3, 5.
8 Arpag Mekhitarian, *Treasures of the Armenian Patriarchate of Jerusalem*, catálogo nº 1 (Jerusalém: Helen e Edward Mardigian Museum, Armenian Patriarchate, 1969).

8. BARTOLOMEU (NATANAEL)

rio de Tours nos assegura que, antes do fim do século sexto, os restos de Bartolomeu teriam sido levados às ilhas Lipari, próximas da Sicília. Já Anastácio, o Bibliotecário, conta que em 809 d.C., os restos do apóstolo foram levados até Benevento e de lá transportados para Roma, em 983 d.C., pelo Imperador Otto III. Atualmente, repousam na Igreja de São Bartolomeu, na ilha do rio Tibre, num santuário pórfiro sob o altar. Um dos braços foi enviado pelo Bispo de Benevento a Eduardo, o Confessor, que o doou à Catedral da Cantuária.[9]

A citação acima representa a tradição católica romana em parte; entretanto, há também uma tradição ortodoxa grega que não pode ser ignorada. John Julius Norwich, em seu impressionante livro *Mount Athos*, conta a história de suas viagens aos remotos monastérios ortodoxos gregos, localizados no monte Athos, na Grécia.

À medida que o sol se escondia por detrás da montanha, alcançamos nosso destino para o pernoite, a abadia cenobítica de Karakallou, retiro favorito de Albano e de Epirote.

O sacristão apareceu, em suas devidas indumentárias, e nos mostrou as relíquias depositadas numa armação diante da iconóstase: as ossadas cranianas do apóstolo Bartolomeu e de São Dionísio, o Areopagita, e os restos mortais de um mártir recente, São Gideão, um turco convertido ao cristianismo.[10]

É evidente, a partir do relato acima, que os ossos (relíquias) de Bartolomeu, bem como os da maioria dos outros apóstolos, encontram-se espalhados atualmente.

Otto Hophan acrescenta alguns outros detalhes. "Uma tradição armênia defendia que o corpo de Bartolomeu fora enterrado em Albanópolis – também conhecida como Urbanópolis – uma cidade da Armênia onde se acredita que o apóstolo teria sofrido o martírio. A seguir, seus restos mortais teriam sido levados a Nephergerd-Mijafarkin, e mais tarde, a Daras, na Mesopotâmia".[11]

Não obstante, é provável que as partes principais do corpo de Bartolomeu estejam em Roma. O escritor Hugo Hoever relata: "As relíquias dos san-

---

9   Mary Sharp, *A Traveller's Guide to Saints in Europe* [*Guia aos Santos para o Viajante na Europa*] (London: The Trinity Press, 1964), p. 29.
10 John Julius Norwich e Reresby Sitwell, *Mount Athos* [*Monte Athos*] (London: Hutchinson, 1966), p. 142.
11 Otto Hophan, *The Apostles* [*Os Apóstolos*] (London: Sands & Co., 1962), p. 167.

> Acredita-se que, após pregar na Arábia, na Pérsia e na Índia, o apóstolo Bartolomeu teria se dirigido à Armênia onde foi esfolado vivo e depois crucificado, de cabeça para baixo.

tos estão preservadas na igreja de São Bartolomeu, na ilha do rio Tibre, perto de Roma".¹²

No livro *El Escorial: The Wonders of Man*, Mary Clabe diz: "São Martin, o apóstolo Bartolomeu e Maria Madalena foram representados na coleção de braços – e quanto às partes menores do corpo, tais como, dedos e pequenas juntas, essa categoria era tão extensa que apenas três santos bem conhecidos não constavam: São José, São João Batista e São Tiago (este último tendo seus restos completos preservados em Santiago de Compostela, no noroeste da Espanha). Os sucessores de Filipe acrescentaram outras relíquias à coleção e hoje há mais de sete mil delas no Escorial, inclusive dez corpos, 144 cabeças e 306 membros".¹³

Uma Sugestão de Biografia de Bartolomeu

Bartolomeu parece ter sido o "filho de Tolmai". A suposição de que existiu um movimento político chamado "filhos de Tolmai" parece não ter suficiente respaldo. Mesmo que tal grupo tenha existido, não há razões para supor que Bartolomeu estivesse, de alguma forma, ligado a ele. É mais provável que ele fosse um patronímico, isto é, uma pessoa que leva o nome do pai. (Assim como no inglês, filho de John passa a ser chamado de Johnson etc.).

Ele foi levado a Cristo, na região da Galileia, possivelmente por Filipe, e aparece como apóstolo na última lista de Atos 1.9. Naturalmente ele estaria na companhia dos outros apóstolos durante os anos iniciais da igreja de Jerusalém. O seu ministério pertence mais à tradição das igrejas orientais do que à das ocidentais. Entretanto, é evidente que ele foi à Ásia Menor (Turquia) na companhia de Filipe, onde trabalhou em Hierápolis (perto de Laodiceia e Colossos, na Turquia).

A esposa do procônsul romano teria sido curada pelos apóstolos e se tornado cristã. Seu marido ordenou que Filipe e Bartolomeu fossem condenados à pena capital por crucificação. Filipe foi de fato crucificado, mas Bartolomeu teria escapado e fugido para a Armênia, a leste, e teria levado

---

12 Hugo Hoever, *Lives of the Saints* [A Vida dos Santos] (New York: Catholic Book Publishing Co., 1967), p. 333.
13 Mary Cable e editores da Newsweek, divisão de livros, *El Escorial: The Wonders of Man* [O Escorial: As Maravilhas do Homem] (New York: Newsweek Books, 1971), p. 91.

8. BARTOLOMEU (NATANAEL)

consigo uma cópia do Evangelho de Mateus (que mais tarde foi encontrada por um filósofo estoico convertido, Pantaenus, e levada por ele a Alexandria). Bartolomeu trabalhou na região ao redor da extremidade sul do mar Cáspio, no trecho que então era conhecido como Armênia, mas que hoje está dividido entre o Irã e a antiga União Soviética.

O nome atual do distrito onde ele morreu é Azerbaijão e o local de sua morte era chamado, no período neotestamentário, de Albanópolis, atual Derbend. Essa cidade é a porta de entrada para o mar, por onde os povos das estepes (citas, alanos, hunos e cazares), mais tarde invadiram outras civilizações. A cidade de Tabriz, que era o principal mercado da parte iraniana do Azerbaijão, também ficava localizada nessa área. Foi visitada por Marco Pólo, em 1294. A afirmação de que Bartolomeu foi esfolado vivo antes de ser decapitado está contida no *Breberium Apostolorum*, anteposto como prefixo de certos manuscritos antigos.

Na obra de Butler intitulada *Lives of the Saints*, que é um notável sumário católico romano das biografias dos santos, o relato abaixo aparece citado:

> As tradições populares concernentes a São Bartolomeu estão resumidas no livro romano dos mártires, que diz ter o apóstolo "pregado o Evangelho de Cristo na Índia; e de lá, ele teria ido à Grande Armênia onde, após ter convertido muita gente à fé cristã, foi esfolado vivo pelos bárbaros e por ordem do rei Astyages, cumpriu seu martírio, sendo decapitado...". O lugar do martírio é descrito como Albanópolis (Derbend, na costa oeste do mar Cáspio). Ele é descrito também pregando na Mesopotâmia, na Pérsia, no Egito e em vários outros lugares. A referência mais antiga à Índia é dada por Eusébio no início do século quarto, no qual ele relata que São Panteno, cerca de 100 anos antes, teria ido à Índia (São Jerônimo acrescenta "para pregar aos brâmanes") e encontrado ali alguns que ainda retinham o conhecimento de Cristo. Esses lhe mostraram uma cópia do Evangelho de São Mateus em hebraico, assegurando-lhe que São Bartolomeu a havia levado àquele lugar quando implantou a fé entre eles. Mas como a "Índia" era um termo usado indiscriminadamente pelos escritores gregos e latinos para referir-se à Arábia, Etiópia, Líbia, Pártia, Pérsia e a terra dos medos, é mais provável que a Índia visitada por Panteno era na verdade a Etiópia ou a Arábia Féliz, ou ambas. Outra lenda oriental diz que o apóstolo encontrou São Filipe em Hierápolis, na Frígia, e viajou até a Licônia, onde São João Crisóstomo afirma ter ele ensinado a fé cristã ao povo. É possível que ele

tenha pregado e morrido na Armênia, sendo essa a tradição unânime entre os historiadores posteriores desse país; entretanto, escritores armênios antigos fazem pouca ou nenhuma referência à ligação do apóstolo com a sua nação. Os deslocamentos atribuídos aos restos mortais de São Bartolomeu são ainda mais desconcertantes do que suas viagens quando vivo; supostas relíquias do apóstolo são veneradas, na atualidade, principalmente em Benevento e na Igreja de São Bartolomeu, na ilha do Tibre, em Roma.

Embora, se comparado aos outros apóstolos como Santo André, São Tomé e São João, o nome de São Bartolomeu não seja proeminente na literatura apócrifa dos primeiros séculos, ainda temos um relato de sua pregação e sua 'paixão', preservados em grego e em diversas cópias em latim. Max Bonner (*Analecta Bollandiana*, vol. XIV, 1895, pp. 353-366) acredita que o original era em latim; Lipsius argumenta a favor do grego; mas pode ser que ambos tenham derivado de um original em siríaco que teria se perdido. Os textos estão no *Acta Sanctorum*, Agosto, vol. V; em Tischendorf, *Acta Apostolorum Apocrypha*, pp. 243-260; e também em Bonnet, *Act. Apocryph.*, vol. II, pt.1, pp. 128 seg. Há também consideráveis fragmentos de um Evangelho apócrifo de Bartolomeu (a respeito dele, ver *Revue Biblique*, 1913, 1921 e 1922) e vestígios do texto copta 'Atos de André e Bartolomeu'. O Evangelho que leva o nome de Bartolomeu é um dos escritos apócrifos condenados pelo decreto de pseudo-Gelásio. A afirmação de que São Bartolomeu teria sido esfolado vivo antes de ser decapitado, embora não seja mencionada na *passio*, está contida no chamado '*Breviarium Apostolorum*' prefixado a certos manuscritos do '*Hieronymianum*'. O uso da figura do cutelo, associado como um emblema à figura do santo, provavelmente é uma referência ao seu esfolamento. Quanto à figura do apóstolo na arte, ver Künstle, *Ikonographie*, vol. II, pp. 116-210. A questão relacionada à Índia é examinada em detalhes por Fr. A. C. Perumalil, na obra *The Apostles in India* (Patna, 1953).[14]

---

14 Alban Butler, *Butler's Lives of the Saints* [*A Vida dos Santos de Butler*], vol. III, revisado e com acréscimos de Herbert Thurston, S. J., e Donald Attwater (New York: P. J. Kenedy & Sons, 1963), pp. 391-392.

Capítulo Nove

TOMÉ

E Jesus disse a Tomé: "Coloque o seu dedo aqui; veja as minhas mãos. Estenda a mão e coloque-a no meu lado. Pare de duvidar e creia". Disse-lhe Tomé: "Senhor meu e Deus meu!" – João 20.27-28

Tomé, cujo significado é "gêmeo", também era conhecido pelo nome de Dídimo, porém, nada se sabe sobre seu suposto irmão (ou irmã) gêmeo. Ele era da Galileia e tinha como ofício a pesca. As poucas referências bíblicas que o destacam dentre os doze parecem indicar que ele era um questionador ou cético. Até hoje ele é conhecido como "Tomé, o que duvidou".

Tomé possuía uma natureza que continha, em si mesma, certos elementos conflitantes difíceis de serem conciliados: uma peculiar vivacidade de espírito e, concomitantemente, uma inclinação natural que o fazia, com frequência, enxergar a vida sob uma perspectiva de frieza e desalento. Apesar disso, Tomé era homem de coragem indomável e de traços marcantemente altruístas. Ele tinha uma fé perseverante nos ensinos de Jesus, mesclada a um amor sincero para com o seu Mestre. Ele é descrito em detalhes apenas no Evangelho de João, embora sua eleição para fazer parte dos doze esteja registrada em Mateus 10.3, Marcos 3.18, Lucas 6.15 e Atos 1.13.

João registra que quando Jesus, apesar do perigo iminente nas mãos dos judeus hostis, declarou sua intenção de ir a Betânia ajudar Lázaro, Tomé foi o único a se opor aos outros discípulos que procuravam dissuadir o Mestre, e protestou: "Vamos também para morrermos com ele". Seria isso um repente de coragem ou um pessimismo fatalista? Talvez, por estranho que pareça, ambos.

Na véspera da Paixão, Tomé lançou a pergunta a Jesus: "Senhor, não sabemos para onde vais; como então podemos saber o caminho?" (João 14.5). Nessa pergunta, ele revelou uma insensibilidade para com o que Jesus estivera ensinando, que se originava de sua indisposição para crer.

Após a crucificação, Tomé não estava presente quando o Cristo ressurreto apareceu pela primeira vez aos discípulos. Mais tarde, ele chegou e, ao ouvir sobre a ressurreição, permaneceu irredutivelmente incrédulo. Tomé disse: "Se eu não vir as marcas dos pregos nas suas mãos, (...) não crerei" (João 20.25).

> Tomé era um homem que lutava com suas dúvidas e estava disposto a deixá-las quando conseguisse.

Paradoxalmente, para alguém que não cria na ressurreição, Tomé permaneceu na companhia dos outros apóstolos até oito dias mais tarde, quando Jesus apareceu repentinamente no meio deles. Dirigindo-se a Tomé, Jesus o convidou a aproximar-se e examinar suas feridas e lhe disse: "Pare de duvidar e creia".

Ao que Tomé caiu de joelhos e exclamou: "Senhor meu e Deus meu!". Ele foi repreendido por Jesus por sua incredulidade anterior: "Porque me viu, você creu? Felizes os que não viram e creram" (João 20.24-29).

João, que nos dá mais detalhes sobre Tomé e que provavelmente o conhecera desde a infância, visto que tinham a mesma profissão e eram da mesma cidade, menciona que Tomé estava presente quando Jesus se manifestou aos discípulos que estavam pescando no mar de Tiberíades.

A figura constante de Tomé é a de uma personalidade concentrada na melancolia e na dúvida, mas ainda assim, um crente. Seu coração não era incrédulo como o de um ímpio. Ao contrário, era um homem que lutava com suas dúvidas e estava disposto a deixá-las quando conseguisse.

É bom que tenhamos a imagem do Tomé incrédulo registrada na Bíblia porque, como alguns comentaristas têm observado com frequência: "Tomé duvidou para que nós não tivéssemos dúvidas".

As Atividades Missionárias de Tomé

Muitas lendas surgiram ao redor do ministério de alcance remoto desse apóstolo. Entretanto, à luz dessas tradições, que são sustentadas em grande parte por fatos, não precisamos nos preocupar com os mitos, ao contrário, podemos confiadamente reconstruir as viagens missionárias de Tomé. Na verdade, sabemos mais a respeito de Tomé do que sobre qualquer outro apóstolo, exceto João e Pedro.

É evidente que Tomé visitou a Babilônia. Uma vez que a tradição das igrejas ocidentais se concentrava em Constantinopla e Roma, sabe-se muito pouco, até mesmo da parte de muitos historiadores da igreja, sobre outros movimentos cristãos vitais que tiveram início nos tempos apostólicos. Esses movimentos rapidamente se espalharam em direção ao oriente e, portanto, nada devem ao cristianismo ocidental.

Algumas das igrejas orientais se gabam de que sua organização hierárquica seria anterior às estabelecidas em Constantinopla e em Roma. Mas isso pode ser muito mais uma conjectura do que um fato, visto que a hierarquia foi algo que se desenvolveu posteriormente em todas as regiões. Mas as tradições são claras: houve um movimento apostólico no oriente e Tomé foi uma de suas figuras centrais.

A Tradição da Igreja no Oriente

O nome oficial da Igreja do Oriente é a Santa Igreja Católica e Apostólica do Oriente. Suas publicações alegam:

> Foi fundada pelos Apóstolos São Pedro, São Tomé, São Tadeu e por São Mari dos Setenta. Nos primeiros séculos do cristianismo havia apenas uma Igreja. Os assuntos da igreja eram administrados pelos bispos em suas respectivas áreas. Havia também bispos principais conhecidos como patriarcas. Mar Yacob Manna, bispo uniata da Igreja Romana, escreveu em seu livro *Margy Peghyany*: "Os lugares onde os patriarcados foram organizados pelos santos apóstolos são as seguintes mães de todas as cidades: a primeira, Babilônia. É a metrópole, sim, a mãe de todas as cidades, e, portanto, a sede do Reino Assírio. Depois, Alexandria, Antioquia, Roma e Constantinopla". Dentre essas cidades, apenas Babilônia ficava, naquela época, fora dos limites do império Romano do Ocidente... A Igreja do Oriente é chamada de diferentes nomes pelos historiadores. É denominada de Igreja Assíria, Igreja Nestoriana, Igreja Sirio-Caldeia etc... A Igreja do Oriente remonta sua origem diretamente aos apóstolos. Uma de suas capelas fundada pelos Três Magos, ao retornar de Belém, ainda

é usada hoje na cidade de Resaieh, no norte do Irã. O Patriarca frequentou essa capela quando menino.[1]

Uma publicação que comemorou a visita do Patriarca da Igreja do Oriente à Índia contém muitas referências à tradição apostólica daquela igreja e a São Tomé.

Há mais de 1.900 anos, o apóstolo São Tomé, após estabelecer a primeira comunidade cristã em meio ao seu povo na antiga Babilônia, voltou-se à Índia, dirigido pelo Espírito Santo e, movido por um zelo evangélico, atravessou todo esse subcontinente anunciando as Boas-Novas e batizando todos quantos creram no Senhor. Suas palavras "caíram em terra boa e, produzindo fruto cento por um", se espalhando por todos os países da Ásia. No entanto, dadas as vicissitudes da história, esta Igreja fundada com sangue dos mártires, através dos séculos, tornou-se quase extinta, sendo reduzida a um pequeno e disperso remanescente.

Após estabelecer igrejas e ordenar o clero no Oriente Médio, São Tomé chegou a este país enviado pelo Senhor. Aqui também, instruiu milhares e milhares de pessoas na fé genuína de nosso Senhor, batizando-as em nome do Pai, do Filho e do Espírito Santo; organizou igrejas onde o povo podia adorar e ordenou o clero necessário para suprir suas necessidades espirituais. Depois disso, sofreu várias perseguições que culminaram em seu martírio, por amor à fé de nosso Senhor. O apóstolo foi morto por infames que o perfuraram com uma lança, a mando do Rei Mizdi.[2]

Tradições da Igreja Sírio-Indiana

Dr. Edgar J. Goodspeed dá testemunho da tradição da Igreja Sírio-Indiana: "É surpreendente que a obra conhecida como Atos de Tomé relate a missão de Tomé na Índia e tenha sido escrito no terceiro século, como concordam estudiosos modernos (Harnack, M. R. James). Ela se estende confirmando a lenda da Igreja Sírio-Indiana, segundo a qual Tomé teria de fato não apenas cruzado a Pártia com sua mensagem, mas também a levado até

---

1 *Souvenir of India, in Honour of the Visit to India of His Holiness Maran Mar Eshai Shimun XXIII [Lembrança da Índia, em honra à visita de Sua Santidade Maran Mar Eshai Shimun XXIII à Índia]*, (Ernakulam, India: Editional Board of the Publicity and Information Committee of H.H. The Patriarch Reception Committee, 1962), pp. 49, 53.
2 Ibid., extraído do Prefácio, p. 19.

a Índia! Esses Atos têm algumas ligações com a história indiana do primeiro século também".³

Tradições da Igreja Nestoriana

Quando visitei o Irã, em 1971, tive audiências com uma série de importantes autoridades cristãs. Dentre elas estava Sua Excelência Yohannan S. Issayi, o arquivista da Biblioteca Católica Caldeia de Teerã. Ele tinha um livro escrito por um historiador da igreja, John Stewart, PhD. (Narsai Press, Trichur, Kerala, Índia, 1928, 1961). Na introdução, o autor escreveu: "A mensagem deve ter sido levada até os mais remotos confins do continente asiático com a rapidez de um incêndio numa pradaria. É evidente que São Tomé chegou à Índia antes de 49 d.C".⁴

Ao falar dos nestorianos e de suas origens apostólicas, Stewart afirma: "O centro dessa maravilhosa igreja foi primeiro em Edessa e depois na província persa de Abiabene. Havia uma comunidade cristã grande e espalhada por toda a Ásia central durante os primeiros séculos da presente era. Países como Afeganistão e Tibet eram centros de atividade cristã".⁵

Confirmação Histórica da Viagem à Índia no Primeiro Século

Um artigo publicado no jornal *Los Angeles Times* confirma o fato de que muitos viajaram do império romano até a Índia, no primeiro século. A matéria era intitulada "A antiga colônia judaica da Índia está desaparecendo".

> Cochim, Índia – A sinagoga aqui celebrou seu 400º aniversário em 1968, e dentre os visitantes estavam a Primeira-Ministra Indira Gandhi e judeus vindos de longe, dos Estados Unidos. Não há mais rabino.
>
> No passado, os judeus brancos ao longo da costa do Malabar já alcançaram dezenas de milhares. Agora restam apenas 80.
>
> Os judeus de Cochim chegaram à Índia em 72 d.C., expulsos de Jerusalém pelas legiões romanas. Agora muitos – um número crítico – estão retornando para Israel.

---

3 Edgar J. Goodspeed, *TheTwelve*, p. 97.
4 John Stewart, *Centers of Christian Activity [Centros de Atividade Cristã]* (Trichur, Kerala State, India: Narsai Press, 1928, 1961), p. 27.
5 Ibid.

A sinagoga de Cochim – outras fecharam quando as congregações voltaram para Israel – contém muitos tesouros históricos. Dentre eles estão as placas de cobre concedidas pelo governante local, em 379 d.C., à comunidade judaica, garantindo-lhes a posse de um grande terreno.[6]

Muitos detalhes da história confirmam a probabilidade da historicidade das tradições do cristianismo primitivo na Índia. O fato de que uma colônia de judeus foi para lá em 72 d.C. prova que os judeus do primeiro século *conheciam* essa parte do mundo e que até mesmo a *viagem* de grandes grupos era possível. Não se cogita a exploração de um continente desconhecido. Além disso, a continuidade da comunidade judaica demonstra como uma comunidade cristã também poderia continuar existindo, desde o primeiro século até o presente, naquela mesma área. As referências às placas de cobre são semelhantes a muitas histórias que atestam o uso desses documentos como meio de concessão e certificação de direitos políticos e de posse nos tempos antigos.

Erudição moderna

Há um importante trabalho acadêmico que apresenta um estudo abrangente das tradições de São Tomé na Índia, que parece confirmar sua historicidade. Temos uma enorme dívida para com o estudioso católico romano, A. M. Mundalan, que escreveu sua tese de doutorado sobre São Tomé, na Universidade Alemã em 1960 e mais tarde a ampliou publicando-a em forma de livro, *The Sixteenth Century Traditions of the S. Thomas Christians*. Nele estão contidos inúmeros documentos, alguns dos quais estão citados no seguinte excerto:

> Os portugueses chegaram à Índia no fim do século XV. Quando ali aportaram, certamente já possuíam alguma informação, ainda que vaga sobre o apostolado de São Tomé naquele país. Não muito depois de sua chegada, os portugueses começaram a ouvir relatos sobre a existência do que era descrito como a "casa" e o "túmulo" de São Tomé em Milapore, na costa de Coromandel. Mas foi somente no início da década de vinte do século XVI que os portugueses se empenharam em explorar aquela área em busca da "casa" de São Tomé.
>
> O registro mais antigo sobre a pregação de São Tomé na Índia é o romance apócrifo intitulado *Atos de São Tomé*, escrito em siríaco,

---

6 "Ancient Jewish Colony in India Disappearing", Los Angeles Times (25 de agosto de 1971), 1-A.

9. TOMÉ

entre o fim do segundo e início do terceiro século. A partir do século terceiro encontramos frequentes alusões ao apostolado indiano ou parto de São Tomé nos escritos dos Pais da Igreja, bem como de outros escritores eclesiásticos.

O conteúdo da tradição ocidental, seja ela única ou combinada, pode ser sintetizado da seguinte maneira: o apóstolo Tomé pregou o Evangelho na Pártia e na Índia, onde muitos se converteram por meio de sua pregação, inclusive membros da família real. Foi na Índia que Tomé sofreu martírio e foi sepultado primeiro; mais tarde, seus restos mortais foram transferidos para o Ocidente (Edessa) onde foram depositados e venerados. A principal fonte dessa tradição é, sem dúvida, o apócrifo *Atos de São Tomé*, em que a Índia é denominada o campo das atividades missionárias de São Tomé.

> Tomé pregou o Evangelho na Pártia e na Índia, onde muitos se converteram por meio de sua pregação, inclusive membros da família real. Foi na Índia que Tomé sofreu martírio e foi primeiro sepultado.

A tradição indiana não é, de todo, uniforme em seu conteúdo; os relatos variam, dependendo da fonte e do lugar de origem. Porém, a narrativa geral pode ser assim resumida: São Tomé, um dos doze apóstolos de nosso Senhor saiu diretamente do Oriente Próximo e aportou em Cranganor por volta do ano 52 d.C. Converteu famílias da alta casta hindu em Cranganor, Palaiur, Quilon, consagrando sacerdotes dentre os membros de algumas delas; construiu cerca de sete igrejas e erigiu cruzes; depois atravessou o país até a costa leste, onde sofreu martírio. Seu túmulo se encontra em Milapore, no litoral.

Os seus restos mortais foram removidos em sua totalidade da Índia para Edessa e, mais tarde, para Ortona, na Itália, onde são mantidos até hoje.

Thome Lopes, que acompanhou V[asco] da Gama em sua segunda viagem à Índia, em 1503 afirma, dentre outros eventos relatados por eles, que os cristãos que foram recepcionar Gama disseram aos portugueses que uma grande peregrinação era conduzida ao túmulo de São Tomé, que estava enterrado perto dali e que havia realizado muitos milagres.

Apostolado

Mundalan explica por que o ministério de Tomé atingiu regiões tão longínquas:

> São Tomé pregou o Evangelho e batizou pessoas em todos os lugares por onde passou e fundou igrejas. De acordo com uma inscrição em pedra, lida e interpretada pelos cristãos de São Tomé para Roz, o apóstolo converteu três principais reis da Índia: o rei de Bisnaga chamado por eles de Xoren Porumal, o de Pandi, chamado Pandi Perumal e o de Malabar, chamado Xaran Perumal. Fr. Guerreiro encontrou em um livro caldeu que o apóstolo havia convertido seis reis e três imperadores: os imperadores equivaleriam aos três reis principais de Roz. O reino Pandi, segundo Guerreiro, correspondia ao reinado de Cape Comorin, na época.

> O Abuna caldeu informou aos pesquisadores de 1533 que o apóstolo foi morto com uma lança por membros de uma casta inferior. Barros tem a seguinte versão: O apóstolo foi morto enquanto pregava perto de um tanque. Incitados pelos brâmanes, alguns apedrejaram o apóstolo que caiu quase morto. Então, um brâmane o perfurou com uma lança e o santo deu seu último suspiro. De acordo com Dionísio, o apóstolo foi martirizado com uma lança enquanto pregava no alto de uma montanha.

> Quanto à possibilidade de São Tomé ter pregado na Índia (quer em regiões do sul, quer do norte), ninguém pode realmente questionar. Seria um despropósito crer que o cristianismo tenha sido anunciado pelos discípulos apenas nos limites do Império Romano, sempre no sentido ocidental. O despertar da Era Cristã verificou a existência de muitas rotas comerciais que conectavam o ocidente ao distante oriente, as quais eram muito utilizadas. Algumas rotas terrestres atingiam o norte da Índia, enquanto as marítimas alcançavam a costa de Malabar e outras regiões meridionais daquele país. Portanto, ninguém pode, consistentemente, negar a possibilidade de um ou mais dos discípulos ter visitado a Índia e pregado o cristianismo naquele lugar.

> Quanto às relíquias do apóstolo, é bem provável, como já foi sugerido anteriormente, que os primeiros exploradores portugueses nada soubessem a respeito do suposto traslado das relíquias para Edessa, e mais tarde para Ortona e, portanto, acreditavam que haviam desco-

berto a totalidade dos restos mortais de Tomé naquele túmulo. Mas fica claro, a partir do próprio testemunho deles, que na verdade não descobriram a totalidade das relíquias. Sua crença nessa descoberta, porém, persistiu.[7]

Comentários de Diversos Eruditos a respeito da Vida de São Tomé

Asbury Smith relata uma informação interessante da obra *Atos do Apóstolo São Tomé na Índia*:

Há uma antiga tradição que Tomé teria levado o Evangelho à Índia. Os *Atos do Apóstolo São Tomé na Índia*, um manuscrito que remonta ao segundo ou terceiro século, é o relato mais antigo que sustenta essa tradição.

De acordo com essa narrativa, os apóstolos dividiram o mundo entre si, visando equacionar os esforços evangelísticos a serem empreendidos. Feita a partilha, Tomé é designado à longínqua e desconhecida Índia. Revoltado com a escolha, o apóstolo protesta: "Não posso ir a tão remoto lugar por causa da fadiga da jornada que extenuará o meu corpo, visto que sou hebreu". Jesus, então, aparece-lhe em visão e confirma sua vocação para o Oriente. Mas o apóstolo permanecia irredutível: "Gostaria que tu me enviasses para outro país, pois à Índia não posso ir".

Então, o Senhor permitiu que Tomé fosse tomado e vendido como escravo ao mercador indiano Abbanes, que o conduziu à Índia em cumprimento aos desígnios divinos. Posteriormente, contudo, Tomé reconhece a direção divina naquela escolha e rende-se à parte que lhe fora proposta no ministério.

Até poucas décadas atrás não havia nenhum registro de um rei chamado Gondofares e esse relato era considerado inteiramente fictício. Mas escavações recentes estabeleceram que um rei de nome Gondofares reinou no norte da Índia durante o período em que Tomé pode ter ali vivido. Moedas e inscrições impressas com o nome Gondofares foram desenterradas. Essas descobertas, porém, deixam sem explicação a presença de Tomé no norte da Índia, enquanto que os cristãos que levam seu nome parecem sempre ter se concentrado no sul da Índia. Dr. J. N. Farquhar explica esse fato dizendo que Tomé

---

7   A. Mathias Mundalan, *Sixteenth Century Traditions of St. Thomas Christians [Tradições do Século Dezesseis dos Cristãos de São Tomé]*, (Bangalore, India: Dharmaram College, 1970), pp. 38-173.

permaneceu no norte da Índia até que Gondofares e seu reinado foram destruídos pela guerra, e depois ele teria se dirigido para o sul da Índia. Hazel E. Foster imagina que "essa reconstrução do que pode ter acontecido tem uma boa fundamentação histórica, assim como as diversas histórias concernentes à origem de outras igrejas antigas".

Em 1952, os cristãos sírios celebraram o aniversário de 1900 de chegada do apóstolo Tomé em seu país. Durante as celebrações, o Concílio Mundial das Igrejas realizou três importantes reuniões ali. O Comitê de Estudos e o Comitê Central se reuniram em Lucknow e o Concílio Mundial da Juventude Cristã se reuniu em Kottayam.

À parte da tradição de que Tomé teria fundado a Igreja na Índia, pouco se sabe da história antiga dessa secular igreja síria. Infelizmente, quando os portugueses aportaram na Índia, destruíram os registros da igreja, esperando, assim, destruir o que consideravam ser uma ramificação herética do cristianismo.

Tomé, segundo a tradição, morreu como mártir numa montanha hoje chamada de monte Tomé, em Milopur, um subúrbio de Madras. Ele morreu perfurado por uma lança. Um santuário erigido pelos portugueses demarca o local sagrado.

Um hino de louvor registrado em *Atos de Tomé* expressa a grande honra devotada à igreja pelos cristãos sírios. "A igreja é aquela em quem reside o esplendor da realeza. Ela é agradável de aspecto e adorável. É bela para todo aquele que olha para ela. Seus adornos são como flores de todo tipo que exalam perfume e ungem a cabeça... A verdade está sobre sua cabeça e a alegria aos seus pés".

Os *Atos de Tomé* dão uma descrição do culto vespertino usado por Tomé na recepção de Gondofares como membro da Igreja Cristã:

Trouxeram óleo e acenderam as lâmpadas, pois já era noite. Eis, então, que o apóstolo levantou-se e, com grande voz, orou sobre eles, dizendo: "Paz seja convosco, ó irmãos". Eles ouviam sua voz, no entanto, não podiam ver sua forma, uma vez que ainda não tinham sido batizados. O santo, então, tomando óleo em suas mãos, ungiu suas cabeças e orou, dizendo:

"Vem, ó Nome de Cristo, que é sobre todo o nome! Vem, ó Nome, que é santo, exaltado e rico em misericórdia! Faze vir sobre nós a Tua misericórdia! Vem, ó mistério escondido! Vem, ó mãe das sete mansões e faze teu descanso na oitava habitação".[8]

Mundalan, já citado, descreve a história recente do túmulo de São Tomé:

> Nos 400 anos entre 1523 e 1903 o túmulo em Milapore foi aberto três vezes, por uma razão ou outra. Em 1523, a primeira escavação portuguesa aconteceu; em 1893-1896 a atual catedral gótica foi construída; e em 1903 o túmulo foi ampliado no lado oeste, quando a atual cripta foi construída em comemoração ao tricentenário da edificação da diocese de Milapore.[9]

O Local de Sepultamento de São Tomé

Ficou definido que Tomé foi sepultado em Milapore, Índia, hoje um subúrbio de Madras. Em *By Post to the Apostles*, livro devocional bastante interessante de Helen Homan, a autora cita a história do que teria sido feito aos restos mortais de São Tomé, dados obviamente obtidos a partir da *Enciclopédia Católica*. Ela afirma que se aceita como fato a informação de que parte dos restos mortais de São Tomé teria sido transportada para Edessa, na Mesopotâmia. A autora descreve como os cavaleiros das cruzadas, evidentemente, transportaram essas relíquias para a ilha de Chios e conta como, mais tarde, Manfred, príncipe de Taranto, as teria levado de navio para Ortona, na Itália, onde estão depositadas numa grande catedral. A seguir, os turcos saquearam Ortona e pilharam o túmulo em busca de supostos tesouros.[10]

Mary Sharp em *A Traveller's Guide to Saints in Europe* narra os resultados de sua pesquisa concernente aos restos mortais do apóstolo: "Afirma-se que estejam em Goa e Meliapore, na Índia e em Ortona, na Itália". Ela acrescenta: "Na igreja de Milapore (hoje Meliapore) há uma cruz de pedra – a Cruz de Tomé do sexto ao oitavo século, que marca o lugar onde seu corpo ficou enterrado até que fosse levado para Edessa, no quarto século". A autora conclui: "Por mais estranhas que sejam as lendas acerca de São Tomé em seus *Atos*, foi confirmada recentemente a existência de Gondafores e Gad, governantes da Índia que o apóstolo teria conhecido, diante da descoberta de moedas impressas que foram preservadas".[11]

---

8 Asbury Smith, op. cit., pp. 103-107.
9 A. Mathias Mundalan, *Sixteenth Century Traditions of St. Thomas Christians*, p. 11.
10 Helen Homan, By Post to the Apostles (New York: All Saints Press Inc., 1967), p. 62.
11 Mary Sharp, *A Traveller's Guide to Saints in Europe* (London: The Trinity Press, 1964), p. 207.

Um livro guia publicado pela Igreja da Santa Cruz (Santa Croce) intitulado *The Sessorian Relics of the Passion of Our Lord*, de autoria de Bedini, alega que nessa igreja:

> ... está preservado o dedo indicador de São Tomé. Alguns dizem que essa relíquia está depositada na igreja de Santa Croce desde a época de Santa Helena. Na basílica há um altar dedicado a São Tomé. O relicário, que foi refeito após a revolução francesa, tem a forma de um cálice na base. Acima do botão duas palmas, o símbolo do martírio do apóstolo, se entrelaçam formando uma coroa encimada por uma cruz irradiando luz. No centro da coroa está inserido um estojo oval com dois lados de cristal. Do meio do estojo sobe um suporte com o formato de um dedo com aberturas dos dois lados. Através dessas aberturas é possível ver claramente a falange do venerado Dedo.[12]

É evidente que Tomé, que como discípulo, antes pessimista e cheio de dúvidas, tornou-se um vigoroso missionário. O conhecimento sobre a missão do apóstolo à Babilônia, Pérsia e Índia alcançou tamanha importância que devemos aceitá-la como provável. As histórias de Tomé, como a de muitos outros apóstolos, fornecem um registro que lança muita luz ao mundo do primeiro século, além das fronteiras do império romano. Em troca, à medida que a história daquela região no primeiro século é revelada por eruditos contemporâneos, muita luz é lançada também sobre a vida de Tomé.

A grande percepção que se passa a ter a respeito do próprio Tomé, cuja origem está nas lendas de Tomé, na Babilônia e na Índia, é que ele teria sido um evangelista ousado e grande edificador de igrejas. As pessoas do mundo moderno que aceitam o cristianismo, mas rejeitam a *igreja* (isto é, a assembleia ou congregação local), como instrumento humano central na estratégia de Deus, demonstram ter se divorciado da tradição apostólica. Caso fosse possível aos apóstolos voltarem à terra hoje, eles teriam pouco tempo para aqueles que imaginam haver algo como um cristianismo fora ou longe da igreja. Tal "cristianismo", se é que podemos ousar chamá-lo assim, jamais sobreviveria.

Para que o cristianismo sobreviva, nossa lealdade deve ser em primeiro lugar Àquele que Tomé chamou de "Meu Senhor e Deus meu", e em segundo lugar, à única instituição divina na terra, a assembleia local ou congregação

---

12 D. Balduino Bedini, *The Sessorian Relics of the Passion of Our Lord* [*As Relíquias Sessorianas da Paixão de Nosso Senhor*], Aloysius Traglia Archiep. Caesarien, Vic. Ger. (Roma: Tipografia Pio X, Via Etruschi 7-9), 1956), pp. 62-63.

9. TOMÉ

de seu povo. Ninguém consegue calcular quantos milhões de cristãos passaram a crer em Cristo por causa de Tomé. Não se pode contá-los. As igrejas que Tomé fundou na Índia mantiveram vivo o cristianismo e expandiram a fé que sobrevive ali até hoje.

Tanto as igrejas como a fé apostólica com que Tomé se identificava estavam, é claro, sujeitas a mudanças, decadência e até mesmo corrupção. Os seres humanos inevitavelmente produzem esses efeitos. Mas, até hoje, os missionários na Índia relatam que a mensagem pura do Novo Testamento ainda é bem-vinda e ainda é efetiva entre os cristãos, fruto da obra missionária de Tomé naquele país.

Capítulo Dez

MATEUS

Passando por ali, Jesus viu um homem chamado Mateus, sentado na coletoria, e disse-lhe: "Siga-me". Mateus levantou-se e o seguiu. – Mateus 9.9

Mateus era irmão de Tiago Menor e ambos eram filhos de Alfeu (Marcos 2.14). O outro nome de Mateus era Levi. Ele era um coletor de impostos (Mateus 10.3) em Cafarnaum, no território governado por Herodes Antipas. Ele pertencia à classe dos burocratas chamados *portitores*, que serviam aos *publicani*, oficiais que eram autorizados a recolher os impostos, de acordo com o costume romano daqueles dias. Com tal ocupação, é provável que ele tenha tido alguma educação e estivesse familiarizado com o aramaico, o grego e as línguas latinas. Os coletores de impostos dos quais ele fazia parte, embora desprezados pelos judeus, pareciam um grupo que ouvia a mensagem de Jesus com prazer (Mateus 11.19; Lucas 15.1).

Quando Mateus foi chamado, Pedro, Tiago e João, que também eram de Cafarnaum, já eram discípulos de Jesus (Marcos 5.37). Ao contrário de alguns outros discípulos, Mateus não havia sido seguidor de João Batista antes de sua vocação cristã.

Dentre os eventos registrados em seu Evangelho, de maneira significativa, está a notação de que a primeira coisa feita por Mateus após seu chamado foi convidar Jesus para participar de um banquete em sua casa. Mateus encheu o lugar com as únicas pessoas que poderiam pisar naquela casa: seus companheiros "coletores de impostos e pecadores". A expressão era um epíteto, não uma descrição. Quando Jesus foi criticado por estar na companhia deles, respondeu: "Não são os que têm saúde que precisam de médico, mas sim os doentes". E numa paráfrase de Miqueias 6.6-8, Jesus acrescentou:

"Vão aprender o que significa isto: 'Desejo misericórdia, não sacrifícios'. Pois eu não vim chamar justos, mas pecadores" (Mateus 9.11-13).

Como muitos dos apóstolos, Mateus parece ter evangelizado em diversos países. Ireneu diz que ele pregou o Evangelho entre os judeus. Provavelmente isso significa que ele teria pregado tanto na Palestina, quanto para os judeus da dispersão. Clemente de Alexandria afirmou que Mateus passou 15 anos nesse trabalho. Também disse que Mateus foi até os etíopes, os gregos da Macedônia (norte da Grécia), os sírios e os persas.[1] Um escritor cristão dos primórdios da igreja, chamado Heracleon, declarou que Mateus não sofreu martírio, embora a maioria das autoridades afirme que ele foi levado à morte de maneira dolorosa.

A Escrita do Evangelho

Jerônimo conta a história da autoria do Evangelho de Mateus:

> Mateus, também chamado Levi, apóstolo e ex-publicano, compôs um Evangelho de Cristo, a princípio escrito na Judeia, em hebraico (aramaico), visando os que creram, dentre os da circuncisão. Esta obra, no entanto, foi mais tarde traduzida para o grego, embora não nos seja conhecido seu autor. A versão em hebraico foi preservada até o dia de hoje na Biblioteca de Cesareia, cuja coleção foi tão diligentemente reunida por Panfílio. Tive também a oportunidade de ter o volume descrito pelos nazarenos de Bereia (uma cidade da Síria) que fazem uso dele. Nele, deve-se notar que sempre que o evangelista, por conta própria ou na pessoa de nosso Senhor e Salvador, cita o testemunho do Antigo Testamento, ele não segue a versão da Septuaginta, mas sim a hebraica. Daí a existência das duas formas: "Do Egito chamei meu filho" e "ele será chamado nazareno".[2]

> Mateus entendeu o modo como Jesus cumpriu as profecias do Antigo Testamento. Por isso, aparecem mais referências a elas neste Evangelho do que nos outros três.

Eusébio cita Papias, que viveu em 100 d.C., que afirma ter Mateus composto em aramaico os Oráculos do Senhor que foram traduzidos para o grego, por cada homem, conforme a sua capacidade.

---
1 Clemente de Alexandria, Strom., p. 49.
2 *The Nicene and Post-Nicene Fathers [Os Pais Nicenos e Pós-Nicenos]*, p. 362.

Irineu, cerca de um século e meio antes de Eusébio, afirmara que "Mateus também publicou um Evangelho escrito entre os hebreus, em seu próprio dialeto".³ Santo Agostinho também disse que Mateus escreveu apenas em hebraico, ao passo que os escritores dos outros Evangelhos escreveram em grego.

Mateus entendeu o modo como Jesus cumpriu as profecias do Antigo Testamento. Por isso, aparecem mais referências a elas neste evangelho do que nos outros três.

Temos uma dívida para com Mateus pela única versão da história sobre o homem que encontrou um tesouro escondido num campo e vendeu tudo o que tinha para adquiri-lo. Mateus sabia, a partir de sua experiência pessoal, o que isso significava. Ele, também, deixara sua carreira vantajosa e lucrativa para seguir a Jesus.

Diversas Tradições do Ministério e da Morte de Mateus

Existem tantas tradições que parecem mutuamente contraditórias que tudo o que se pode fazer é alistá-las e tentar fazer uma síntese delas, como fez o autor William Barclay:

Sócrates disse que coube a Mateus a incumbência de pregar na Etiópia por decisão do comitê apostólico (The E.H., 1, 19; cf. Rubinus, 1, 9). Ambrósio o relaciona à Pérsia, Paulino de Nola, à Pártia e Isidoro, à Macedônia.

Clemente de Alexandria indica que ele teria morrido de morte natural (*The Miscellanies*, 4, 9). Clemente diz que ele era vegetariano e se alimentava de sementes, nozes e vegetais e não ingeria carne. O *Talmude* diz que Mateus foi condenado à morte pelo Sinédrio dos judeus.

O apócrifo *Atos de André e Mateus* que mais tarde foi traduzido para a língua anglo-saxã, descreve o envio de Mateus aos antropófagos, os quais teriam arrancado seus olhos e o lançado numa prisão por 30 dias para, ao cabo deles, o devorarem. Porém, aconteceu que, ao vigésimo sétimo dia, o apóstolo foi resgatado por André que ali chegara após escapar miraculosamente de uma tempestade marítima.

---

3 Merril Tenney, *New Testament Survey* [*Pesquisa do Novo Testamento*] (Grand Rapids: Wm. B. Eerdmans Publishing Company, 1961), p. 151.

Mateus, então, teria retornado aos antropófagos e operado milagres entre eles, suscitando o ciúme do rei. Assim, tomaram-no novamente e, cobrindo-o com papiro embebido em óleo de golfinho, derramaram sobre ele betume e enxofre, cercando-o com estopa e madeira, numa fogueira rodeada por 12 imagens de deuses nativos. Contudo, o fogo ateado transformou-se em orvalho e as chamas que restaram voaram na direção dos ídolos metálicos, derretendo-os todos. Finalmente, o fogo tomou a forma de um dragão que perseguiu o rei até o interior de seu palácio, envolvendo-o de tal maneira que não podia se mover. Mateus, então, repreendendo o fogo, orou e ali mesmo expirou. O rei converteu-se, vindo a tornar-se sacerdote, e o apóstolo partiu ao Céu em companhia de dois anjos.[4]

De acordo com Edgar Goodspeed em seu livro, *Mateus, Apóstolo e Evangelista*, havia confusão nas histórias iniciais entre Mateus e Matias. A tradição do *Talmude Babilônico* (Sinédio 43 a.) relata o julgamento e a execução de um "Matthai". Porém é provável que Mateus não tenha morrido no mesmo país que Matias.

A dificuldade em saber com segurança os países visitados por Mateus reside na identificação do país chamado "Etiópia". A Etiópia da África é bem conhecida para nós hoje, mas também havia uma Etiópia asiática localizada ao sul do mar Cáspio, na Pérsia. Ficava no reino dos partos, mas em todos os relatos, estava afastada das principais rotas de comércio.

Como vimos, Ambrósio conecta Mateus com a Pérsia. As associações de Tomé com um "Evangelho de Mateus" que supostamente teria sido encontrado na Índia são bem conhecidas. Isso parece indicar ao menos uma tradição do apóstolo Mateus tendo estado próximo à Etiópia asiática. Seria natural que uma cópia do Evangelho de Mateus tivesse chegado à Índia, se ele tivesse estado na Pérsia, o que provavelmente aconteceu, já que a Pérsia ficava na rota comercial que ligava a Antioquia à Índia.

O Túmulo Atual do Corpo de Mateus

Ao lado da catedral de Salerno, na Itália, que abriga os restos mortais de Mateus, há um museu de arqueologia que publica um guia para os visitantes que fazem peregrinações àquela igreja. É de autoria de Arturo Carucci e fornece as seguintes informações acerca do túmulo do apóstolo:

---

4   William Barclay, *The Master's Men [Os Homens do Mestre]* (London: SCM Press Ltd., 1970), p. 66-68.

Um afresco, ao lado do balcão central, mostra João, bispo de Paestum, recebendo Atanasias, o monge que encontrara os restos de Mateus. Em outro vemos Gisolfo I ordenando ao abade João que busque o corpo do evangelista em Capaccio e o traga a Salerno. Acima dos assentos do coral há uma lembrança do traslado dos restos mortais de São Mateus. Nela podemos ver retratada a procissão que acompanhou o envio do corpo do apóstolo até a Igreja.

No centro da cripta está a tumba de São Mateus, com cerca de dois metros de profundidade, encimada por um rico altar de duas frentes, feito em mármore e coberto por uma ampla abóbada em forma de guarda-chuva, finamente adornada, a qual encerra duas estátuas de bronze representando o evangelista, uma para cada frente do altar. Ambas foram obra de Michelângelo Naccarino, em 1622; o Santo está na posição tradicional. O escultor sabia como conferir ao bronze uma grande expressão de força. O túmulo e os altares são adornados por uma elegante base de mármore, com um enorme candelabro em cada extremidade. Os candelabros foram presenteados pela Escola de Medicina.

Em 1969, o piso do lado norte foi aberto e foi erigido um altar sobre o túmulo do evangelista, alterando, assim, a harmonia e a simetria do altar com duas frentes, conforme o desenho original.[5]

Carucci também nos dá a data da construção da catedral e do traslado dos restos mortais do apóstolo Mateus para o local:

No interior está o "assento sagrado" [cadeira especial, ed.] atribuído a São Gregório VII; visto que, desde o século XI, o Santo Pontífice ali se assentou durante a consagração do templo, em 1084. Os sete degraus circulares, ao contrário, são novos, como os assentos da "bema". A inscrição celebra o milênio (1954) do traslado dos restos mortais de São Mateus.

Dedicada à Virgem Maria, a igreja foi levantada em cima do túmulo de São Mateus pelo duque normando, Robert Guiscardo, após a conquista de Salerno, em 1076.

Nem todos sabem que o corpo [de São Mateus] foi confiado a Salerno, onde é honrado. Os restos mortais do apóstolo estão abriga-

---

5 Arturo Carucci, *Il Duomo di Salerno e Il suo Museo [A Catedral de Salerno e o Seu Museu]*, 3ª edição (Salerno: Linotypografia Jannone, 1960), pp. 66,69.

dos numa magnífica cripta, digna da veneração do povo de Salerno e digna de São Mateus.[6]

Lendas sobre Mateus

É evidente, a partir das lendas e das tradições sobre os apóstolos, que a confusão nos registros da Idade Média sobre os nomes dos lugares tornou quase impossível saber com certeza qual "Etiópia" está associada a Mateus. Por exemplo, a história seguinte surgiu da imaginação ou faz uma relação correta entre Mateus e a Etiópia da África?

O tradicional *Perfetto Legendario* relata que, após a dispersão dos apóstolos, Mateus teria viajado ao Egito e à Etiópia, para pregar o Evangelho. Ali, honrosamente recebido na casa do eunuco batizado por Filipe (At 8.27- 39), o apóstolo teria enfrentado dois feiticeiros locais que mantinham a população em submissão, afligindo-a com estranhas enfermidades deflagradas a partir de seus encantamentos. Desafiando-os para um confronto espiritual, Mateus os derrotou, libertando o povo da terrível opressão e disseminando rapidamente a fé cristã naquela região. O relato continua dizendo que São Mateus teria ressuscitado dentre os mortos o filho do rei do Egito e ainda curado sua filha, que tinha lepra. A princesa, cujo nome era Ifigênia, foi colocada como líder de uma comunidade de virgens dedicadas ao serviço de Deus. Certo rei pagão, então, ameaçando tomá-la para si, arrastando-a de seu abrigo, foi acometido de lepra e seu palácio destruído por um incêndio. São Mateus teria permanecido por 23 anos no Egito e na Etiópia e afirma-se que teria morrido no ano noventa da nossa era, quando Domiciano era o imperador. Não se sabe, porém, como morreu; de acordo com a lenda grega, Mateus teria morrido em paz, mas segundo a tradição da igreja ocidental, teria sofrido o martírio pela espada ou pela lança.[7]

A tradição católica romana da vida e morte de Mateus nos é apresentada por Mary Sharp em seu *Guia aos Santos do Viajante pela Europa*:

Afirma-se que os restos mortais de Mateus estão abrigados no santuário da Catedral de San Matteo, em Salerno, na Itália e outras

---

6   Ibid., p. 11.
7   Anna Jameson, *Sacred and Legendary Art [Arte Sagrada e Legendária]*, pp. 142-143.

relíquias, espalhadas em muitas igrejas, inclusive na de Santa Maria Maggiore, em Roma.

Após a ascensão de Cristo, acredita-se que São Mateus teria viajado à Etiópia onde foi recebido pelo eunuco que havia sido batizado por São Filipe. Ali, realizou diversos milagres, inclusive a cura da filha do rei do Egito, que tinha lepra. Os relatos diferem quanto à sua morte. Alguns dizem que ele teria sido decapitado, outros que teve uma morte tranquila.[8]

Uma Biografia de São Mateus

Mateus, também chamado Levi, era filho de Alfeu e irmão de Tiago Menor. É evidente que Alfeu era um homem piedoso, mas embora Mateus tivesse o nome sacerdotal de Levi, provavelmente sua vida estava longe de ser piedosa. Era preciso uma grande dose de ambição e cobiça para um judeu se dispor a tornar-se um coletor de impostos, servindo assim aos odiosos romanos e sendo associado à casa de Herodes Antipas. A maneira como o termo 'publicano' era usado na Bíblia mostra que ser um coletor de impostos era conquistar uma posição em que o suborno e a corrupção não somente eram possíveis, mas muito prováveis. Além disso, havia o constrangimento de ser conhecido como um colaborador de Roma. As tropas romanas que ocupavam a Palestina eram odiadas com o mesmo desprezo que os judeus dirigiam aos nazistas no século XX. Não obstante, Jesus procurou reconciliar Tiago, que pode ter sido um nacionalista zelote, com seu irmão, Mateus, o colaborador de Roma. Com o tempo, ambos se tornaram fervorosos discípulos de Jesus.

Mateus foi um escritor talentoso, um discípulo fervoroso e, talvez tenha sido o mais culto dos Doze.

É provável que Mateus tenha permanecido na Terra Santa por 15 anos, como afirma a tradição. Depois disso, encorajado pelos relatos de sucesso de outros líderes cristãos entre os judeus da dispersão e também entre os gentios, partiu em diversas viagens missionárias.

É possível que ele tenha escrito seu Evangelho primeiro em aramaico, que era bem compreendido pelas pessoas do norte da Palestina. Mais tarde, ele teria feito cópias em hebraico distribuindo-as pelos lugares por onde teria passado. Isso é mais provável, visto que é evidente que Mateus dirigiu mais

---
8 Mary Sharp, *A Traveller's Guide to Saints in Europe* [Guia aos Santos do Viajante pela Europa], p. 152.

10. MATEUS

de seus esforços a possíveis convertidos dentre os judeus do que dentre os gentios. O Evangelho de Mateus está repleto de referências às profecias do Antigo Testamento sobre o Messias, cujo cumprimento é apresentado em Jesus. Essas citações teriam interesse apenas passageiro para os gentios. Mas como os outros apóstolos, às vezes Mateus era alvo da ira das autoridades judaicas, sendo, assim, forçado a dirigir-se aos gentios, que se mostravam mais dispostos a ouvir.

> Era preciso uma grande dose de ambição e cobiça para um judeu dispor-se a servir os romanos como um coletor de impostos.

Há muitas referências nas tradições e nas lendas a respeito do ministério de Mateus a reis e outros oficiais do alto escalão do governo. Sua experiência anterior como um funcionário do governo pode ter proporcionado a ele o entendimento de como apresentar o Evangelho às pessoas de elevadas posições. É certo que, de fato, foi à Pérsia e à região misteriosa conhecida então como "Etiópia", onde é possível que tenha colocado sua vida em grave perigo.

Não é impossível que ele tenha também viajado à Etiópia na África, como a tradição católica romana indica. Não sabemos como ou quando seus restos mortais foram descobertos. Mas é evidente que o monge Atanásio compareceu diante do duque normando de Salerno para anunciar que os restos do apóstolo haviam sido de fato encontrados e aconselhou o duque a levá-los para Salerno, visto que se tratavam de relíquias apostólicas dignas da grande catedral que fora ali construída. Provavelmente alguns desses mesmos ossos foram mais tarde transferidos para Roma (no entanto, não há razões para negar que a maioria dos restos mortais do apóstolo esteja em Salerno até hoje).

Há muitas histórias acerca da morte de Mateus para se afirmar com certeza onde ele morreu. É provável que não tenha sido na Etiópia (África), e sim no Egito. A relação entre as lendas de Mateus com o Sinédrio de Alexandria, no Egito, é significativa. Essa seria uma pista importante para uma relação histórica de Mateus com o Egito. É possível que Mateus tenha sido martirizado no Egito, quando ali voltou, após ter visitado a Etiópia na África, mas essa hipótese não é conclusiva.

O que se sabe ao certo é que Mateus foi um escritor talentoso, um discípulo fervoroso e, talvez, tenha sido o mais culto dos Doze. Ele era, portanto, o mais bem preparado para testemunhar a pessoas em posição de autoridade e foi um vaso escolhido para escrever o grande Evangelho que leva o seu nome.

Capítulo Onze

TIAGO, FILHO DE ALFEU

Num daqueles dias, Jesus saiu para o monte a fim de orar, e passou a noite orando a Deus. Ao amanhecer, chamou seus discípulos e escolheu doze deles, a quem também designou apóstolos: [inclusive] (...) Tiago, filho de Alfeu. – Lucas 6.12-13,15

Tiago, filho de Alfeu, também chamado de Tiago Menor ou talvez Mais Jovem, era irmão de Mateus (ou Levi), filho de Maria. Não se sabe ao certo qual Maria, embora ela pareça ser a esposa de Clopas (Cleopas), que pode ter sido outro nome de Alfeu, ou o seu segundo nome.

Juntamente com Mateus, Tiago era de Cafarnaum, cidade que ficava situada no litoral noroeste do mar da Galileia. Foi ali que Jesus passou a morar no início de seu ministério. Ele pregava nas sinagogas, nas casas e também nas praias onde muitas pessoas geralmente se reuniam. Não sabemos como ou quando Jesus conheceu Tiago e Mateus. Provavelmente, eles haviam ouvido Jesus pregar. É bastante provável que quando Jesus chamou Mateus para segui-lo, ele não estivesse fazendo um chamado a uma pessoa totalmente desconhecida, mas fazendo um apelo final a alguém que já demonstrara genuíno interesse por Ele. Se Tiago e Mateus eram irmãos, e primos de Jesus, isso explicaria em parte o conhecimento anterior que tinham um do outro.

Mateus, sem dúvida, tinha a consciência atormentada porque, como coletor de impostos a serviço da casa de Herodes Antipas, o sátrapa de Roma, ele conquistara a antipatia dos judeus que odiavam Herodes e Roma, igualmente. De qualquer maneira, parecia muito evidente que Mateus tinha feito as pazes com a administração de Herodes, se não com os romanos. Mas para conseguir essa paz incômoda foi preciso negar sua consciência. Depois que Jesus o chamou, Mateus imediatamente ofereceu um grande banquete a seus amigos, inclusive uma série de outros coletores de impostos e seus respectivos amigos, pessoas que não gozavam de boa reputação entre a comunidade dos judeus.

> Tanto no temperamento, quanto na ideologia, talvez, ele diferia de seu irmão Mateus.

Jesus era o convidado de honra nesse banquete. Conseguimos ter ideia da inimizade que a comunidade dos judeus nutria para com os coletores de impostos quando Jesus foi duramente criticado pelos fariseus dali, por estar comendo com "publicanos e pecadores". Naquela época em Israel, essa expressão "publicanos e pecadores" parecia ter o sentido de pessoas terrivelmente corruptas, excluídas da misericórdia ou do interesse de Deus. Sua impureza contaminaria qualquer que entrasse em contato com eles, tornando-os impuros também.

Não há nenhum indício de que Tiago estivesse entre os que se reuniram para o banquete. Na verdade, todos os indícios são de que ele não esteve ali. Tanto no temperamento, quanto talvez na ideologia, ele diferia de seu irmão Mateus.

Afirma-se que Tiago e Mateus Levi Bar Alfeu eram da tribo de Gade, uma das dez tribos do reino do norte, que fora levada cativa no oitavo século a.C., como resultado da invasão assíria, por Tiglate-Pileser. Entretanto, o nome Levi provavelmente indica que tanto Mateus quanto Tiago eram da tribo de Levi, a tribo sacerdotal. Ao contrário da tribo de Gade, a tribo de Levi fugira antes da invasão assíria e se unira a Judá. Era bastante improvável nos tempos bíblicos que uma criança que não fosse da tribo sacerdotal de Levi recebesse o nome de Levi.

Mas Mateus traíra sua herança sacerdotal e se tornara um colaborador de Herodes e dos romanos. Seria natural supor que seu irmão Tiago estivesse totalmente em desacordo com a escolha de Mateus Levi quanto a assuntos seculares. Uma tradição posterior a respeito de Tiago indica que ele teria sido inicialmente um "zelote" (grupo revolucionário que buscava a libertação do jugo tanto de Herodes quanto dos romanos). Mas seu idealismo nacionalista e patriótico foi drasticamente apagado pela política de derramamento de sangue que caracterizava os zelotes. Seria ele um asceta? Essa pergunta abre a questão que deve ser definida a respeito da própria identidade de Tiago.

A Distinção entre os "Tiagos"

Quanto à identidade de Tiago, irmão de João, filho de Zebedeu, conhecido também como Tiago Maior ou Tiago, o Grande, não há controvérsias. Sua história é a mais completa de qualquer dos doze discípulos, excetuando-se a de Judas Iscariotes. Esse Tiago foi decapitado a mando de Herodes Antipas para agradar os líderes judeus que sempre suspeitaram que a devoção de Herodes ao judaísmo fosse simplesmente da boca para fora.

Tiago Menor, filho de Alfeu e de Maria, cuja identidade está em questão aqui, é um homem a respeito de quem se sabe relativamente pouco, exceto que seu irmão Mateus também era apóstolo e seus outros irmãos eram José, um cristão primitivo e Salomé, uma mulher desconhecida.

Houve também um Tiago, pai do apóstolo de nome Judas ou Tadeu, hoje comumente chamado de Judas, que é cuidadosamente distinguido nas Escrituras de Judas Iscariotes. Tiago, pai de Judas, é provavelmente o mesmo Tiago, filho de Zebedeu e irmão de João.

Tiago, irmão de Jesus, é o mais conhecido de todos os apóstolos, além de Pedro, João e Paulo. Ele não foi um dos doze, no entanto.

É a confusão de identidades entre Tiago Menor e Tiago irmão de Jesus que torna praticamente impossível saber quem era quem e o que cada um fez, distintamente.

A maioria das denominações antigas, tais como a católica romana ou a ortodoxa armênia, identifica Tiago Menor e Tiago irmão de Jesus como a mesma pessoa. O raciocínio deles é complicado, contraditório e não tem o respaldo das escrituras. Trata-se essencialmente de uma tentativa de afirmar que, ao contrário do que Paulo escreveu em Gálatas sobre "Tiago, irmão do Senhor", Tiago o Justo era *primo* de Jesus. A razão para essa explicação distorcida da afirmação clara de Paulo é proteger a doutrina da virgindade perpétua de Maria, dando a entender que quando Paulo escreveu "irmão", na verdade, ele quis dizer primo. Referências obscuras na literatura grega são usadas por alguns a fim de mostrar que isso era possível.

A heresia primitiva do docetismo tentava convencer os cristãos que as relações sexuais em si eram más. A elevação posterior de Maria à posição de semideusa forçou alguns que assim pensavam a inventar do nada a ideia que os irmãos e as irmãs de Jesus talvez fossem filhos de José de um casamento anterior. Assim, Tiago irmão do Senhor se transforma em Tiago, o meio-irmão.

11. TIAGO, FILHO DE ALFEU

Porém, a esta altura, surge uma contradição ainda maior. Como poderia Tiago Menor ser filho de José e também filho de Alfeu?

A resposta que aparentemente satisfez a maioria dos eruditos das vertentes mais antigas do cristianismo foi transformar Maria, a mãe de Tiago Menor, em uma irmã de Maria, a mãe de Jesus! Isso reduz Tiago Menor ao *status* de primo de Jesus e não de meio-irmão.

> Tiago, irmão de Jesus, foi na verdade apenas isso. Ele não acreditou em Jesus antes da ressurreição. Depois de ressurgir, Jesus fez uma aparição especial a "Tiago".

Não se pode aceitar os que defendem esse ponto de vista apenas para preservar a doutrina da virgindade perpétua de Maria, mãe de Jesus. A solução deles é simplesmente impossível. O propósito dos nomes é fazer distinção entre filhos. Com o grande número de nomes disponíveis aos antigos seria improvável que houvesse duas Marias na mesma família.

Podemos estar seguros, portanto, ao presumir que Tiago, irmão de Jesus, era na verdade só isso. Há pouca dúvida de que esse Tiago não creu em Jesus antes da ressurreição, uma vez que o Novo Testamento toma o cuidado de nos dizer que Jesus fez uma aparição especial pós-ressurreição a "Tiago". Ele provavelmente era irmão de Jesus. Não se sabe quando isso aconteceu ou por que foi necessário, mas temos dois fatos interessantes: os irmãos de sangue de Jesus não creram nele antes da ressurreição, no entanto, no livro de Atos, Tiago, irmão de Jesus, é descrito como o líder da igreja de Jerusalém, ocupando uma posição superior à de Pedro e de João, na hierarquia da igreja. Paulo certamente o menciona como sendo o primeiro e único apóstolo com quem se encontrou pessoalmente três anos após sua conversão, além de Pedro.

Quando Paulo foi a Jerusalém novamente, antes de ser preso pela última vez, Tiago aparece de novo como o porta-voz dos Doze, conclamando Paulo a demonstrar sua fidelidade à lei mosaica a fim de não ofender os judeus em Jerusalém. Paulo intencionalmente se refere a esse Tiago como uma das "colunas" da igreja, juntamente com João.

Uma leitura cuidadosa mostra que Paulo estava se referindo a Tiago, irmão de Jesus, e não a Tiago Maior, visto que a esta altura Tiago Maior já havia morrido. Não é totalmente impossível que se trate de Tiago Menor já que a tendência geral das referências históricas de Paulo a Tiago, no contexto dos escritos paulinos, parecem ser a Tiago, irmão do Senhor. Foi também Tiago, irmão de Jesus, quem, sem dúvida, escreveu a epístola que leva o seu nome.

Também há uma grande quantidade de informações da tradição a respeito da vida e da morte de Tiago, irmão de Jesus, que tem sido erroneamente atribuída a Tiago Menor.

Há mais de 200 anos, o erudito inglês Dorman Newman sintetizou essa tradição:

> A oração era seu [de Tiago] trabalho e prazer constantes. Ele parecia viver dela e nada trocava, além das frequentes conversas com o céu.
>
> Durante o tempo do procurador Alvinus, o sucessor de Festus, os inimigos de Tiago decidiram eliminá-lo. Para tanto, um conselho foi rapidamente convocado, em cujas deliberações foram escalados os escribas e fariseus para preparar-lhe uma armadilha. Os líderes judeus, dizendo-se grandemente confiantes em Tiago, pediram-lhe que corrigisse o povo acerca da noção incorreta que tinham de Jesus. Para isso, o apóstolo deveria subir ao cimo do templo, de onde poderia, em sua preleção, ser ouvido por todos. Então, os fariseus e escribas instaram-lhe: "Conte-nos acerca do que instituiu Jesus, o crucificado!" Mas a população presente, ouvindo o que era dito, começou a glorificar e a bendizer a Jesus. Por sua vez, os fariseus, percebendo que se excederam e que, ao invés de instruir o povo, acabaram confirmando-o em seu suposto desvio, decidiram que não havia outra coisa a fazer senão executar a Tiago ali mesmo, de maneira que isso pudesse servir de exemplo a tantos quantos cressem em Jesus. Assim, bradando que Tiago, o Justo, tornara-se um impostor, os fariseus precipitaram-no de onde se encontrava. Embora ferido pela queda, o apóstolo não morreu, mas recobrou tanta energia quanto a necessária para por-se de joelhos e clamar aos céus por seus oponentes. Começaram, então, a cobri-lo com uma chuva de pedras, até que alguém, em sua cruel misericórdia, resolvesse esmagar seu crânio com um bastão de pisoeiro. Desta forma, expirou aquele bondoso homem, ao nonagésimo ano de sua vida [impossível, é claro], cerca de 24 anos após a ascensão de Cristo. Foi sepultado no monte das Oliveiras, numa tumba que construíra para si.[1]

---

1 Dorman Newman, *The Lives and Deaths of the Holy Apostles* [Vida e Morte dos Santos Apóstolos], 1685.

11. Tiago, Filho de Alfeu

Newman baseou essa narrativa em tradições bastante primitivas.

Tiago, irmão de Jesus, é, portanto, o proeminente Tiago na igreja de Jerusalém que foi martirizado sendo lançado do pináculo do templo e depois, sepultado no monte das Oliveiras.

Esse é o Tiago a quem os armênios e outros confundem com o Tiago Menor. De acordo com a tradição armênia, após a destruição do monastério em que o corpo do apóstolo martirizado foi originalmente sepultado, seus ossos foram removidos para a catedral de São Tiago, em Jerusalém, no monte Sião. Foram depositados debaixo do altar principal. Acredita-se que essa catedral seja o local onde a cabeça do apóstolo Tiago Maior, irmão de João, esteja sepultada.

O monastério armênio de São Tiago cobre todo o cume do monte Sião, totalizando trezentos acres, ou um sexto de toda a cidade de Jerusalém. Os restos mortais de Tiago, irmão de Jesus, foram transferidos do Vale do Cedrom no quarto século e enterrados em sua casa, cujas ruínas foram mais tarde incorporadas à catedral.

No Tesouro do Patriarcado Armênio de Jerusalém estão listados dois relicários, um deles contendo o "braço de Tiago Menor" e o outro, "os dedos de Tiago, irmão do Senhor". É mais provável que os relicários contenham ossos do mesmo homem: Tiago, irmão do Senhor.

O túmulo no vale de Cedrom, hoje chamado Gruta de São Tiago, foi originalmente o lugar onde uma família sacerdotal herodiana dos filhos de Hezir foi sepultada. No quarto século, monges que viviam naquela gruta encontraram um esqueleto que alegaram ser o de um dos apóstolos, Tiago, embora o tenham incorretamente identificado como Tiago Menor. O simples fato de ter sido encontrado no túmulo da família dos filhos de Hezir não apresenta nenhuma evidência contrária à identificação do esqueleto com Tiago, irmão de Jesus. Assim como o corpo de Jesus foi preparado por José de Arimateia, que o sepultou no túmulo da própria família, é bastante aceitável inferir que a família de Hezir tenha se compadecido, a ponto de ceder parte do jazigo da família para o sepultamento do corpo de Tiago. Esse é o esqueleto que está depositado sob o altar da catedral de São Tiago.

Uma tradição perene entre os armênios remonta ao quarto século a descoberta deste corpo. O túmulo dos filhos de Hezir está localizado do outro lado da área do pináculo do templo até hoje. A respeito de Tiago, Teodoro afirmou: "Ele foi atirado do pináculo do templo e não se machucou, então, um pisoeiro o atingiu com um bastão e ele foi sepultado no monte das Oliveiras".²

É interessante e talvez significativo que escavações recentes no exterior do muro sudoeste da Cidade Velha tenham descoberto barris de pisoeiros. Os pisoeiros eram os lavadores do primeiro século e "terra" dos pisoeiros era um tipo de sabão amplamente usado até tempos relativamente modernos. A água que vem do poço de Siloé, que não fica longe do pináculo do templo, era necessária para as lavanderias públicas de Jerusalém.

Pode-se facilmente visualizar a imagem: a multidão reunida no pináculo do templo para atirar Tiago ao seu fim, no vale, lá embaixo. Não muito distante dali, pisoeiros se amontoam segurando nas mãos os bastões que usavam para bater as roupas. Envolvidos pela fúria da multidão, assim que Tiago foi jogado e caiu, esmagaram o crânio do apóstolo já idoso. Os compassivos membros dos filhos de Hezir, uma família de sacerdotes, oferecem um nicho em sua ampla sepultura. Não longe do lugar onde foi morto, jaz o corpo quebrado do irmão de Jesus. Em pé, diante da entrada de seu túmulo, no íngreme muro oeste dos declives mais baixos do monte das Oliveiras, o visitante de hoje consegue facilmente reviver toda a terrível cena do martírio e sepultamento de Tiago.

Seria muito útil para um estudo crítico como esse se Tiago, o irmão de Jesus, fosse de fato identificado com certeza e aceito como Tiago Menor, mas isso simplesmente não é possível para eruditos sérios.

O que teria sido de Tiago Menor, então?

> A mãe de Tiago foi uma fiel seguidora de Jesus, juntamente com Maria, mãe de Jesus, durante toda sua trajetória até a Cruz.

O fato de Tiago, filho de Alfeu, constar nas diversas listas de apóstolos, dá a impressão de se tratar mais que um agrupamento arbitrário ou casual. Tiago é alistado com Simão Zelote. Judas, filho de Tiago Maior, também é citado como zelote nas *Constituições Apostólicas*. A citação em dois dos antigos manuscritos dessa obra o descreve assim: "Tadeu também chamado Lebeus, cujo sobrenome era Judas, o Zelote".³

A quarta figura na lista apostólica é Judas Iscariotes. Ele também deve ter sido um zelote, de acordo com Barclay.⁴

---
2 Judith Erickson, *Dome of the Rock [Catedral da Rocha]* (Jerusalém: Israel Publication Services, Ltd., 1971).
3 William Barclay, *The Master's Men [Os Homens do Mestre]*, p. 115.
4 Ibid.

11. TIAGO, FILHO DE ALFEU

Porém, é bastante evidente que se trata apenas de especulação no que diz respeito a Tiago, filho de Alfeu. Sua mãe era uma fiel seguidora de Jesus. Juntamente com Maria, mãe de Jesus, e outras mulheres piedosas, ela devotou-se a seguir Jesus durante toda sua trajetória até a Cruz. Diante dessa destacada consagração ao Mestre, não se sabe: teria sido Maria quem influenciou o filho para o discipulado cristão, ou vice-versa? Mas uma coisa é certa: se Tiago, filho de Alfeu, foi de fato um zelote durante sua juventude idealista, ele logo abandonou o movimento e se tornou um fervoroso cristão.

Um dos primeiros historiadores da igreja, Hegésipo, citado por Eusébio, escreveu em 169 d.C. que Tiago teria vivido como nazireu, tanto antes como depois de se tornar discípulo de Jesus. Sua austeridade e seus hábitos ascéticos não lho permitiam fazer a barba, nem tampouco banhar-se. Mesmo seu vestido de linho, o único que possuía, não podia ser lavado. Tiago não fazia uso de bebidas alcoólicas, nem de carne, exceção feita ao cordeiro pascal. Tão longos e frequentes eram os períodos nos quais se dedicava à oração e à intercessão que — segundo o historiador — seus joelhos tornaram-se grossos como os de um camelo. [Essas lendas (bastante improváveis e que na verdade soam como um eco dos primeiros dias monásticos muito mais do que daqueles do século primeiro) conferiram ao apóstolo o título de "Tiago, o Justo".] Eusébio vai mais longe ao afirmar que, de tão santo, Tiago era venerado igualmente por cristãos e judeus (que tentavam tocar a orla de suas vestes pelas ruas), sendo o único dentre os crentes a ter acesso ao Santo dos Santos.

É difícil separar o verdadeiro do fantasioso nessa descrição de Tiago Menor herdada de Hegésipo. Primeiramente, porque a designação de "Tiago, o Justo" parece se encaixar com mais propriedade a Tiago, irmão de Jesus. Em segundo lugar, porque se sabe muito bem que a ninguém era permitido adentrar o Santo dos Santos — não importando quão santa fosse a vida do suposto pretendente — a não ser o sumo sacerdote, no dia da expiação, conforme os ditames mosaicos. Por último, não há registro a respeito de nenhum dos outros apóstolos quanto à abstinência de qualquer alimento ou de outras práticas ascetas. Tal atitude seria contrária às tradições judaicas bem como às dos crentes primitivos. Sentimos que não há nada nessa descrição que se encaixe adequadamente a Tiago, filho de Alfeu.

Uma tradição ainda mais interessante e, talvez mais plausível, é preservada nas *Legendas Áureas*, uma compilação de sete volumes sobre a vida dos santos, elaborada por Jacobus de Voragi-

> Segundo uma tradição, Tiago de tal sorte se assemelhava a Jesus que era difícil distinguir um do outro.

ne, arcebispo de Gênova, em 1275 d.C. Ali, relata-se que Tiago de tal sorte assemelhava-se a Jesus, no corpo, no semblante e na conduta, que era trabalhoso distinguir-se um do outro. O beijo de Judas no Jardim do Getsêmani, de acordo com esta tradição, tornou-se necessário para se certificar que Jesus, e não Tiago, teria sido feito prisioneiro.[5]

Se a piedosa Maria, mãe de Tiago, era prima de Maria, mãe de Jesus, o Senhor e o apóstolo seriam primos em segundo grau, sendo a semelhança entre os dois devido a essa relação de parentesco. Porém, jovens de mesma etnia usando barba, com frequência apresentam semelhanças. Porém, ainda que não se saiba ao certo se Jesus usava barba, é possível que tenha havido uma semelhança no rosto de ambos. Com base nessa tradição, as imagens de Tiago em pinturas da arte cristã primitiva geralmente são belas. Por causa da singeleza e harmonia dos traços – cheios de beleza espiritual e intelectual – com que o apóstolo é representado, fica fácil reconhecê-lo nas primeiras imagens existentes dos Doze.

Entretanto, apesar dessa proposta da tradição nos levar a inferir que Jesus era um homem fisicamente belo, devemos discordar desse conceito. Não há qualquer indício neotestamentário que sustente tal argumento. A única referência bíblica à aparência de Jesus encontra-se em Isaías 53.2, onde vemos a anunciação profética que retratou o Messias: "Ele não tinha qualquer beleza ou majestade que nos atraísse, nada em sua aparência para que o desejássemos".

Em tudo isso, porém, talvez possamos detectar uma pequena parcela de verdade. O rosto de Tiago, filho de Alfeu, pode de fato ter tido alguma semelhança com o rosto de Jesus. Essas tradições preservadas ao longo dos tempos geralmente contêm ao menos algum traço de verdade.

Apesar de ter confundido Tiago Menor com Tiago, irmão de Jesus, o escritor Aziz S. Atiya em sua *História do Cristianismo no Oriente* relata a única tradição plausível. Segundo ele: "As sementes do cristianismo sírio foram lançadas em Jerusalém durante a era apostólica, e afirma-se que o primeiro bispo da igreja síria teria sido ninguém menos do que São Tiago dos Doze Apóstolos, identificado como 'São Tiago Menor'".[6]

De acordo com o estudo feito por E. A. Wallis Budge, Tiago foi apedrejado pelos judeus por pregar a Cristo e foi sepultado no Santuário em

---

5   Asbury Smith, *The Twelve Christ Chose [Os Doze que Cristo Escolheu]* (New York: Harper & Brothers, 1958), pp. 116-117.
6   Aziz S. Atiya, *A History of Eastern Christianity [História do Cristianismo no Oriente]* (London: Methuen & Co. Ltd., 1968), p. 239.

Jerusalém.⁷ A esta altura, devemos especular como e quando o corpo de Tiago Menor foi descoberto em Jerusalém e levado a Constantinopla, onde foi depositado na Igreja dos Santos Apóstolos. Esse traslado pode ter acontecido no reinado de Justiniano. Segundo Gibbon, Justiniano reconstruiu a Igreja dos Santos Apóstolos que fora construída por Constantino, o Grande, no ano 332 em Constantinopla.⁸ Justiniano tinha um grande interesse em história bíblica e comparava essa construção de Santa Sofia com o templo de Salomão.⁹

Na era da busca desenfreada pelas relíquias dos cristãos primitivos – especialmente dos apóstolos – é bem possível que o corpo identificado como sendo de Tiago Menor tenha sido levado da Palestina para Constantinopla para aumentar o vínculo da Igreja Ortodoxa Oriental e do império com os apóstolos. Isso é algo que não se pode comprovar, porém, é bastante provável, visto que a palavra de Justiniano era lei em todo o Oriente Médio, e os clérigos ansiavam por agradá-lo.

A Igreja armênia em Jerusalém, já na época de Justiniano, afirmava possuir o corpo de Tiago, irmão de Jesus, a quem erroneamente identificaram como Tiago Menor.

Justiniano provavelmente teria respeitado tal declaração e deixado o corpo de Tiago, irmão de Jesus, em Jerusalém, embora discordasse de sua identificação como corpo de Tiago Menor. Não se sabe por que mais tarde ele teria enviado o corpo, ou partes dele, para Roma. Talvez fosse algum acordo político na tentativa de manter a estabilidade de sua aliança com Roma.

O corpo de Tiago, filho de Alfeu, foi levado de Constantinopla para Roma em 572¹⁰ d.C. Ali foi solenemente sepultado pelo Papa João III, na então Igreja dos Apóstolos Filipe e Tiago Menor. Foi somente no décimo século que essa igreja passou a ser denominada Igreja dos Santos Apóstolos.

Os arqueólogos que examinaram as partes inferiores da atual igreja em Roma afirmam que a estrutura é obra do século sexto e sem dúvida, a mesma que foi construída pelo Papa João III. A igreja original foi dedicada em primeiro de maio de 560 d.C. Os ossos de Filipe provavelmente foram enterrados nessa mesma data, e mais tarde os ossos de Tiago também foram ali depositados. Posteriormente, os restos mortais de outros apóstolos foram acrescentados, onde permanecem, podendo ser visitados até hoje.

---

7   E. A. Wallis Budge, *The Contending of the Apostles*, pp. 264-266.
8   Edward Gibbon, *The Decline and Fall of the Roman Empire [O Declínio e a Queda do Império Romano]* (New York: Random House, Inc., sem data de publicação), p. 510.
9   Ibid., p. 508.
10 Mary Sharp, *A Traveller's Guide to Saints in Europe*, sem número de página.

Capítulo Doze

JUDAS TADEU

Depois do seu sofrimento, Jesus apresentou-se a eles e deu-lhes muitas provas indiscutíveis de que estava vivo. Apareceu-lhes por um período de quarenta dias falando-lhes acerca do Reino de Deus. – Atos 1.3

Há alguns homens mencionados no Novo Testamento cujos nomes eram Judas, pois Judas era simplesmente a forma grega para "Judah", provavelmente o nome mais comum entre os judeus. "Jude" é a forma latina para Judá.

Jerônimo chamou este Judas de "Trionius" que significa: o homem com três nomes. No Evangelho de Mateus ele é chamado de "Lebbaeus [Lebeu]" cujo sobrenome era "Tadeu" (Mateus 10.3). No Evangelho de Marcos ele é chamado de "Tadeu" (Marcos 3.18). Em Lucas 6.16 e em Atos 1.13 ele é chamado de "Judas (filho de Tiago)".

A identificação correta deste Judas é extremamente complicada, não somente devido aos três nomes com os quais os registros bíblicos o apresentam, mas também pela enigmática referência a ele dirigida como o "filho de Tiago". Poderíamos falar muito mais acerca dele se soubéssemos exatamente quem foi esse Tiago.

As versões católico-romanas das Escrituras preferiram traduzir a referência em Lucas 6.16 como "irmão de Tiago". No entanto, as versões revisadas geralmente concordam que ele era o filho do homem chamado Tiago. Em grego, meramente diz: "Judas de Tiago", porém, o significado comum para essa expressão é "filho de".

O que torna a identificação deste apóstolo ainda mais complexa é o fato de que há outros dois personagens no Novo Testamento cujos nomes

12. JUDAS TADEU

eram Judas. Há o Judas Iscariotes, aquele que traiu Jesus, e Judas, o meio-irmão de Jesus, provavelmente o autor da epístola de Judas. Nesta epístola, o autor identifica-se como o "irmão de Tiago". Acredita-se que sua modéstia o impediu de declarar Jesus como seu irmão de sangue, mas é muito provável que ele seja o filho mais novo de José e Maria.

No entanto, o "Judas, filho de Tiago" que estamos considerando aqui era provavelmente o filho de Tiago Maior, o filho de Zebedeu. Esta identificação está baseada no seguinte argumento: (1) Este Judas era o filho de Tiago. (2) Era muito difícil que ele fosse o filho de Tiago, o irmão de Jesus, já que Tiago era provavelmente mais novo que Jesus e seria impossível para ele ter um filho com idade suficiente para ser apóstolo. Além disso, todas as tradições antigas descrevem Tiago, o irmão de Jesus, como um homem santo que provavelmente era um asceta e, portanto, solteiro. (3) Tiago Menor era filho de Alfeu, irmão de Mateus, José e Salomé.

> O nome Tadeu pode ser um diminutivo de Teudas ou Teodoro que significa "querido" ou "amado", aquele próximo ao coração daquele que lhe deu o seu nome.

Se esse título, Tiago Menor, na verdade significar "Tiago, o mais Novo", se faz necessário questionar: Mais novo do que quem? Obviamente, mais novo que Tiago Maior. Poderia, portanto, um homem claramente declarado como o mais jovem dentre os dois Tiagos ter um filho com idade suficiente para ser um apóstolo? Só nos resta, portanto, Tiago Maior, às vezes chamado de ancião, como o pai de Judas. Se for assim, então, podemos claramente identificar Judas Tadeu Lebeu como o neto de Zebedeu e o sobrinho do apóstolo João.

O nome Tadeu pode ser um diminutivo de Teudas ou Teodoro, derivado do substantivo aramaico *tad* que significa "peito" e que significaria "querido" ou "amado", isto é, aquele próximo ao coração daquele que lhe deu o seu nome.

O outro nome, Lebeu, pode ser uma derivação do substantivo hebraico *leb*, que significa coração, e neste caso carregaria o mesmo significado que o nome Tadeu.[1]

---

[1] Ver *Encyclopaedia Brittanica [Enciclopédia Britânica]*, vol. II, p. 120.

Antigas Tradições Cristãs sobre São Judas

O Evangelho dos Ebionitas mencionado por Orígenes diz que Judas estava entre aqueles que receberam o chamado para seguir Jesus no mar de Tiberíades. Na obra *Genealogies of the Twelve Apostles [Genealogias dos Doze Apóstolos]* Judas foi declarado como sendo da casa de José. De acordo com o *Book of the Bee [Livro de Bee]*, ele era da tribo de Judá (é, portanto, mais provável que se Judas era o filho de Tiago Maior, ele era da tribo de Judá – ed.).

Outro documento apócrifo chamado *The Belief of the Blessed Judas the Brother of Our Lord Who Was Surnamed Thaddaeus [A Crença do Abençoado Judas, Irmão do Nosso Senhor que recebeu o Sobrenome Tadeu]* descreve sua missão na Síria e em Dácia e o indica como um dos Doze. O livro apócrifo *The Acts of St. Peter [Os Atos de São Pedro]* descreve aquele apóstolo nomeando Judas para pregar "sobre a ilha da Síria e Edessa". Fica óbvio a esta altura que estamos diante de uma corruptela na tradução, já que não existe nenhum lugar denominado "a ilha da Síria". A Síria não é uma ilha e sua capital é Damasco.

A solução sugestiva para isso é que Damasco é uma "ilha" de verde, isto é, um oásis num "mar" de areia e deserto. Além disso, quando o apóstolo Paulo foi batizado, isto se deu em Damasco, pelas mãos de um cristão chamado Ananias. Paulo (então Saulo) estava hospedado na "casa de Judas", uma pessoa a respeito de quem não sabemos nada, exceto por esta única referência (Atos 9.11). Certamente, esta é uma evidência muito frágil sobre a qual um escritor apócrifo pode criar sua lenda, no sentido de que Pedro tenha indicado Judas para ser missionário na "ilha da Síria". Porém, esta obscura referência das Escrituras sobre um Judas em Damasco e o fato de que a palavra "oásis" poderia significar uma "ilha" de fertilidade num deserto infértil, pode ter sido suficiente para o surgimento da lenda. O Judas de Damasco não é São Judas, porém, a referência pode ter ajudado na associação de São Judas com a Síria.

Quando se trata da referência à cidade chamada Edessa, estamos, certamente, em solo mais firme, já que existem muitas referências de tradições associando Judas com aquela parte da Armênia da qual Edessa era a principal cidade.

A obra *Acta Thaddaei [Os Atos de Tadeu]* mencionada por Tischendorf[2] refere-se a Tadeu como um dos Doze e também como um dos Setenta;

---

2 Constantin Von Tischendorf, *Acta Apostolorum Apocrypha* (1851), p. 261.

Eusébio faz o mesmo. Jerônimo, entretanto, identifica o mesmo Tadeu com Lebeu e "Judas de Tiago".

Um livro publicado pela Igreja Oriental na Índia contém uma declaração que confirma a ida de Judas de Jerusalém para o oriente. Esta igreja declara que o fermento usado no pão da Ceia é feito a partir do "Fermento Santo"... uma porção do pão original usada por Cristo na Última Ceia trazida ao oriente pelo apóstolo Tadeu. E é também usada em todas as Santas Ceias, já que o pão usado é feito com o mesmo pão usado na primeira Ceia do Senhor. O mesmo livro declara: "A liturgia apostólica de São Judas de Jerusalém, irmão do nosso Senhor que celebrou a primeira *Qurbana* ou Santa Ceia, ainda é realizada na Igreja do Oriente, sem variação ou mudança. É conhecida entre nós pelos nomes dos santos "Addai" [St. Jude Thaddaeus – ed.] e Mari, que trouxeram a liturgia de Jerusalém para Edessa".[3]

Apesar do encanto dessa tradição, ela apresenta pelo menos um problema. O pão da Ceia do Senhor não poderia ter sido feito com fermento, já que a primeira Ceia do Senhor ocorreu em celebração à Páscoa, na qual a Lei Mosaica ordenava que fosse usado pão sem fermento (Êxodo 12.15). Portanto, não podemos aceitar a tradição que Tadeu (Judas) tivesse trazido o fermento ou a massa azedada da original Ceia do Senhor. Todavia, o nome da cidade de Edessa aparece em conexão com Tadeu (Judas) e isso, pelo menos, demonstra a continuação histórica daquela associação.

Um historiador da igreja primitiva, Nicéforo Calixto (His. Eccl., 240) nos diz como Tadeu (Judas) pregou na Síria, Arábia, Mesopotâmia e Pérsia. Ele acrescenta que Tadeu (Judas) sofreu o martírio na Síria.

São Judas e a Igreja da Armênia

A associação entre a Igreja da Armênia com os apóstolos é um dos fatos mais concretos da tradição histórica cristã pós-bíblica. Judas é constantemente associado como um dos cinco apóstolos que visitou a Armênia e evangelizou a região. A Armênia tornou-se a primeira nação cristã do mundo. O cristianismo foi oficialmente proclamado no ano 301 d.C., como a religião nacional da Armênia. O Rei Tiridates e toda a nobreza de seu país foram batizados por São Gregório, o Iluminador. Ao escrever sobre a história da Igreja da Armênia, Assadour Antreassian declara:

---
3 Souvenir of India, p. 125.

> Judas é constantemente associado como um dos cinco apóstolos que visitou a Armênia e evangelizou a região. A Armênia se tornou a primeira nação cristã do mundo.

Portanto, todas as igrejas cristãs aceitam a tradição de que o cristianismo foi pregado na Armênia pelos apóstolos Tadeu e Bartolomeu, durante a primeira metade do primeiro século, quando os apóstolos de Cristo estavam cumprindo a ordem de pregar o Evangelho – em Jerusalém e em toda a Judeia e Samaria e até aos confins da terra – (Atos 1.8). A Armênia esteve entre os primeiros países a responder tão prontamente ao chamado de Cristo. Portanto, os apóstolos mencionados acima se tornaram os primeiros iluminadores da Armênia. A cronologia geralmente aceita dá um período de oito anos para a missão de São Tadeu (35-43 d.C.) e 16 anos para a missão de São Bartolomeu (44-60 d.C.), ambos sofrendo o martírio na Armênia (Tadeu em Ardaze no ano 50 d.C. e Bartolomeu em [Derbend] no ano 68 d.C.).[4]

Antreassian ao escrever sobre a organização da Igreja Armênia, faz a seguinte declaração: "Como cabeça da Igreja Armênia, os católicos de todos os armênios em Etchmiadzin são considerados os sucessores dos apóstolos Tadeu e Bartolomeu".

Em sua confiável *History of Eastern Christianity* [*História do Cristianismo Oriental*], Aziz S. Atiya aborda, com limites, as origens e o desenvolvimento do cristianismo armênio, porém, o que se vê é um reflexo claro desta tradição:

> É concebível que a Armênia, por causa da sua proximidade à Palestina, a principal fonte da fé em Jesus, pode ter sido visitada pelos primeiros protagonistas do Cristianismo, apesar de ser difícil definir a extensão da abrangência dessa nova religião entre seus habitantes. Historiadores armênios ortodoxos como Ormaniano, lutaram para defender a continuidade da sucessão apostólica de sua igreja. Para ele os "Primeiros Iluminadores da Armênia" foram São Tadeu e São Bartolomeu, cujos relicários ainda permanecem nas igrejas de Artaz (Macoo) e Alpac (Bashkale) no sudeste da Armênia e sempre foram venerados pelos armênios. Uma tradição popular entre eles atribui a primeira evangelização da Armênia ao apóstolo Judas Tadeu que,

---

4 Assadour Antreassian, *Jerusalem and the Armenians* [*Jerusalém e os Armênios*] (Jerusalem: St. James Press, 1969), p. 20.

12. Judas Tadeu

de acordo com a cronologia deles passou os anos de 43 a 46 d.C. em "Derbend".

Portanto, de acordo com a tradição armênia, Tadeu tornou-se o primeiro patriarca da igreja da Armênia, que assim tornou-se tanto apostólica quanto independente. Outra tradição atribui à Sé de Artaze a linha dos sete bispos de nomes conhecidos, cujos episcopados remontam ao segundo século. Além disso, os anais da martirologia armênia referem-se a um grande número de mártires na era apostólica. Há o registro de mil vítimas, incluindo homens e mulheres de descendência nobre, que perderam suas vidas ao lado de São Tadeu, enquanto outros pereceram junto a São Bartolomeu.

É interessante notar que a história apócrifa do rei Abgar com o Nosso Senhor foi confirmada por alguns escritores nativos como tendo ocorrido na Armênia. Com isso, pretendia-se salientar a antiguidade daquela religião entre os seus patriarcas.

Embora seja difícil confirmar ou refutar a historicidade de tais lendas tão preciosas ao coração dos armênios, pode-se supor, a partir de escritores contemporâneos, que havia cristãos na Armênia antes do advento de São Gregório, o Iluminador, o apóstolo do quarto século do cristianismo armênio. Eusébio de Cesareia (Ca. 260-340 d.C.) refere-se aos armênios em sua *Ecclesiastical History [História Eclesiástica]* em duas ocasiões. Primeiro, ele menciona o fato de Dionísio da Alexandria (d. Ca. 264), pupilo de Orígenes, ter escrito uma epístola aos armênios denominada "On Repentance [Sobre o Arrependimento]"..., cujo bispo era Meruzanes. Em uma segunda ocasião, falando sobre a perseguição do Imperador Maximiniano de 311-313, ele diz que "o tirano tinha também o problema da guerra contra os armênios, homens que desde os tempos remotos tinham sido amigos e aliados dos romanos; mas como eles eram cristãos e excessivamente fervorosos em sua piedade com relação à Divindade, este inimigo de Deus [i.e., Maximiniano] pela tentativa de compeli-los ao sacrifício de ídolos e demônios, fez deles adversários em vez de amigos e inimigos em vez de aliados". Apesar deste segundo episódio ter ocorrido durante a vida de Gregório, o Iluminador, não há dúvidas quanto a antiguidade da primeira referência aos armênios.

Além disso, se crermos no argumento relatado por Ormaniano e por outros historiadores armênios nativos sobre a citação do segundo século de Tertuliano, é preciso admitir que o cristianismo não era desconhecido naquela região num período tão remoto.⁵

Em um livro publicado por cristãos armênios em Jerusalém, chamado *The Armenian Patriarchate of Jerusalem [O Patriarcado Armênio de Jerusalém]*, a tradição armênia de São Judas é descrita como natural por causa da antiga associação da Armênia com a Terra Santa:

> O amor indestrutível e eterno e a veneração dos armênios pela Terra Santa têm seu início no primeiro século da Era Cristã quando o cristianismo foi trazido à Armênia diretamente da Terra Santa por dois dos apóstolos de Cristo: São Tadeu e São Bartolomeu.
>
> A antiga conexão com Jerusalém devia-se naturalmente à antiga conversão da Armênia. Mesmo antes do descobrimento dos Lugares Santos, os armênios, assim como outros cristãos de países vizinhos, vieram à Terra Santa pelas estradas romanas ou por outras estradas para venerar os lugares que Deus havia santificado. Eles viveram em Jerusalém e adoravam no Monte das Oliveiras.
>
> Após a declaração de Constantino, conhecida como o Édito de Milão e da descoberta dos lugares santos, os peregrinos armênios afluíam em grande número à Palestina durante o ano todo. O número de igrejas e monastérios armênios, bem como sua importância, aumentou ano após ano.⁶

Uma das referências mais incomuns à associação de Judas (Tadeu) com a Armênia é encontrada em *Treasures of the Armenian Patriarchate of Jerusalem [Tesouros do Patriarcado Armênio de Jerusalém]*. "Os tradicionais fundadores da igreja da Armênia foram os apóstolos Tadeu e Bartolomeu, cujas tumbas são exibidas e veneradas na Armênia como relicários sagrados. Durante o período entre as origens apostólicas da igreja da Armênia e o início do quarto século, quando o país como um todo adotou o cristianismo, houve bispos armênios cujos nomes são mencionados por historiadores antigos".⁷

A associação de Judas com a Pérsia, onde situa-se parte da antiga Armênia hoje (as outras partes estão na Turquia e na [antiga] União Soviética), é reconhecida pela tradição católico-romana como segue: "São Judas pregou por toda a Samaria, em Edessa e na Mesopotâmia e penetrou até a Pérsia

---

5   Aziz S. Atiya, *History of Eastern Christianity [História do Cristianismo Oriental]*, pp. 315-316.
6   *Armenian Patriarchate of Jerusalem [Patriarcado Armênio de Jerusalém]*, p. 3.
7   Arpag Mekhitarian: *Treasures of the Armenian Patriarchate of Jerusalem [Tesouros do Patriarcado Armênio de Jerusalém]*, catalogue n. 1 (Jerusalem: Helen and Edward Mardigian Museum, Armenian Patriarchate, 1969), p. 3.

onde foi martirizado com um dardo ou com lanças ou ainda amarrado numa cruz. Ele é representado nas artes sacras como um jovem ou um homem de meia-idade. Suas relíquias estão bastante espalhadas. Algumas estão na igreja de São Pedro, em Roma, e outras na Igreja de São Saturnino, em Tolosa, Espanha".[8]

Há um misto de tradições sobre a morte e lugares de sepulcro associado a Judas. Em *The International Standard Bible Encyclopaedia* [Enciclopédia Bíblica Internacional Padrão], C. M. Kerr diz que o sepulcro de Tadeu está localizado em diferentes lugares em Beirute e no Egito.[9] Entretanto, em 1971, investiguei cuidadosamente estas afirmações e não encontrei nenhuma evidência de nenhuma tradição egípcia para a tumba de São Judas e não há nenhum conhecimento em Beirute a respeito de tal associação. Quando consultei líderes tanto da Igreja Católica como da Igreja Ortodoxa Síria no Líbano, não encontrei nenhuma indicação de que houvesse tal tradição lá, hoje.

Por outro lado, os líderes da igreja Assíria, assim como o general do exército iraniano, me informaram durante uma visita à Teerã, em 16 de outubro de 1971, que a tumba original de Judas (Tadeu) estava numa pequena vila chamada Kara Kelisa perto do mar Cáspio, a cerca de 60 quilômetros de Tabriz, território iraniano, próximo à fronteira da [antiga] União Soviética. Este poderia muito bem ser o local original da tumba de Judas, conquanto seja provável que, a fim de manter as relíquias a salvo das invasões de Genghis Khan, elas tenham sido levadas ao Ocidente e espalhadas desde Roma até a Espanha. A enorme tumba construída para estas relíquias na Basílica de São Pedro, em Roma, localizada diretamente ao sul do altar principal em uma área ao lado, atesta firmemente a crença das autoridades católicas que algumas das relíquias genuínas de Judas estão verdadeiramente lá em Roma até o dia de hoje.

A Biografia de Judas

Sujeito às correções de futuras descobertas, o seguinte esboço biográfico pode ser deduzido a partir das tradições e descobertas disponíveis.

Judas era o filho de Tiago, o ancião, e neto de Zebedeu. Descendia da tribo de Judá, condizente a um homem cujo nome é a forma grega de Judá. Seguiu, provavelmente, os passos de seu pai para ingressar no círculo dos

---

8   Mary Sharp, *Traveller's Guide to Saints in Europe* [Guia de Turismo aos Santos na Europa], p. 129.
9   C. M. Kerr, *The International Standard Bible Encyclopaedia* [Enciclopédia Bíblica Internacional Padrão], p. 2.964.

> A única pergunta de Judas a Jesus – "Senhor, mas por que te revelarás a nós e não ao mundo?" – acredita-se que esta tenha sido a última pergunta que qualquer discípulo tenha feito a Jesus.

apóstolos, nos arredores de Cafarnaum, onde trabalharam como pescadores. Ele pode ter tido uma aliança próxima com os Setenta que também eram discípulos de Jesus. Todavia, ele também ocupou uma posição firme como um dos Doze.

Judas é mencionado na Bíblia fazendo uma única pergunta a Jesus: "Senhor, mas por que te revelarás a nós e não ao mundo?" (João 14.22).

Muitos estudiosos acreditam que esta tenha sido a última pergunta feita a Jesus por um discípulo antes dele começar sua vigília de oração no Getsêmani, cujo desfecho foi a captura de Jesus pelos oficiais dos sumo sacerdotes.

Jesus respondeu a Tadeu: "Se alguém me ama, obedecerá à minha palavra. Meu Pai o amará, nós viremos a ele e faremos morada nele". (João 14.23).

Após a ressurreição, Tadeu é listado no rol oficial dos apóstolos (Atos 1.13). Ele estava presente no dia de Pentecostes. Sem dúvida, foi um dos primeiros apóstolos a deixar Jerusalém e partir para outro país. Se houver pelo menos um pouco de verdade na lenda de Abgar, Judas tornou-se um dos primeiros apóstolos a testemunhar diretamente a um rei estrangeiro, um gentio. Não há nenhuma razão séria para duvidarmos que Judas tenha realmente evangelizado aquela região da Armênia associada à cidade de Edessa, talvez na companhia de Bartolomeu e por um breve período com Tomé.

Pode-se também acreditar que ele gastou seus anos de esforço evangelístico na Síria e no nordeste da Pérsia. É possível que ele tenha morrido lá e tenha sido originalmente sepultado em Kara Kelesia. É possível também que mais tarde, parte – ou todo seu corpo – tenha sido removido para protegê-lo da ameaça de invasão pelos mongóis. É ainda possível acreditar que as importantes relíquias de São Judas possam ser agora encontradas em Roma ou em Tolosa, na Espanha.

Outro apóstolo com quem ele é frequentemente associado é Simão Zelote. Dizem que os ossos de Judas estão misturados aos de Simão em uma tumba no Vaticano. A tradição persa é que ambos foram mortos aproximadamente na mesma época ou possivelmente juntos.

Capítulo Treze

SIMÃO, O CANANEU

Simão, o Zelote, provavelmente fazia parte dos zelotes, um partido político radical que trabalhava pela derrubada violenta do governo romano em Israel.
– The Life Application Study Bible

Simão, também chamado de Cananita ou Cananeu ou ainda Zelote (em grego Kanaios), em várias referências do Novo Testamento: "O Cananita" (Mateus 10.4; Marcos 3.18, AV [*Authorized Version* – Versão Autorizada: King James]) ou "O Cananeu" (Mateus 10.4; Marcos 3.18, RSV [*Revised Standard Version* – Versão Revisada Padrão]) ou Zelote (Lucas 6.15; Atos 1.13, AV [Versão Autorizada] ou "O Zelote" (Lucas 6.15; Atos 1.13, RSV [Versão Revisada Padrão]).

De acordo com o *Evangelho dos Ebionitas* ou *Evangelho dos Doze Apóstolos* (do segundo século e mencionado em Orígenes), Simão recebeu seu chamado para o apostolado junto com André e Pedro, os filhos de Zebedeu, Tadeu e Judas Iscariotes no mar de Tiberíades (ver também Henneke, *Neutestamentliche Apokryphen*, pp. 24-27).

O escritor medieval Dorman Newman (1685), deu o seguinte relato a respeito de Simão, o Zelote:

> Ele teve sua viagem desviada para o Egito, Cirene, África, Mauritânia e Líbia. Nem o clima frio poderia imobilizar seu zelo ou impedi-lo de navegar até as Ilhas Ocidentais, até mesmo a Britânia. Dizem que ali ele pregou e realizou muitos milagres e após intermináveis problemas e dificuldades pelos quais passou, sofreu o martírio por sua fé em Cristo, sendo crucificado pelos infiéis e sepultado entre eles.

Outros, na verdade, afirmam que após ter pregado o Evangelho no Egito, ele foi para a Mesopotâmia, e lá conheceu o apóstolo São Judas com quem seguiu sua viagem para a Pérsia, tendo ganhado um considerável número de pessoas para a fé cristã; ambos foram coroados com o martírio. Isto, porém, é aceito por todos os homens instruídos como uma fábula, os quais desejam que todo fundamento claro na Antiguidade se estabeleça.[1]

A igreja Copta do Egito afirma que Simão "foi ao Egito, África, Britânia e morreu na Pérsia".[2]

> A igreja copta do Egito afirma que Simão "foi ao Egito, África, Britânia e morreu na Pérsia".

Otto Hophan, em seu livro *The Apostles [Os Apóstolos]* diz: "Uma terceira opinião geral que, mais tarde, comentaristas gregos seguiram foi que Simão realizou seu trabalho apostólico no nordeste da África, Mauritânia e até mesmo na Britânia".[3]

Os estudos exaustivos dos Bolandistas registram que "Alford em seus anais da igreja britânica aceita que o apóstolo veio à Britânia, pois Eusébio diz: 'Certamente, mais tarde, apóstolos pregaram na Britânia'".[4]

De acordo com os Bolandistas, o braço de São Simão foi dado por um bispo persa ao convento *Premonstrarian* em Trier, mas foi preservado no mosteiro da igreja de São Norberto, na cidade de Cologne [Colônia], Alemanha.[5] Este mosteiro parece ter sido destruído pelo bombardeio da cidade de Colônia durante a Segunda Guerra Mundial. Ao fazer uma investigação mais detalhada em 1971, não encontrei nenhum vestígio desse mosteiro.

Em seu livro *The Christian Centuries [Os Séculos Cristãos]*, Jean Danielou revela que o cristianismo tinha de fato penetrado em toda a costa do norte da África.

O cristianismo foi provavelmente implantado em Cartago no final do primeiro século, ao contrário ficaria difícil explicar como a cidade tinha uma vasta população cristã na era de Tertuliano. "Enchemos seus quarteirões, seus mercados, seus anfiteatros," escreve em sua *Apologética*. O conselho de Cartago, no ano 216, foi assistido

---

1 Dorman, Newman, *The Lives and Deaths of the Holy Apostles [A Vida e a Morte dos Doze Apóstolos]*, p. 94.
2 Alkhrida, *Precious Jewels [Joias Preciosas]* (Egypt: Coptic Church, 1915), p. 56.
3 Otto Hophan, *The Apostles [Os Apóstolos]* (London: sands & Co., 1962), p. 285.
4 Eusebius, Demonstration Evang [Eusébio, Demonstração Evang.], citado em *The Bollandistes [Os Bolandistas]*, vol. 12 (Paris: Society of Bollandistes, Acta Sanctorium De. S. Simone Apostolo ET Martire, 1867), pp. 421-426. Capítulo 5, Seção 112, Livro 3 é citado.
5 Ibid., p. 428.

por 71 bispos africanos, porém nada sabemos sobre como o Evangelho foi pregado.⁶

A importância da presença do cristianismo em Cartago para a nossa história sobre as viagens de Simão é que os registros históricos e as tradições indicam que Simão viajou em direção ao oeste de Jerusalém até a Mauritânia, que era o nome de um dos países do norte da África. Sua viagem provavelmente incluiu Cartago. Essa tradição foi mencionada no *The Popular and Critical Bible Encyclopaedia* [Enciclopédia Bíblica Popular e Crítica]:

> Essas tradições, no entanto, apontam um destino diferente para este Simão, alegando que ele pregou o Evangelho em todo o norte da África, do Egito à Mauritânia e depois prosseguiu para as áreas remotas das Ilhas da Britânia.⁷

As Tradições sobre Simão na Britânia

Há uma longa e difundida tradição que liga várias figuras apostólicas à Grã-Bretanha. Mais tarde, vamos mostrar que isso era completamente possível. Se Tomé pôde viajar ao leste da Índia, certamente outros apóstolos poderiam ter viajado ao nordeste da Britânia. Seria muito estranho se alguns deles não o fizessem. Dorman Newman, em seu livro sobre a vida dos apóstolos, apresenta-nos a seguinte tradição:

> São Simão permaneceu em adoração e comunhão com os outros apóstolos e discípulos de Cristo em Jerusalém; e durante a Festa do Pentecostes recebeu o mesmo milagroso dom do Espírito Santo; portanto, ele estava igualmente qualificado como o restante dos seus irmãos para ministrar o Evangelho. E não podemos duvidar que ele tenha exercido seus dons com zelo e fidelidade; porém, em que parte do mundo ele o fez, não está muito claro. Alguns dizem que ele foi ao Egito, Cirene e África e por toda a Mauritânia, pregando o Evangelho naqueles países remotos e bárbaros. E, se dermos crédito aos nossos próprios autores, ele veio às regiões ocidentais até as nossas ilhas da Grã-Bretanha, local em que, ao converter grandes multidões em meio a muitas dificuldades e perseguições, foi martirizado por meio da crucificação, de acordo com os registros das Menologias⁸

---

6   Jean Danielou, *The Christian Centuries* [Os Séculos Cristãos], p. 151.
7   Rt. Ver. Samuel Fallows, *The Popular and Critical Bible Encyclopaedia* [Enciclopédia Bíblica Popular e Crítica] (The Howard-Severence Company, 1910), p. 1.590.
8   Calendário mensal da igreja ortodoxa oriental que indica os dias dos diferentes santos; registro de meses.

Gregas. No entanto, Bede, Vsuardus e Ado dizem que seu martírio ocorreu na Pérsia, na cidade de Suanir, em que se diz que os sacerdotes idólatras o sentenciaram à morte. Afirmam isso com base nos relatos de Eusébio em sua Martirologia, traduzidos por São Jerônimo. Apesar de não estarem isentos de erros, tanto Eusébio como São Jerônimo têm a seu favor o fato de serem os escritos mais antigos que ainda existem. Quanto à cidade de Suanir na Pérsia, nossos geógrafos a desconhecem. Pode ser que seja o país dos Suani ou Surani, um povo mencionado por Plínio e Ptolomeu em Cólquida ou um pouco acima, na Sarmácia; que pode estar de acordo com uma passagem na história ilegítima de Santo André, segundo a qual na Crimeia há um túmulo numa gruta, contendo uma inscrição que registra que Simão, o Zelote ou Cananita foi enterrado lá, porém, esta não é uma tradição confiável.[9]

O estudioso Lionel S. Lewis registra a seguinte tradição histórica:

Há confirmação do Oriente sobre Simão ter ido à Britânia.

1) Doroteu, bispo de Tiro (303 d.C.) ou o escritor que atribuiu a Sinopse a ele em sua *Sinopse dos Apóstolos*, 9. Simão Zelote diz: "Simão Zelote pregou a Cristo por toda a Mauritânia e na África. Ele foi finalmente crucificado em Britânia, morto e enterrado".

2) Nicéforo, patriarca de Constantinopla e historiador Bizantino, 758-829 d.C., escreveu (Livro II, c.40): "Simão, nascido em Caná da Galileia, que por sua afeição fervorosa por seu Mestre e grande zelo demonstrado de todas as formas pelo Evangelho, recebeu o sobrenome de Zelote, tendo recebido o Espírito Santo dos Céus, viajou por todo o Egito e África, passando por toda a Mauritânia e Líbia, pregando o Evangelho. Ensinando as mesmas doutrinas no Ocidente e nas Ilhas chamadas Britânicas".

3) Menologia Grega: A Menologia da igreja grega comemora o dia de São Simão no dia 10 de maio e defende a declaração de que ele pregou e foi martirizado na Britânia (*Annales Ecclesiastici*, Baronius em 44 a.C.)".[10]

George F. Jowett chega à mesma conclusão:

No ano 60 d.C. menção especial é feita à ida de José à Gália e seu retorno a Britânia com um grupo de recrutas, entre eles Simão

---

9 Dorman Newman, *The Lives and Deaths of The Holy Apostles* [A Vida e a Morte dos Doze Apóstolos] 1685).
10 Lionel Smithett Lewis, *St. Joseph of Arimathea at Glastonbury* [São José de Arimateia em Glastonbury] (London: James Clarke & Co., Ltd., 1964), p. 117.

13. SIMÃO, O CANANEU

Zelote, um dos doze discípulos originais de Cristo. Esta é a segunda vez que fica especialmente registrado o fato de Filipe ter consagrado a José e a sua equipe de cooperadores antes de embarcarem para a Britânia. Provavelmente, a inclusão de Simão Zelote indica um importante esforço missionário, por isso sua consagração. Esta era a segunda e última viagem de Simão Zelote à Britânia. Segundo o Cardeal Barônio e Hipólito, a primeira visita de Simão deu-se no ano 44 d.C. durante a guerra de Cláudio. Evidentemente, sua estada foi curta, uma vez que ele retornou ao continente.

Nicéforo, patriarca de Constantinopla e historiador Bizantino, 758-829 d.C., escreveu (Livro II, c.40): "Simão, nascido em Caná da Galileia, que por sua afeição fervorosa por seu Mestre e grande zelo demonstrado de todas as formas pelo Evangelho, recebeu o sobrenome de Zelote, tendo recebido o Espírito Santo dos Céus, viajou por todo o Egito e África, passando por toda a Mauritânia e Líbia, pregando o Evangelho. Ensinando as mesmas doutrinas no Ocidente e nas Ilhas chamadas Britânicas."

Simão chegou à Britânia durante o primeiro ano da guerra Boadicea (Boudica), no ano 60 d.C., quando toda a ilha estava convulsionada por uma profunda e devastadora ira contra os romanos, a qual nunca encontrou paralelo antes ou após os longos anos de conflito entre as duas nações. Tácito declara que, entre os anos 59 e 62 d.C., as brutalidades da guerra atingiram seu clímax. Atrocidades ocorreram de ambas as partes, embora do lado dos romanos tenham sido viciosamente perpetradas, a ponto de chocar até mesmo os romanos. Com isso em mente podemos entender que qualquer evangelização cristã fora da proteção da Britânia seria demasiadamente perigosa. Pedro estava dentre aqueles que fugiram de Roma para a Britânia.

O sul da Inglaterra estava escassamente habitado pelos nativos bretões e, consequentemente, mais habitado pelos romanos. Ficava muito além da forte proteção da munição dos Silurianos ao sul e dos poderosos celtas ao nordeste de Yorkshire. Simão estava completamente sozinho neste perigoso território. Implacavelmente, com infinita coragem, ele começou a pregar o Evangelho de Cristo no coração do domínio romano. Seus veementes sermões logo chamaram a atenção de Catus Decianus, porém, não antes dele ter plantado a semente do Evangelho de Cristo nos corações dos Bretões e de muitos romanos que, apesar do ódio incessante de Decianus por tudo que se dizia cristão, guardaram o segredo da verdade em seus corações.

A missão evangelística de Simão teve curta duração. Ele foi finalmente preso por ordem de Catus Decianus. Como de costume, seu julgamento foi um escárnio. Ele foi condenado à morte e crucificado pelos romanos em Caistor, Lincolnshire e enterrado lá, no dia 10 de maio do ano 61 d.C.

O dia do martírio de Simão Zelote, o devoto discípulo de Cristo, é celebrado pelas igrejas do Oriente e do Ocidente, assim como pela Menologia grega, no dia 10 de maio. O Cardeal Barônio, em seu *Annales Ecclesiastici*, registra a mesma data ao descrever o martírio e sepultamento de Simão Zelote na Britânia.[11]

Não podemos concordar com Jowett que Simão tenha sido morto na Grã-Bretanha. Porém, não há dúvida de que ele também possa ter ido à Britânia, pregado lá por um tempo, talvez até em Londres, e então, fugido para o Oriente Médio por causa da destruição de Londres por revolucionários antirromanos liderados pela rainha Boadicea.

Teodoro, o bispo de Chipre, escreveu no século V:

> Saiba, ó Santo Augusto, que esta fé é a fé pregada desde eternamente. Esta é a fé que os Pais reunidos em Niceia confessaram. Com esta fé, todas as igrejas ao redor do mundo estão em concordância, na Espanha, na Britânia, na Gália, em toda a Itália e Campânia, na Dalmácia e na Mísia, na Macedônia, em toda a Grécia, em todas as igrejas ao redor da África, Sardenha, Chipre, Creta, Panfília e Isauria e Lícia, todas do Egito e da Líbia, de Pontos, da Capadócia e de todos os distritos vizinhos e todas as igrejas do leste, exceto por algumas que abraçaram o Arianismo.[12]

Em seu livro *Roman Britain [Britânia Romana]* I. A. Richmond fala sobre o desenvolvimento e crescimento da indústria e do comércio britânico com o continente europeu:

> Grande parte do mais famoso metal britânico antes da ocupação romana era o estanho. Os registros vívidos de Diodoro Sículo, do transporte a cavalo de estanho de Cornalha na costa gaulesa a Narbo (Narbone) no primeiro século a.C. e do empório na costa da ilha britânica, de onde os mercadores a obtinham, todos falam do rápido

---

11 George F. Jowett, *The Drama of The Lost Disciples [O Drama dos Discípulos Perdidos]* (London: Covenant Publishing Co., Ltd., 1970), pp. 157-159.
12 Theodoret, Ecclesiastical History, bk. Iv., ch.iii.

13. SIMÃO, O CANANEU

e próspero comércio, monopolizado nos dias de César em benefício da Britânia.[13]

Precisamos reconhecer que a Britânia foi primeiro invadida por Julio César muito antes do nascimento de Jesus. Embora essa tentativa de conquista não tenha durado, a presença romana definitivamente foi sentida 80 anos antes da ocupação permanente da Britânia pelos romanos no governo de Claudio, no ano 43 d.C. Qualquer um que se interesse pela carreira dos apóstolos também se interessará por Claudio, o menos pior dos Césares, sob o reinado de quem muitas das obras dos apóstolos foram realizadas.

Relacionar a vida dos apóstolos ao reinado dos Césares nos mostra que Paulo se converteu logo após a morte de Tibério (no ano 37 d.C.), talvez durante o reinado do louco Calígula (37-41). Claudio foi forçado a usar roxo após o assassinato de Calígula no ano 41 d.C. e reinou até o dia em que foi envenenado por sua rainha no ano 54 d.C. Este foi um período intenso de atividade apostólica, como também o foi o reinado de Nero (54-68 d.C.). Todo o ministério de Paulo, portanto, foi conduzido durante a época de Claudio e Nero; este último viveu, talvez, um ano e meio a mais que o grande apóstolo, após ter decretado a sua execução no ano 67 d.C.

O que foi verdadeiro sobre Paulo também foi sobre os outros apóstolos, exceto pelo fato de que os outros apóstolos também trabalharam durante os últimos sete anos do reinado de Tibério e em alguns casos após Nero, entrando no período de Flávio (69-96). Os historiadores da igreja acreditam que somente o apóstolo João viveu até o final do primeiro século.

Como já dissemos, Simão era um zelote. Esse movimento pertencia a um partido judeu nacionalista extremista e violento que buscava expulsar da Palestina os odiados romanos por meio de revolução e combate guerrilheiro. Se Simão era um zelote, certamente ele também era um revolucionário idealista. O destino do partido dos Zelotes foi realmente sangrento. Eles foram principalmente responsáveis pela revolta ocorrida nos anos 68-70, que resultou na destruição das muralhas de Jerusalém e do Templo por Vespasiano e Tito, no ano 70 d.C. A última resistência dos Zelotes ocorreu em Massada no ano 71, em que a última oposição dos seus membros

> Se Simão era um Zelote, ele, certamente, também era um revolucionário idealista. A revolta dos Zelotes culminou na destruição do Templo por Vespasiano e Tito no ano 70 d.C.

---

13 I. A. Richmond, *Roman Britain [Grã-Bretanha Romana]* vol. 1 (Aylesbury, Great Britain: Hunt Barnard & Co., Ltd., 1970,) p. 156.

viu o suicídio de centenas de judeus, após longo período de cerco conduzido pelo general romano Silva.

Massada, uma remota "fortaleza no céu" ao lado do mar Morto é um dos lugares mais desolados da Terra Santa. Herodes, o Grande, a fortificou como o lugar de refúgio que não podia ser facilmente avistado. Somente após a construção de uma imensa rampa o *plateau* pôde ser finalmente atacado pelos romanos que encontraram apenas três pessoas vivas. Massada é sinônimo de heroísmo para o povo judeu, assim como Alamo o é para os texanos e por motivo semelhante, exceto pelo fato de que a defesa de Alamo foi conduzida para ganhar tempo para o exército do General Sam Houston, enquanto a defesa de Massada foi simplesmente um ato de heroísmo e desafio inatingível, ou seja, a decisão dos Zelotes pelo suicídio em vez de suportar a escravidão romana.

O que levou Simão a abandonar os Zelotes não é difícil de adivinhar. Os Zelotes eram nacionalistas fanáticos, porém, muitos eram também puramente idealistas. Aparentemente, Simão era mais um idealista do que um nacionalista, e quando o idealismo de Jesus Cristo lhe foi apresentado, ele abandonou o menor e ficou com o maior. No entanto, não há razões para duvidar que Simão estivesse primeiramente interessado na ideia de que Jesus, como Messias, restituiria o Reino a Israel e triunfaria sobre os romanos. Talvez em Caná da Galileia o milagre da transformação da água em vinho tivesse estimulado Simão com o conceito de que o poder de milagres divinos é melhor que o poder da espada e, portanto, ele pode ter se unido a Jesus por causa de seu interesse pelo destino de Israel.

Simão provavelmente abandonou aquele conceito somente após o anúncio de Jesus, após a ressurreição, que os apóstolos não deveriam saber o tempo e a estação da restauração do Reino de Israel. Um dentre eles tinha feito a pergunta a Jesus: "Senhor, será este o tempo em que restaures o reino a Israel?" (Atos 1.6). Apesar do nome do homem que fez o questionamento não ter sido revelado, certamente poderia ter sido Simão. Jesus firmemente removeu aquela possibilidade das mentes dos apóstolos e a substituiu com a ordem de ir por todo o mundo e discipular todas as nações até a consumação dos séculos. Além disso, e de imediato, eles deveriam permanecer em Jerusalém até que recebessem o poder dos céus.

Simão, junto com os outros do grupo dos doze, portanto, em obediência, se dirigiram ao cenáculo, que possivelmente estava localizado na casa de Maria, mãe de João Marcos. Lá, eles permaneceram até o dia de Pentecostes. Simão participou no dia de evangelismo em Pentecostes, no qual a tarefa de evangelismo internacional cristão teve início. No dia de Pentecostes povos de todo o mundo mediterrâneo visitavam Jerusalém. Após a conversão de aproximadamente três mil desses povos, muitos deles devem ter retornado à sua terra natal e lá se tornaram os primeiros evangelistas.

Quando, ao final, os apóstolos dividiram o mundo civilizado em áreas de evangelismo individual, podemos ter certeza que eles seguiram as mesmas rotas e chegaram aos mesmos destinos que aqueles que já tinham ouvido a Palavra em Jerusalém no dia de Pentecostes. É educativo ver que Jerusalém foi uma cidade internacional durante o primeiro século. Judeus de todas as partes do império vinham a Jerusalém de vez em quando, assim como faziam outros não judeus como o tesoureiro etíope batizado por Filipe a caminho da Etiópia, em seu retorno de uma visita a Jerusalém.

O milagre de Jesus transformando a água em vinho pode ter convencido Simão que o poder de milagres divinos era maior que o poder da espada.

Em nossa busca pelos apóstolos ficamos frequentemente impressionados com a facilidade com que era possível viajar no primeiro século, devido à vasta rede de estradas romanas em todo o império, desde a Pérsia até a Britânia. Os romanos não apenas forçavam os povos locais a construir estradas, mas eles próprios construíam e protegiam as estradas. Somente quando o império romano foi invadido pelos godos, hunos, visigodos e outros povos no quinto século é que o império se dispersou, muito provavelmente porque as estradas romanas não podiam ser mantidas em ordem e também em segurança.

Enquanto durou, a conquista romana não foi de todo má. Na verdade, uma pessoa comum talvez se sentisse mais segura no império do que fora dele. Quando os soldados romanos foram tirados da Britânia, no quinto século, (porque a linha de comunicação com Roma tinha sido desfeita pelos Godos) a história revela que os bretões imploraram para que eles ficassem, tentando, sem sucesso, mantê-los como escudo contra os dinamarqueses e saxões, que invadiram o local assim que os romanos partiram.

As conquistas romanas eram sangrentas e aqueles que resistiam eram mortos ou escravizados. Porém, aqueles que se entregavam eram tratados de forma surpreendentemente justa e logo recebiam todos os benefícios da cultura romana que ultrapassava tudo o que o mundo não romano no nordeste europeu conhecia. O domínio romano era tão maravilhoso (que durou aproximadamente mil anos – 500 a.C. a 500 d.C.) que as ruínas daquele tempo, em lugares como a Britânia, revelam que os romanos, assim como as províncias, puderam usufruir da civilização romana como se estivessem na própria Itália. Cidades organizadas, vilas e estradas estavam por todo o lugar, exatamente como na Itália e na França.

> Como o cristianismo chegou à Britânia? Talvez um bretão, após ter visitado Roma, tivesse se convertido e levado o Evangelho de volta à Inglaterra.

A Britânia estava primeiramente localizada na extremidade da fronteira do império. Porém, devido às condições naturais da fronteira ela foi logo dominada. Há muitas razões para crer que o domínio romano tinha penetrado em todo lugar, mesmo antes da era de Cláudio. Os ricos minerais da Inglaterra eram certamente importados por Roma antes da era de Cláudio – principalmente o chumbo que era usado no sistema de encanamento das cidades e vilas da Itália. (Os romanos não sabiam que estavam lentamente se envenenando com o chumbo, porém, nenhum outro país sabia até a chegada dos tempos modernos). Roma necessitava de grande quantidade de chumbo e prata, dois metais geralmente encontrados juntos nas mesmas minas. Para assegurar o suprimento regular dessas mercadorias, os romanos usavam os navios da Espanha para negociar com a Britânia muito antes da era de César.

O profeta Ezequiel faz referência aos mercadores de "Társis" (Ezequiel 38). Társis era uma cidade na costa oeste da Espanha, às vezes, chamada de Tartessos. Era o ponto comercial para negociações via marítima com toda a costa atlântica da Europa, inclusive a Irlanda e a Britânia. Ezequiel conheceu esta cidade no ano 550 a.C., enquanto esteve cativo na Babilônia. Sem dúvida, os romanos, por estarem mais próximos à Espanha, conheceram a Britânia muito antes da era de César, que guerreou na Espanha para conquistar a sua ambição como supremo cônsul da França, 500 anos após Ezequiel ter mencionado Társis.

O ponto que não podemos deixar de observar é que a Europa, apesar de ser uma região de "bárbaros", não era tão selvagem quanto temos sido levados a acreditar. A França tinha excelentes cidades na era de Júlio César. E a Espanha também. Até mesmo os ingleses bárbaros eram um tanto civilizados, apesar de não tanto quanto os franceses. O povo inglês havia desenvolvido minas, cidades e governos antes de Julio César. Na era de Cláudio, o domínio romano era bem atrativo para os bretões e Cláudio suspeitou da facilidade com que a Britânia foi conquistada. De fato, há dúvidas se a Britânia, naquela época, realmente lutou contra os romanos. Será que eles simplesmente ofereceram uma resistência simbólica ao exército romano? Como se pode explicar o fato de que Cláudio passou somente 16 dias na Inglaterra? Parece óbvio que os reis locais queriam fazer parte do império, pois, até mesmo o império romano não poderia dominar o vasto território do sudeste da Inglaterra por força, em meros 16 dias! Aparentemente, Cláudio queria – e conseguiu – uma "vitória" barata para simples propaganda em seu país, imediatamente após ter se tornado imperador, e a Britânia seria o local para isso.

Independente de como tenha acontecido, a Inglaterra logo se tornou romana e tão pacífica por um tempo, como ocorreu na Itália, pelo menos aquela parte da Inglaterra até as terras dos pictos. Londinium (Londres) se tornou uma cidade romana portuária planejada de forma semelhante a uma cidade romana. Outras cidades também se tornaram romanas em estilo. As estradas rapidamente se espalharam por todo o sul da Inglaterra. Cidades fortificadas foram construídas para guardar as estradas. Soldados romanos se aposentavam e iam viver em fazendas inglesas quando seus alistamentos terminavam.

A questão que nos interessa é a seguinte: quando da possível visita de Simão, o Cananeu, a Britânia, no ano 50 d.C., havia uma paz generalizada e o estabelecimento das estradas romanas em grandes áreas da Britânia. Vamos analisar os detalhes disso já que é provável que Simão, se realmente esteve na Britânia (o que é certamente possível e até provável), deve ter ministrado ao povo com o qual teve contato. Esses povos seriam as tropas romanas que falavam o grego e o latim, seus feudos e familiares. Provavelmente os bretões civilizados podiam falar latim antes da conquista de Cláudio devido às relações comerciais com os romanos.

Além disso, os exércitos romanos não eram totalmente formados por italianos, já que alistavam povos de todos os países conquistados. É bastante possível que a maioria do exército romano fosse formada por espanhóis, gauleses, suíços e até gregos da Ásia Menor. Todos esses países eram, naquela época, partes vitais do império romano. De qualquer forma, os povos destes países falavam o grego e o latim e provavelmente outros idiomas também. Idiomas que provavelmente Simão também saberia falar.

No entanto, como o cristianismo chegou à Britânia? Talvez um bretão, visitando Roma, tivesse se convertido e levado o Evangelho de volta à Inglaterra. Muitos desses povos mencionados pelo apóstolo em sua epístola, escrita na prisão em Roma, tinham o mesmo nome que certos reféns reais bretões morando na época em Roma. Esses reféns eram tratados de forma gentil, como convidados, apesar de estarem lá como prisioneiros, para garantir que os reis da Britânia se submetessem a Roma. Talvez, ao serem libertados, tenham levado o Evangelho à Inglaterra, sua terra natal.

Ou ainda um comerciante cristão em viagem ou um soldado romano cristão tenha sido o primeiro a levar a fé cristã à Inglaterra.

Cottrell registra: "Sem dúvida havia cristãos nestas cidades da Britânia dominadas pelos romanos. Há um pequeno edifício em Silchester que pode ter sido uma igreja cristã. Em 1954, Dr. Nash Williams descobriu em Caerleon uma lamparina a óleo feita de barro contendo um desenho de pontos em sua base reconhecida como um símbolo secreto usado pelos cristãos primitivos para revelar sua fé aos seus companheiros convertidos".[14]

O mesmo autor cita, no *The Journal of Roman Studies [Revista de Estudos Romanos]*, a respeito da escavação de uma igreja muito antes de Agostinho ter trazido o catolicismo à Inglaterra:

> Entre a lama mexida e o material do piso presentes nas cavidades do solo havia uma porção de moedas de Constantino, três das quais ainda tinham argamassa do pavimento nelas incrustadas, onde elas evidentemente tinham sido enterradas. As três moedas em questão eram um *follies* [bronze prateado] de 309-313 d.C., uma *Urbis Roma [Cidade Romana]* (330-335 d.C.) e uma cópia da *Fel. Temp. Reparatio* (348-353 d.C.), a última já bem gasta. Isso nos dá o ano 360 d.C. como o período aproximado da construção do pavimento e do edifício.
>
> ... A combinação da data e do tipo de construção favorece grandemente a noção de igreja cristã, com uma mesa de oferta ao extremo norte do pátio e um batistério na posição axial em frente à igreja. O plano das salas transversais remete às igrejas grandes e famosas de Constantino, como a Igreja de São Pedro, a Basílica Laterana em Roma e ainda à Igreja da Natividade em Belém.
>
> Parece-nos quase certo que aproximadamente 250 anos antes de São Agostinho vir a Kent para converter os pagãos saxões, Cristo já estava sendo adorado em uma pequena construção, cujas fundações estão agora enterradas embaixo de uma campina em Hampshire, e aquela pequena estrutura carrega semelhanças evidentes em planejamento a três dos mais sagrados santuários da cristandade.[15]

---

14 Leonard Cottrell, *Seeing Roman Britain [Observando a Grã-Bretanha Romana]* (London: Pan Books, Ltd., 1967), p. 186.
15 Ibid., p. 206.

13. Simão, o Cananeu

O venerado Bede, um monge britânico, mais bem conhecido historiador católico primitivo, escreveu (aproximadamente no ano 730) que um rei britânico do segundo século (Lúcio) tinha escrito a Roma pedindo informações sobre como se tornar um cristão. Obviamente Bede estava interessado em traçar a história de submissão dos reis cristãos ao prelado romano, já que ele não menciona quase nada em sua obra, A *History of the English Church and People* [Uma História da Igreja e do Povo Inglês], a respeito do cristianismo antes da era de Santo Agostinho (579 d.C.) de quem a Igreja Católica Medieval recebeu seu principal incentivo. Assim, Bede reconta as dificuldades frequentes dentro do movimento cristão entre os católicos e os outros cristãos. Quem eram esses outros cristãos ou como se tornaram cristãos, Bede não menciona. Mas, o fato de que eles estavam na Inglaterra Bede não questiona.

A Morte de Simão

Se Simão visitou a Inglaterra não deve ter ficado por muito tempo. Ao reunir os eventos daqueles dias, podemos concluir que se o apóstolo visitou a Inglaterra deve ter ido a Glastonbury na companhia de José de Arimateia. Certamente, não há outra tradição conhecida a respeito da história de José de Arimateia e já que a tradição britânica é veemente, não vemos razão para objetá-la, apesar de admitirmos que se trate somente de tradição sem comprovação histórica.

> O venerado Bede registrou que um rei do segundo século tinha escrito a Roma pedindo informações de como se tornar cristão.

Entretanto, é preciso fazer a observação de que todos os cristãos primitivos tinham de ir a algum lugar ou então o cristianismo não teria se espalhado por todo o império romano tão rapidamente como foi. Se em algum país houver uma forte tradição a respeito de figuras apostólicas e não houver em outro lugar nada que contradiga essa tradição, então, pelo menos trabalhamos com a possibilidade e até probabilidade. Assim o é a respeito de Simão e José.

Portanto, a maneira como supomos a história de Simão é assim: ele deixou Jerusalém e viajou primeiro para o Egito e depois por todo o norte da África até Cartago, indo de lá para a Espanha e ao norte da Britânia. Nada nessa teoria é impossível ou inaceitável. Ele pode ter ido de Glastonbury a Londres, que era naquela época a capital da nova conquista romana. Lá ele teria pregado em latim aos membros da comunidade romana. Ele não teria podido pregar aos bretões nativos em sua língua mãe, mas o latim já estava sendo amplamente usado pelos bretões e é possível que até mesmo alguns bretões pudessem ouvir o Evangelho de Simão.

Se houvesse judeus em Londres, com certeza Simão teria ido até eles. Não há, no entanto, prova histórica sobre a fundação de uma igreja e logo os revolucionários liderados pela rainha da Britânia, Boadicea, voltaram-se contra as forças de ocupação romana. Os rumores assustadores do extermínio de todos os romanos e a destruição de Londres pela rainha certamente teriam feito com que Simão fugisse para o sul da Inglaterra. Lá ele teria embarcado num navio e retornado à Palestina, pois era óbvio que a destruição da paz romana faria da Inglaterra daquele tempo um campo duvidoso para a proclamação do Evangelho. Em outras palavras, Simão testemunhou e pregou, porém, devido às condições de desordens, foi forçado a se retirar.

A forte tradição seguinte descreve Simão na Pérsia em companhia de Judas com quem foi martirizado. Mary Sharp registra: "Aparentemente, eles pregaram juntos na Síria e Mesopotâmia, viajaram até a Pérsia e foram martirizados lá. Simão foi cerrado ao meio e São Judas morto com uma alabarda.[16]

A obra *Sacred and Legendary Art* [Arte Sagrada e Legendária] afirma essa mesma tradição para São Judas e São Simão: "Eles pregaram o Evangelho na Síria e na Mesopotâmia e sofreram o martírio na Pérsia".[17]

Segundo a tradição católico-romana os corpos de São Judas e São Simão foram enterrados juntos, os ossos misturados, sendo que o túmulo principal está na Catedral de São Pedro em Roma, com fragmentos na Igreja de São Saturnino, em Tolosa, na Espanha, em São Sernin, em Toulouse, na França e até a Segunda Guerra Mundial na capela do Mosteiro de São Norberto, em Colônia, na Alemanha.[18]

---

16 Mary Sharp, *A Traveller's Guide to the Saints in Europe* [Um Guia de Turismo aos Santos na Europa], p. 198.
17 Ann Jameson, *Sacred and Legendary Art* [Arte Sagrada e Legendária], p. 211.
18 Mary Sharp, *A Traveller's Guide to the Saints in Europe* [Um guia de Turismo aos Santos na Europa], p. 198.

Capítulo Quatorze

JUDAS ISCARIOTES

[Jesus disse]: Mas eis que a mão daquele que vai me trair está com a minha sobre a mesa. O Filho do homem vai, como foi determinado; mas ai daquele que o trair! – Lucas 22.21-22

Na noite em que foi traído por Judas, Jesus fez uma oração que está registrada no Evangelho de João:

"Enquanto estava com eles, eu os protegi e os guardei no nome que me deste. Nenhum deles se perdeu, a não ser aquele que estava destinado à perdição, para que se cumprisse a Escritura." (João 17.12)

Dentre todos os personagens que fazem parte da história bíblica não há nenhum tão trágico ou desprezível quanto Judas Iscariotes. Um poeta o descreveu como:

> Um judeu desprezível que jogou fora a pérola mais valiosa do que toda a sua tribo.

Há alguma coisa terrível sobre a forma como ele traiu Cristo com um beijo. Um pregador descreveu esse ato como: "O silvo de um beijo".

A forma como ele morreu também é muito sombria. Há um horror misterioso a respeito deste personagem que o torna peculiar dentre todos os traidores covardes de todos os tempos. *"Melhor lhe seria não haver nascido."* (Mateus 26.24).

Thomas De Quincey, em seu trabalho sobre Judas Iscariotes tentou descrevê-lo como um simples patriota fracassado. Ele o descreveu como alguém que amava a Jesus e que somente se enforcou porque seu esquema para forçar Jesus a ingressar na liderança política contra Roma não funcionou e o próprio Jesus foi assassinado acidentalmente. O único problema com esta afirmação e com outras tentativas recentes de limpar o caráter de Judas é que o próprio Jesus rejeitou sua interpretação diante de Judas antes que ele o traísse. Jesus disse: *"Não fui eu que os escolhi, os Doze? Todavia, um de vocês é um diabo!"* (João 6.70)

E também: *"O Filho do homem vai, como está escrito a seu respeito. Mas ai daquele que trai o Filho do homem! Melhor lhe seria não haver nascido."* (Mateus 26.24)

> Consideramos Judas o maior traidor. No entanto, inicialmente os discípulos não o viam sob esta ótica, porque ele parecia confiável.

O nome Judas Iscariotes é uma alteração de Judas de *Queriote*. Queriote era uma pequena cidade alguns quilômetros ao sul de Hebrom. Judas era o único entre os apóstolos que não era Galileu, mas judeu. O nome do seu pai era Simão (João 13.2)

Hoje, o nome Judas é sinônimo de escárnio e aversão. Nenhuma mãe dá a seu filho o nome de Judas. No entanto, quando Judas carregava o seu nome, esse era considerado honroso. Um dos grandes patriotas da nação judaica era chamado Judas Macabeu. Um dos irmãos de Jesus chamava-se Judas. Na verdade, o nome Judas é simplesmente uma variação do nome Judá. Judas, portanto, recebeu o nome da sua tribo, a tribo de Judá.

Consideramos Judas o maior traidor. Até hoje um bode usado para atrair as ovelhas ao matadouro a fim de serem sacrificadas é conhecido como o "bode Judas". Uma planta que cresce no Oriente e que parece atrativa, mas é amarga é chamada de "árvore de Judas". No entanto, inicialmente os discípulos não o viam sob esta ótica. Eles estavam dispostos a confiar nele porque aparentemente ele era confiável. Voluntariamente, eles o elegeram o tesoureiro do grupo. E não somente isso, mas ficaram perplexos quando sua traição foi revelada.

Quando Jesus afirmou que alguém o trairia, os discípulos começaram a perguntar: "Sou eu?" e não: "É Judas?".

Judas provavelmente se tornou discípulo de Cristo quando Jesus estava em um de seus *tours* de pregações ao redor da Judeia. É possível que Judas tenha conhecido Jesus durante esse tempo, embora seu chamado para se tornar discípulo possa ter acontecido no mar da Galileia.

A partir da época de seu chamado para ser discípulo até a Semana da Paixão, não temos referências específicas que descrevam qualquer atividade solitária de Judas. O Evangelho de João registra alguns fatos, a maioria em retrospectiva para mostrar que Judas era mau caráter desde o início (aproximadamente um ano antes da crucificação, Jesus disse que Judas era um diabo). Independentemente do período de tempo que Judas tenha enganado os discípulos, obviamente, ele nunca conseguiu enganar Jesus.

Próximo à Semana da Paixão, começamos a ler mais sobre o caráter sinistro de Judas. Quando Maria unge os pés de Jesus com óleo, Judas pergunta:

"'Por que este perfume não foi vendido, e o dinheiro dado aos pobres? Seriam trezentos denários'. Ele não falou isso por se interessar pelos pobres, mas porque era ladrão; sendo responsável pela bolsa de dinheiro, costumava tirar o que nela era colocado" (João 12.5-6).

Jesus também mencionou a deserção iminente de Judas quando disse: "Aquele que partilhava do meu pão voltou-se contra mim" (João 13.18).

Esta é uma citação do Salmo 41.9. Parece que, por meio desses comentários velados, Jesus estava dando a Judas oportunidades para se arrepender, como se ele estivesse dizendo que sabia o tempo todo que Judas o trairia, mas mesmo assim, anunciando que a porta da misericórdia estava aberta.

Há muitas dificuldades para reconciliação na vida de Judas. Para começar, precisamos tentar responder à seguinte pergunta: "Por que Judas se tornou discípulo?". Alguns já disseram que desde o início ele tinha a intenção de trair Jesus porque o via como uma ameaça à nação judaica. Outros sugerem que ele foi sincero por um tempo, mas então percebeu que Jesus não cumpriria Seu destino como libertador político e, portanto, procurou sair, bajulando os sacerdotes, ao mesmo tempo ganhando qualquer valor mesquinho como recompensa por sua traição. Alguns até sugerem que Judas já estava ordenado por Deus para ser o traidor por causa das referências proféticas do Antigo Testamento. Isto, no entanto, deve ser rejeitado, pois certamente Deus não condena ninguém previamente a qualquer coisa que seja, pois todo homem é livre para ser *o que desejar.*

> Enquanto ele ainda falava, chegou Judas, um dos doze. Com ele estava uma grande multidão armada de espadas e varas, enviada pelos chefes dos sacerdotes e líderes religiosos do povo. O traidor havia combinado um sinal com eles, dizendo-lhes: "Aquele a quem eu saudar com um beijo, é ele; prendam-no". Dirigindo-se imediatamente a Jesus, Judas disse: "Salve, Mestre!", e o beijou. Jesus, perguntou: Amigo, o que o traz? (Mateus 26.47-50)

> A vida de Judas aponta para as armadilhas da nossa peregrinação espiritual. Quando no final foi abandonado pelas pessoas às quais ele havia servido em seu egoísmo, Judas enforcou-se.

Talvez o fato mais significativo que possa ser dito sobre Judas é que quando se entristeceu por causa do seu crime de traição, ele não buscou, daquele a quem tinha ofendido, o perdão pelo seu pecado, mas foi até seus cúmplices, os sacerdotes, e lá tentou se justificar. E por ter sido rejeitado no final por aqueles a quem ele havia servido em seu egoísmo, ele foi e se enforcou.

A vida de Judas é uma vida de tragédia sem tréguas. Na verdade, não há espírito mais trágico em toda a história do mundo. Judas é o maior fracasso que o mundo já conheceu. Sua vida é uma lição que aponta vividamente para as ciladas da nossa peregrinação espiritual.

Um excelente resumo sobre a vida de Judas é relatado na *International Standard Bible Encyclopedia* [Enciclopédia Internacional da Bíblia Padrão]:

> Após a traição, Marcos, Lucas e João ficam em silêncio a respeito de Judas e os relatos no livro de Mateus e Atos sobre seu remorso e morte variam quanto aos detalhes. Conforme Mateus, a condenação real de Jesus despertou o senso de culpa em Judas, tornando-o ainda mais desesperado diante da repulsa dos chefes dos sacerdotes e anciãos, "ele jogou o dinheiro dentro do templo, saindo, foi e enforcou-se". Com o dinheiro os chefes dos sacerdotes compraram o campo do oleiro, que foi mais tarde chamado de "campo de sangue" e desta forma se cumpriu a profecia de Zacarias (11.12-14) atribuída por Mateus a Jeremias (Mateus 27.2-10). O relato presente em Atos 1.16-20 é muito menor. Ele não menciona o remorso de Judas nem os chefes dos sacerdotes, mas simplesmente declara que Judas "adquiriu um campo com a recompensa por sua iniquidade; e caindo de cabeça, seu corpo partiu-se ao meio, e as suas vísceras se derramaram" (v. 18). O autor de Atos vê nisso o cumprimento da profecia em Salmo 69.25. A versão da *Vulgata*: "Quando ele se enforcou, seu corpo partiu-se ao meio" sugere um meio de conciliar os dois relatos.
>
> Conforme uma lenda mencionada por Papias, a morte de Judas aconteceu por causa de elefantíase (cf. Hennecke, *Neutestamentliche Apokryphen*, 5). O assim chamado "Evangelho de Judas" era usado entre os gnósticos da seita dos Cainitas.

14. JUDAS ISCARIOTES

...É significativo o fato de que somente Judas dentre todos os discípulos era originário do Sul e as diferenças de temperamento e visão social juntamente com os preconceitos mesquinhos aos quais estes geralmente dão origem, podem explicar em parte, apesar de não justificarem, sua traição posterior – a falta de afinidade íntima existente entre Judas e o restante dos apóstolos. Ele certamente possuía alguma habilidade para negócios e foi, portanto, apontado como o tesoureiro. Mas, seu coração não podia estar limpo, nem mesmo no início, pois administrou até mesmo sua primeira responsabilidade desonestamente. O câncer desta ganância se espalhou do material ao espiritual. A nenhum dos discípulos o desmoronamento do sonho de um reino terrestre de pompas e glória trouxe maior desapontamento do que para Judas.

> Ele procurou se acertar, não com o inocente Jesus a quem ele havia traído, mas com os cúmplices em seu crime; e por ter sido abandonado no final pelo mundo que em seu egoísmo havia idolatrado, ele foi e se enforcou.

Os laços de amor pelos quais Jesus gradativamente atraiu os corações dos outros discípulos a si, os ensinamentos pelos quais Ele elevou suas almas para além de todas as coisas terrenas, eram como elos desgastados para o egoísmo de Judas. De sua ganância aprisionadora e ambição desapontada é que resultaram ciúme, maldade e ódio. Era o ódio não de um homem forte, mas essencialmente de um homem fraco. Em vez de romper abertamente com o seu Senhor, ele permaneceu ostensivamente um de seus seguidores: este contato contínuo com a bondade à qual ele não cederia (cf. Swete sobre Marcos 14.10), e suas mágoas por causa das reprimendas do seu mestre, deram abertura para a entrada de "Satanás em sua alma". Porém, se ele "sabia fazer o bem e não fez" (cf. João 13.17), então, ele também foi fraco ao praticar seus abomináveis intentos. Foi esta hesitação em vez de sua astúcia diabólica que o induziu a permanecer até o último momento no cenáculo e o que impeliu Jesus a dizer: "O que você está para fazer, faça depressa" (João 13.27). Da mesma forma, com esta mentalidade fraca ele tentou lançar a culpa sobre os chefes dos sacerdotes e anciãos (cf. Mateus 27.3-4). Ele procurou se acertar, não com o inocente Jesus a quem ele havia traído, mas com os cúmplices em seu crime; e por ter sido abandonado no final pelo mundo que em seu egoísmo havia idolatrado, ele foi e se enforcou. Foi o final trágico de alguém que apoiou uma grande causa com um espírito de especulação e ambição egoísta e que não pesou as terríveis consequências para as quais aquelas motivações impuras poderiam levá-lo (cf. também [A. B.] Bruce, *Training of the Twelve* [O Treinamento dos Doze], [Henry] Lathan, *Pastor Pastorum* [Pastor de Pastores]; [James] Stalker, *Trial and Death of Jesus Christ* [O Julgamento e A Morte de Jesus Cristo]).[1]

Há pouco material sobre Judas em qualquer das fontes apócrifas comuns. Numa obra intitulada *The Arabic Gospel of Infancy* (O Evangelho Arábico da Infância), há um relato de que Judas era possesso por demônio desde sua infância. Os homens ao longo da história têm buscado fazer uma análise psicológica da mente de Judas. J. G. Tasked em *The Dictionary of Christ and the Gospels* (O Dicionário de Cristo e os Evangelhos) cita duas opiniões sobre Judas. Lavater disse de Judas: "Judas agiu como Satanás, mas como um diabo que queria ser um apóstolo". Pressense disse de Judas: "Nenhum homem poderia ter sido mais parecido com um diabo que o pervertido apóstolo".

Um guia de Jerusalém declara:

Hacéldama (Campo de Sangue) é o nome dado ao chamado "campo do oleiro" que foi comprado por 30 moedas de prata que Judas ganhara por ter traído Jesus. Arrependido de seu ato, Judas jogou o dinheiro aos pés dos sacerdotes que não queriam aceitá-lo, pois era "dinheiro de sangue". Após Judas ter se enforcado, o dinheiro foi usado para comprar um campo para ser o local de sepultamento de estrangeiros (Mateus 27.3-10). Hoje, o convento grego de Santo Onipruis marca o local permeado de túmulos de pedras lavradas repletos de caveiras e ossos de peregrinos que, ao longo dos anos, têm sido enterrados no campo do oleiro – o Campo de Sangue. O esconderijo dos apóstolos durante o julgamento de Jesus é exibido dentro do convento em uma sepultura de pedra lavrada que recebeu apropriadamente o nome de "Caverna dos Apóstolos".[2]

---

[1] C. M. Kerr, *The International Standard Bible Encyclopaedia*, vol. III (Grand Rapids: Wm. B. Ferdmans Publishing Co. 1960), pp. 1.765-1.766.
[2] Herbert Bishko, *This is Jerusalem* [Isto é Jerusalém] – (Tel Aviv Heritage Publishing, 1971), p. 44.

Capítulo Quinze

MATIAS

Depois oraram: "Senhor, tu conheces o coração de todos. Mostra-nos qual destes dois tens escolhido para assumir este ministério...". Então tiraram sortes, e a sorte caiu sobre Matias; assim, ele foi acrescentado aos onze apóstolos. – Atos 1.24-26

Este discípulo permanece uma figura misteriosa. Não pertencente aos doze apóstolos originais, ele foi escolhido para ocupar o lugar de Judas. Alguns estudiosos como David Smith e G. Campbell Morgan têm questionado a forma como ele foi escolhido. Devido ao silêncio das Escrituras sobre seu último ministério, eles concluíram que os Onze foram precipitados na eleição de Matias. A explicação que eles dão é que Paulo deveria ter sido o escolhido e que os discípulos estavam agindo à frente da liderança do Espírito Santo. Devemos rejeitar essa ideia por ser fantasiosa.

Durante esta época, Tiago, o Grande, também havia sido morto por Herodes, deixando também uma vaga entre os Doze. Paulo nunca foi aceito como um dos Doze apóstolos originais; e certamente não deveria ser já que não conheceu Cristo na carne. O propósito de um apóstolo foi declarado por Pedro na ocasião da eleição de Matias:

> "Portanto, é necessário que escolhamos um dos homens que estiveram conosco durante todo o tempo em que o Senhor Jesus viveu entre nós, desde o batismo de João até o dia em que Jesus foi elevado dentre nós às alturas. É preciso que um deles seja conosco testemunha de sua ressurreição.

Então indicaram dois nomes: José, chamado Barsabás, também conhecido como Justo, e Matias. Depois oraram: "Senhor, tu conheces o coração de todos. Mostra-nos qual destes dois tens escolhido para assumir este ministério apostólico que Judas abandonou, indo para o lugar que lhe era devido". Então tiraram sortes, e a sorte caiu sobre Matias; assim, ele foi acrescentado aos onze apóstolos." (Atos 1.21-26).

Anos mais tarde o apóstolo João referiu-se à Nova Jerusalém como a cidade de muros contendo "doze fundamentos e neles estavam escritos os nomes dos doze apóstolos do Cordeiro" (Apocalipse 21.14). Concluindo, isso claramente confirma a importância de Matias.

Edgar Goodspeed diz que foi Tiago, irmão de Jesus Cristo, que tomou, na verdade, o lugar de Judas, sendo nomeado por Paulo (em Gálatas 1.19; 2.9) como um líder e "pilar" da igreja. Mas, isto é duvidoso por duas razões: Primeiro: A identificação de Tiago como um apóstolo feita por Goodspeed não se encaixa com as qualificações estabelecidas (acima) por Pedro, já que Tiago, irmão de Jesus, não era convertido até a ressurreição de Cristo e, portanto, não poderia ter sido uma testemunha dos ensinos de Jesus.

Segundo: As teorias do dr. Goodspeed a respeito da identidade da autoria do livro de Tiago variam, como a maioria dos outros comentaristas igualmente competentes e, portanto, é provável que esta identificação de Tiago, irmão de Jesus, como um apóstolo, no sentido que os outros Onze eram, é questionável, apesar de este Tiago ser também um apóstolo no mesmo sentido que os outros, que não eram dos Onze, mas eram apóstolos.

O que os Primeiros Escritores Cristãos Disseram sobre Matias

Clemente de Alexandria identifica Matias com Zaqueu. Isto é impossível já que Zaqueu nunca foi um discípulo de Jesus no sentido que os outros apóstolos eram. E, além disso, Zaqueu não poderia ter presenciado os ensinamentos de Jesus "desde o dia em que Ele foi batizado por João" (Atos 1.22). Em *The Lives of the Saints* [A Vida dos Santos], Hugo Hoever faz a observação que "Clemente escreve que Matias foi notável por ensinar a necessidade de mortificar a carne com suas paixões e desejos".[1]

Eusébio sugere que Matias era um dos setenta enviados por Jesus (Lucas 10.1). Isto é totalmente possível. Neste papel Matias deve ter tido a

---

1 Hugo Hoever, *Lives of the Saints* [A Vida dos Santos] (New York: Catholic Book Publishing Co., 1967, pp. 84-85.

15. MATIAS

oportunidade de mostrar suas qualidades de liderança que impressionaram os Onze.

A obra *Traditions of Matthias [Tradições de Matias]* é citada por Clemente em 190-210 d.C. O Dr. Goodspeed considera que esta obra apócrifa tenha sido escrita pouco antes deste período, porém, um século após a vida de Matias. Isto indicaria que esta história apócrifa teria valor apenas como tradição, mas é interessante saber que é relativamente antiga e que ao menos revela Matias como sendo importante para o pensamento de alguns cristãos primitivos.

> Eusébio sugere que Matias teria sido um dos setenta apóstolos enviados por Jesus.

Matias é um dos cinco apóstolos a quem a tradição armeniana atribui a evangelização da Armênia. Estes cinco eram Tadeu, Bartolomeu, Simão, o cananeu, André e Matias.[2]

E. A. Wallis Budge em sua obra *The Contendings of the Twelve [As Contendas dos Doze]* registra uma tradição apócrifa que nos diz que Matias foi preso e cego por canibais etíopes.[3] Essa história alega que ele foi resgatado por André.

É interessante notar que deve ter existido dois países com o nome "Etiópia" nos tempos bíblicos. O país na África é aquele que conhecemos hoje. Lá, as tradições locais ainda afirmam que o etíope eunuco levado a Cristo e batizado por Filipe foi o fundador da igreja que sobrevive até hoje. As igrejas etíopes são igrejas coptas que carregam uma tradição histórica em comum com os coptas do Egito.

A outra Etiópia onde é dito que Matias enfrentou o canibalismo não pode ser identificada hoje, mas parece ter sido uma das províncias da Mesopotâmia ou Armênia. Há pouca evidência de que o canibalismo tenha sido alguma vez praticado nesta Etiópia, apesar de não haver provas de que em momentos isolados isso não pudesse ter acontecido. Há algumas indicações que o ritualismo canibal (comer carne humana por causa de algum suposto benefício ao que come, por exemplo, comer o coração de um guerreiro capturado para ganhar a bravura da vítima) tenha sido praticado na Grã-Bretanha e entre os índios mexicanos e americanos antes da conquista espanhola. Até entre americanos degenerados o canibalismo às vezes é encontrado em si-

---

2 *The International Standard Bible Encyclopeadia [Enciclopédia Bíblica Internacional Padrão]*, "Matthias".
3 E. A. Wallis Budge, *The Contendings of the Twelve [As Contendas dos Doze]* (London: British Museum, 1901 edition), pp. 163-164, 267-288.

> Segundo a tradição da igreja primitiva, Matias sofreu o martírio nas mãos dos judeus por meio da lança ou do machado.

tuações extremas de fome. Portanto, não podemos dizer que os canibais nunca existiram na "Etiópia" do Oriente Médio.

Segundo o *Martyrdom of St. Matthias* [*Martírio de São Matias*], ele foi enviado a Damasco e morreu em *Phaleaon* que é uma cidade da Judeia.[4] Outras fontes mencionam Jerusalém como o local do ministério e sepultamento de Matias. A tradição é que ele foi apedrejado até a morte pelos judeus.[5]

Ireneu refere-se a Matias como sendo "ordenado" no lugar de Judas.

Não há nenhuma evidência de um Evangelho Apócrifo segundo Matias. Havia uma obra herética à qual se referiam como *Origen* (*Hom. On Luke i*) e Eusébio. (Eusebius *HE* iii 25,6).

O gnóstico Basílides (133 d.C.) e seu filho Isadore alegam ter baseado suas doutrinas do *Gospel of Basilides* [*Evangelho dos Basílides*] nos ensinamentos que Matias recebeu diretamente de Jesus (Hippol., 7.20) (cf. Hennecke, *Neutestamentlicke Apokryphen*, 167).

Segundo a tradição da igreja primitiva como registrado em *Sacred e Legendary Art* [*Arte Sagrada e Legendária*], Matias sofreu o martírio nas mãos dos judeus por meio da lança ou do machado.[6] A tradição da igreja católica a respeito da morte e sepultamento de Matias revela que ele pregou e sofreu o martírio na Judeia, mas estas fontes reconhecem que alguns escritores antigos revelaram que Matias tinha sido martirizado em Cólquida e ainda outros em Sebastopólis no ano 64 d.C.. Eles também revelam que o corpo de Matias foi mantido em Jerusalém e mais tarde levado a Roma, por Santa Helena, de quem alguns restos mortais (ossos) foram depois transportados para Tréveris [hoje Trier] na Alemanha.[7]

Dorman Newman escrevendo em 1685 reconhece muitas dessas tradições:

> No ano 51 do nosso Senhor, ele morreu num lugar chamado Sebastopólis e foi sepultado perto do Templo do Sol. Os gregos, registrados aqui por muitos antiquários nos dizem que ele foi crucificado e seu corpo mantido por muito tempo em Jerusalém, dali transportado

---

4 Ibid., 289-294.
5 *Encyclopaedia Britannica* [*Enciclopédia Britânica*], "Matthias".
6 Anna Jameson, *Sacred and Legendary Art* [*Arte Sagrada e Legendária*], p. 63.
7 Mary Sharp, *A Traveller's Guide to Saints in Europe* [*Guia Turístico sobre os Santos na Europa*], p. 153.

para Roma pela rainha Helena e lá algumas partes são veneradas até hoje (ou seja, 1685), apesar de outros afirmarem com avidez que seus restos mortais foram levados a Trier, na Alemanha e ainda permanecem lá.[8]

O Jazigo Atual dos Restos Mortais

O visitante de Trier pode obter um guia local extremamente bem escrito sobre os monumentos. O guia registra o seguinte:

Quando em 1127 os restos mortais do apóstolo Matias foram encontrados, a veneração por São Eucário foi logo transferida para São Matias. Por causa do número cada vez maior de peregrinações à tumba do apóstolo, foi preciso construir um novo edifício que teve início em 1127 e foi consagrado em 1148 pelo papa Eugênio III.

A igreja de Matias ainda é um centro de peregrinações aos túmulos dos primeiros santos bispos, São Eucário e São Valério, e ao sepulcro do apóstolo Matias recentemente reinstalado debaixo da interseção da nave e dos transeptos. Portanto, esta igreja preserva as tradições dos tempos primitivos até os dias de hoje.[9]

O relicário que contém os ossos de Matias é uma atração turística notória em Trier. Quando visitei esta antiga cidade romana, descobri que se falava deste túmulo em publicações dos museus locais como "o único corpo de um apóstolo a ser sepultado ao norte dos Alpes". Em minha primeira visita a Trier me mostraram os restos mortais de Matias que estavam guardados num sarcófago dourado localizado numa capela ligada ao mosteiro de São Matias.

Durante uma visita posterior, descobri que um novo sarcófago de mármore branco e cinza havia sido colocado em frente ao altar principal no edifício da igreja maior. Na parte branca do mármore do novo sarcófago havia sido esculpida, em tamanho real, a imagem do apóstolo deitado sobre o relicário, em mármore cinza, que agora contém seus ossos. Portanto, como também acontece no caso da cabeça de André, os restos mortais foram movidos dentro do período de dez anos. O visitante que vai à Europa pode visitar dois locais de sepultamento de Matias, ambos descritos como autênticos pelas autoridades católicas romanas.

---

8 Dorman Newman, *The Lives and Death of the Holy Apostles* [A Vida e Morte dos Doze Apóstolos], (1685).
9 Eberhard Zahn, *Trier: A Guide to the Monuments* [Um Guia aos Monumentos], (Trier: Cusanus-verlag, Volksfreund-Druckerei Nik Koch), pp. 49-51.

> Matias estava em Jerusalém no dia do Pentecostes e teve um importante papel nos dias turbulentos e agitados de expansão do cristianismo.

Conhecendo a inclinação dos vários grupos religiosos que buscavam restos mortais durante a Idade Média para fragmentar os restos mortais dos apóstolos, não é de duvidar que tanto Roma como Trier tenham partes dos restos mortais de Matias, se de fato seu corpo foi preservado e transportado como os registros indicam. Reconhece-se, no entanto, a grande possibilidade de erros terem ocorrido em vários dos importantes passos da transferência desses restos.

A rainha Helena, que primeiro os transportou, foi uma crente zelosa, como jamais se viu. Ela tinha poder e riquezas ilimitadas e uma fé de igual tamanho. É difícil de acreditar que ela foi uma colecionadora criteriosa dos restos mortais dos apóstolos e também de lugares sagrados como os estudiosos modernos poderiam desejar. Sua "descoberta" do Sepulcro Santo em Jerusalém, por exemplo, foi baseada em uma visão que supostamente ela teria tido. Alguém pode admirar sua piedade, determinação e seu incansável zelo para recuperar o máximo que pôde das referências apostólicas do primeiro século. Porém, é certo que, às vezes, ela se enganava.

Uma Rápida Biografia

Uma síntese das informações sobre Matias poderia compor a seguinte biografia.

Como um dos primeiros seguidores de Jesus, Matias era proeminente entre os setenta. Ele tinha, aparentemente, acompanhado os doze apóstolos em inúmeras ocasiões e muito provavelmente teria sido antes um discípulo de João Batista, assim como João e André. Matias foi certamente eleito para substituir Judas imediatamente após a ascensão de Jesus. Portanto, ele estava em Jerusalém no dia do Pentecostes e teve um papel importante nos dias turbulentos e emocionantes da expansão do cristianismo primitivo. Como judeu, ele poderia naturalmente se locomover de Jerusalém para ministrar às porções dispersas de Israel. Havia colônias de judeus e outros hebreus que poderiam ser encontrados em praticamente qualquer centro populacional em todo o Oriente Médio. Não há, portanto, nenhuma dificuldade em aceitar a tradição do seu apostolado nas regiões da Armênia e da probabilidade de perigo que lhe sobreveio nas cidades de Cólquida, Sebastopólis e em outros lugares. É certamente possível que ele tenha, em algum momento, sido ajudado por André, já que os apóstolos geralmente eram enviados de dois em dois.

É possível vê-lo retornando a Jerusalém, uma testemunha exaurida pelas perigosas experiências missionárias. Talvez, em seu retorno, ele tenha encontrado uma oposição maior concernente ao cristianismo entre os judeus do que quando deixou Jerusalém. De qualquer forma, essa oposição provou ser mais perigosa do que anteriormente e finalmente fatal para ele. É possível também aceitar a possibilidade que mais tarde a rainha Helena tenha transferido seus restos para Roma, apesar de ela gostar mais de Constantinopla do que de Roma. Em qualquer dos casos, ela pode ter dado início à preservação e transferência do corpo de Matias.

> Os restos mortais dos apóstolos eram considerados como peças políticas extremamente valiosas – uma das razões pelas quais eles têm sido tão bem preservados até hoje.

Há uma tradição sistemática do movimento ocidental de quase todos os restos mortais dos apóstolos. Três fatores contribuíram para isso: (1) O zelo de colecionar da rainha Helena e outros. (2) O perigo iminente que as igrejas cristãs e os restos mortais dos apóstolos corriam por causa da invasão persa durante os séculos V e VI. (3) O valor dado às relíquias e a necessidade de protegê-las que era universalmente compartilhado pelo clero durante a Idade Média.

Esses três fatores fizeram com que os restos mortais considerados autênticos fossem resgatados e transportados para áreas consideradas mais seguras que as tumbas originais ou lugares secundários de sepultamento, como a própria Constantinopla. É impossível ignorar o fato de que o Império Romano Oriental buscou frequentemente fortalecer as alianças com Roma e com a igreja Católica Romana. Os restos mortais dos apóstolos eram considerados como peças políticas extremamente valiosas, um dos motivos pelos quais eles têm sido tão bem preservados até hoje.

De qualquer forma, os restos mortais de Matias parecem ter encontrado seu lugar de descanso tanto em Roma como em Trier, onde ainda podem ser vistos.

Outros Apóstolos Notáveis

Embora estes homens e outros como eles não fizessem parte do grupo original dos doze apóstolos de Jesus, eles se encaixam na definição de apóstolos – mensageiro ou enviado autorizado, representante de Jesus e de seu Evangelho. Após a ascensão de Cristo, seus apóstolos foram cheios do Espírito Santo e capacitados a desempenhar papéis especiais no crescimento da igreja primitiva.

João Marcos
Barnabé
Lucas
Lázaro
Paulo

Capítulo Dezesseis

JOÃO MARCOS

[Paulo escreve] Aristarco, meu companheiro de prisão, envia-lhes saudações, bem como Marcos, primo de Barnabé. Vocês receberam instruções a respeito de Marcos, e se ele for visitá-los, recebam-no. Jesus, chamado Justo, também envia saudações. Estes são os únicos da circuncisão que são meus cooperadores em favor do Reino de Deus. Eles têm sido uma fonte de ânimo para mim. – Colossenses 4.10-11

Em 1972, Louis Cassels, que de 1947 a 1967 foi editor de religião da *United Press International*, escreveu uma história que chamou a atenção de estudiosos bíblicos:

O professor Jose O'Callaghan, um estudioso espanhol do *Pontifical Biblical Institute* [Pontifício Instituto Bíblico] em Roma, identificou 19 pequenos fragmentos de papiros, encontrados em 1947 entre os Manuscritos do mar Morto, como partes de uma cópia do Evangelho de São Marcos, escrito aproximadamente no ano 50 d.C.

A data é o que importa. Estudiosos bíblicos aceitaram há muito tempo que o Evangelho de Marcos, baseado em lembranças do Apóstolo Pedro, foi escrito pouco antes da morte de Pedro em Roma, por volta do ano 68 d.C.

Considerando que Jesus foi crucificado aproximadamente no ano 33, a data acima do Evangelho de Marcos – geralmente considerado o primeiro Evangelho escrito – deixa um hiato de 35 anos no qual os detalhes históricos da vida de Jesus foram transmitidos boca a boca ou por registros agora perdidos (por exemplo, os famosos documentos "Q", pelos quais os estudiosos suplicaram por muito tempo, mas nunca encontraram).

Por meio de métodos científicos, foi descoberto que os fragmentos de papiros de O'Callaghan pertenceram a uma biblioteca palestina no ano 50 d.C. Esses fragmentos indicam que o Evangelho de Marcos poderia estar em circulação dentro do período de aproximadamente 12 anos após a morte de Jesus.

Isso é muito importante porque significa que o registro de Marcos teve de sobreviver ao difícil teste de escrita jornalística ou histórica – sendo publicado na época em que podia ser lido, criticado e caso não fosse autêntico, denunciado por milhares de judeus, cristãos, romanos e gregos que viviam na Palestina na época do ministério de Jesus.[1]

O escritor do segundo Evangelho, como aparece na ordem bíblica, era uma figura de grande importância na era apostólica.

Ele recebeu um nome romano (Marcos, *Marcus*) e outro judeu (João, *Jonah*). João morava em Jerusalém (Atos 12.12). Seu pai não é mencionado, portanto, é possível que naquele momento ele estivesse morando confortavelmente em uma casa grande com sua mãe Maria e seu primo, Barnabé (Colossenses 4.10) que também era um homem de posses (Atos 4.36-37).

Acredita-se que a família de Marcos, talvez por causa da morte de seu pai, tenha se mudado da Cirenaica, uma colônia romana ao norte da África, para Jerusalém. Isso provavelmente significaria que seu pai era romano e sua mãe certamente judia.

> Quando Marcos é mencionado pela primeira vez no livro de Atos, ele e sua mãe, Maria, já eram cristãos. Provavelmente ele foi levado a Cristo por Pedro.

No ano 44, a primeira vez em que Marcos é mencionado em Atos, ele, assim como sua mãe, Maria, já eram cristãos. Ele foi provavelmente levado a Cristo por Pedro que afetuosamente se referia a ele como seu "filho" espiritual (1Pedro 5.13).

Após uma experiência notável na companhia de muitos dos líderes da igreja de Jerusalém, cuja sede foi provavelmente estabelecida na casa de sua mãe, Marcos foi escolhido para acompanhar Paulo e Barnabé a Antioquia. Ele foi com os dois em sua primeira viagem missionária de Antioquia até Chipre, a cidade de origem de Barnabé.

Quando eles chegaram à Turquia, João Marcos, de repente, decidiu retornar a Antioquia. William Ramsey considera que o possível contágio da febre de Paulo, que ocorreu em Perga antes da equipe missionária se programar

---

1 Louis Cassels, *Glendale News Press* (15 de abril, 1972).

16. JOÃO MARCOS

para ir ao interior de Antioquia, somado às histórias perigosas de bandidos nas montanhas desoladas que se apresentavam diante deles podem ter dissuadido Marcos de prosseguir naquela área selvagem, no interior da Turquia.

Outros sugeriram que Marcos não tinha aceitado totalmente a doutrina paulina da salvação pela graça por meio da fé apenas. Esta ideia é aludida em Atos 13.5,13 pelo uso, por Lucas, do nome hebreu de Marcos – João Marcos. Acredita-se que Marcos pertencia ao grupo judeu mencionado por Lucas. Isso poderia indicar uma diferença doutrinária séria com a doutrina de Paulo com base no fato de que ele (Marcos) ainda era um judeu devoto e naquele tempo incapaz de aceitar a doutrina da fé para salvação. Falha neste ponto doutrinário era algo inaceitável para Paulo. Até mesmo após esse evento, Barnabé é acusado por Paulo de ter apresentado alguns desvios quanto à doutrina da salvação pela fé (Gálatas 2.13). Obviamente Barnabé influenciou Marcos, pelo menos, no início.

Dois anos após a partida de João Marcos de Perga, Paulo e Barnabé decidiram fazer outra viagem missionária partindo de Antioquia. Barnabé novamente quis levar Marcos, mas Paulo discordou. Paulo, portanto, escolheu a Silas e foi por terra à Turquia para visitar as igrejas que ele e Barnabé haviam organizado em sua primeira viagem lá. Barnabé levou Marcos e refez os passos que ele e Paulo haviam feito em Chipre, onde Barnabé morreu provavelmente no ano 58 d.C.

Onze anos mais tarde, em Roma, a discórdia entre Paulo e Marcos foi sanada. Marcos era um dos poucos fiéis entre os cristãos judeus em Roma que ficaram com Paulo. Ele foi descrito por Paulo em Colossenses como um cooperador honroso e um "grande consolo" a ele. Nesta epístola há a ideia de que Marcos talvez tivesse feito uma visita a Colosso. Pode ser que isso tenha realmente acontecido. Ele foi com Pedro à Babilônia. Em 1Pedro 5.13, Pedro envia da Babilônia saudações de Marcos.

Mais tarde Marcos retornou à Turquia. No momento da sua segunda prisão em Roma, Paulo pediu a Timóteo que trouxesse Marcos consigo a Roma. Em sua última carta Paulo reconhece o valor de Marcos, dizendo: "pois me é útil para o ministério" (2Timóteo 4.11).

Enquanto esteve em Roma Marcos deve ter escrito seu Evangelho a pedido de Pedro. Os Pais Pós-Nicenos registram a tradição:

> Marcos, discípulo e intérprete de Pedro, escreveu um pequeno Evangelho a pedido dos irmãos em Roma formalizando por escrito o que tinha ouvido de Pedro. Quando Pedro ficou sabendo sobre isso

deu sua aprovação e publicou-o nas igrejas para ser lido com sua autorização, conforme Clemente, em seu sexto livro *Hypotyposes, e Papias,* bispo de Hierápolis, registram. Pedro também menciona este Marcos em sua primeira epístola, figurativamente referindo-se a Roma pelo nome de Babilônia: "Ela que também está na Babilônia eleita junto convosco saúda-vos e assim também o faz meu filho Marcos".[2]

Precisamos, é claro, discordar da ideia de que a primeira epístola de Pedro foi escrita em Roma. As tradições da maioria das igrejas orientais são unânimes em dizer que ela foi escrita na Babilônia, que é exatamente o que é dito na epístola. A opinião de que significava Roma em vez da Babilônia é a única interpretação possível, semelhante à linguagem figurativa e simbólica que João usou mais tarde em Apocalipse. Porém, não havia necessidade de usar Babilônia, caso se tratasse de Roma, na primeira epístola de Pedro.

> Após a morte de Pedro e Paulo, em Roma, há uma clara tradição que João Marcos teria ido para Alexandria.

Após a morte de Pedro e Paulo em Roma há uma tradição clara de que João Marcos teria ido para Alexandria, uma cidade greco-romana no Egito sendo uma grande parte de seus habitantes judeus. Por um tempo ele trabalhou lá. É possível que durante os anos antes de se unir a Paulo e Pedro em Roma, no final de suas vidas, ele possa ter visitado a Alexandria e ajudado a organizar a igreja por lá.

A cronologia não está correta, mas duas visitas a Alexandria parecem razoáveis.

Eusébio enfatiza a tradição de que Aniano, um convertido de Marcos, teria sido seu sucessor como pastor da igreja de Alexandria "no oitavo ano do reinado de Nero". Já que Nero viveu menos de dois anos a mais que Paulo, esse fato não corrobora com a ideia de que Marcos estava em Roma durante ou próximo ao momento da morte de Pedro e Paulo. E também em 2Timóteo está claro que pouco tempo antes da morte de Paulo, Marcos estava na Turquia e não no Egito.

Em *A History of Eastern Christianity [Uma História do Cristianismo Oriental]*, Aziz S. Atiya nos conta sobre tradições firmes e detalhadas no Egito entre as igrejas coptas a respeito de Marcos:

> São Marcos levou consigo seu Evangelho para a Alexandria; e apesar de a versão grega poder cumprir seu propósito naquela cida-

---

2 Jerome, *The Nicene and Post-Nicene Fathers [Os Pais Nicenos e Pos-Nicenos]*, vol. III (Grand Rapids: Wm. B. Eerdmans Publishing Company, 1969), pp. 3-4.

16. JOÃO MARCOS

de, supõe-se que outra versão na língua egípcia tenha sido elaborada para o benefício dos convertidos nativos que não falavam o grego.

O real trabalho de Marcos estava na África. Primeiro, ele cruzou o Mediterrâneo para Cirenaica – a Pentápolis que tinha sido a residência de seus pais em tempos passados. Esse país havia sido colonizado pelos gregos e por muitos judeus que recompensaram o zelo de João Marcos com uma colheita promissora e madura. Após ter realizado muitos milagres e plantado as sementes da fé, ele foi para Alexandria por uma rota sinuosa por oásis e pela Babilônia ou o antigo Cairo. Alexandria era a cidade oriental semelhante a Roma, tanto em importância como por ser o baluarte do paganismo e era imperativo que o cristianismo vencesse os dois. A tarefa era tanto digna como perigosa.

Aqui nos deparamos com o importante problema das datas. *The History of the Patriarchs [A História dos Patriarcas]* menciona explicitamente que a revelação que Pedro e Marcos tiveram de que deveriam avançar sobre Roma e Alexandria veio no quinto ano após a Ascensão de Cristo, isto é, em 48 d.C. Outras fontes o colocam em Alexandria nos anos 55, 58 e 61 d.C. Qualquer que seja a data correta da chegada de Marcos à cidade, o consenso é que ele foi martirizado no ano 68 d.C. Entre essas duas datas ele pôde cumprir sua missão e ganhar muitas almas.

A história nos diz que ao entrar na cidade pelo portão oriental, ele quebrou a tira de seu calçado. Então, foi até um sapateiro para arrumá-lo. Quando o sapateiro pegou um furador para consertá-lo, ele acidentalmente furou sua mão e gritou: "*Heis ho Theos*" (Deus é um). Marcos alegrou-se com esta fala e, após curar milagrosamente a mão do sapateiro, tomou coragem e falou ao coração sedento do seu primeiro convertido. Este era Aniano, o sucessor de Marcos como segundo patriarca de Alexandria. A faísca foi acesa e o sapateiro levou Marcos para sua casa. Ele e sua família foram batizados e muitos outros vieram. O movimento foi tão bem-sucedido que a notícia de que um galileu estava na cidade preparando-se para destruir os ídolos se espalhou. Um sentimento popular começou a surgir e os homens o procuravam por todo lugar. Pressentindo o perigo, o apóstolo ordenou Aniano como bispo, além de três sacerdotes e sete diáconos para cuidar da congregação, caso algo acontecesse a ele.

Depois disso, ele parece ter feito duas viagens. Primeiro, navegou para Roma onde se encontrou com Pedro e Paulo e deixou a capital apenas após o martírio destes no ano 64 d.C. Então, esteve em Aquileia, próximo a Veneza, antes de seu retorno a Alexandria. Ao encontrar seu rebanho firme na fé, decidiu visitar Pentápolis onde passou dois anos operando milagres, ordenando bispos e sacerdotes e ganhando muitos convertidos. Quando ao final voltou a Alexandria, se regozijou ao descobrir que os irmãos haviam se multiplicado tanto que puderam construir uma igreja considerável no distrito suburbano de Baucalis onde o gado pastava à beira-mar.

Rumores de que cristãos ameaçavam destruir os deuses pagãos enfureceram a população idólatra. O final estava se aproximando e o santo estava sendo incessantemente caçado pelo inimigo. No ano 68 d.C., a Páscoa incidiu no mesmo dia do Festival Serápis. A multidão furiosa havia se concentrado no festival e depois desceu aonde estavam os cristãos enquanto celebravam a Páscoa em Baucalis. São Marcos foi capturado, arrastado pelas ruas com uma corda envolta em seu pescoço e depois, encarcerado durante a noite. Na manhã seguinte, o mesmo processo se repetiu até que ele morreu. Seu corpo estava dilacerado e ensanguentado, e a intenção era de cremar seus restos mortais. Porém, um vento forte soprou caindo uma chuva torrencial e a população se dispersou. Com isso, os cristãos furtivamente levaram seu corpo e secretamente o sepultaram num túmulo que eles haviam cavado na rocha sob o altar da igreja.[3]

Eusébio e outros escritores da igreja primitiva nem sempre foram exatos quanto às datas. No entanto, a tradição sobre o ministério de São Marcos e seu martírio em Alexandria tem muito fundamento histórico, como nos mostra Atiya:

> Nos séculos subsequentes o corpo de São Marcos não permaneceu intacto. Nos períodos posteriores ao Cisma entre os Coptas e os Melquitas, que estavam no poder, a igreja onde o corpo estava guardado permaneceu nas mãos dos Melquitas. Quando Alexandria foi invadida pelos árabes na Alexandria em 642, a igreja foi saqueada, sendo roubadas a vestimenta e a cabeça do apóstolo. Com o restabelecimento da paz na cidade, aquela igreja, junto com o corpo do apóstolo permaneceu nas mãos dos Melquitas. A cabeça, no entanto,

---

3 Aziz S. Atiya: *"Origins of Coptic Christianity"*, A History of Eastern Christianity [*"As Origens do Cristianismo Copta"*, Uma História do Cristianismo oriental] (London: Methuen & Co. Ltd, 1968), pp. 25-28.

retornou ao governador árabe que a cedeu ao patriarca copta Benjamim, o único clérigo que ali permaneceu após a partida dos gregos. De acordo com a sua própria história, mercadores venezianos roubaram o corpo sem a cabeça de São Marcos em 828. Eles o levaram clandestinamente [para Veneza] num tonel de carne de porco em conserva para escaparem da inspeção de muçulmanos. Por isso, Veneza ganhou seu outro título de República de São Marcos.[4]

E. M. Forster, em Alexandria: A History and a Guide [Uma História e um Guia] explica que o contrabando do corpo de São Marcos pelos venezianos foi uma tentativa de salvá-lo da profanação dos Sarracenos e menciona que a Igreja de Limours, próxima a Paris, possui um dos braços de São Marcos enquanto que Soissons tem a sua cabeça.[5]

Mary Sharp confirma a história sobre o que aconteceu com as relíquias de São Marcos:

> Seus restos mortais foram enterrados em Alexandria, mas no ano 828 mercadores venezianos levaram seus restos mortais para Veneza onde a igreja de São Marcos foi construída para recebê-los. Sob a igreja de Santa Pudenciana, em Roma, estão as ruínas da casa do primeiro século onde se afirma que Marcos teria escrito seu Evangelho.[6]

Há uma observação final. O papa Paulo VI restituiu partes do corpo de São Marcos que estava em Veneza, na Catedral de São Marcos, para a igreja copta em Alexandria. Semelhante ao seu gesto com a igreja greco-ortodoxa em Patras, quando restituiu a cabeça de seu patrono, Santo André àquele lugar, este também foi um ato de reconciliação entre dois braços muito antigos do cristianismo.

Marcos era, talvez, mais jovem que os apóstolos a quem servia. Ele parece ter vivido uma vida muito útil, foi um viajante notável e, ou acompanhou ou conheceu, muitos dos gigantes primitivos da fé cristã. Entre eles estavam Pedro, Paulo e Barnabé, sem falar em outros como Timóteo.

> Marcos parece ter vivido uma vida muito útil, foi um viajante notável e conheceu muitos dos gigantes primitivos da fé cristã.

Acredita-se que o alicerce da casa de Maria, mãe de Marcos, foi recentemente descoberto no porão da igreja de São Marcos em Jerusalém. Uma

---

4 Ibid., p. 28.
5 E. M. Forster: Alexandria: A History and a Guide [Alexandria: Uma História e um Guia] (Garden City, NJ: Doubleday Anchor Books, 1961), pp. 86-87.
6 Mary Sharp: A Traveller's Guide to Saints in Europe [Um Guia Turístico aos Santos na Europa], pp. 148-149.

inscrição antiga ali descoberta e exibida diz que a igreja original foi construída no local da casa de Maria e Marcos e que era no "cômodo superior" onde os primeiros cristãos se reuniam e onde também ocorreu a descida do Espírito Santo. Se isso for verdade, então a experiência de Marcos é uma das mais ricas de todas as personagens do Novo Testamento! Certamente que sua autoria do Evangelho de Marcos o imortaliza para todos os cristãos.

Capítulo Dezessete

BARNABÉ

Notícias desse fato chegaram aos ouvidos da igreja que estava em Jerusalém, e eles enviaram Barnabé a Antioquia. Este, ali chegando e vendo a graça de Deus, ficou alegre e os animou a permanecerem fiéis ao Senhor, de todo o coração. Ele era um homem bom, cheio do Espírito Santo e de fé; e muitas pessoas foram acrescentadas ao Senhor. – Atos 11.22-24

William Smith nos dá a seguinte descrição no *Dictionary of the Bible* [*Dicionário Bíblico*]:

Seu nome significa *filho da promessa*, ou exortação (ou, menos provável, consolação, como em A.V.), dado pelos apóstolos (Atos 4.36) a José, um levita da ilha de Chipre, que era apenas um discípulo de Jesus. Em Atos 9.27 o encontramos apresentando o novo convertido Saulo aos apóstolos em Jerusalém, indicando, portanto, que os dois já se conheciam. Ao chegar a notícia à igreja em Jerusalém de que homens de Chipre e Cirene estavam pregando aos gentios da Antioquia, Barnabé foi enviado para lá (Atos 11.19-26) e partiu para Tarso à procura de Saulo, como alguém especialmente levantado para pregar aos gentios (Atos 26.17). Após ter trazido Saulo a Antioquia, foi enviado com ele a Jerusalém para oferecer assistência aos irmãos da Judeia (Atos 11.30). Em seu retorno à Antioquia, eles (Atos 13.2) foram ordenados e enviados pela igreja para o trabalho missionário (45 d.C.). A partir desta data Barnabé e Paulo recebem o título de apóstolos.

Sua primeira viagem missionária está registrada em Atos 13. Ela foi restrita a Chipre e à Ásia Menor. Algum tempo após seu retorno a Antioquia (47 ou 48 d.C.), eles foram enviados (50 d.C.) com alguns outros, a Jerusalém, para resolver com os apóstolos e anciãos a difícil questão a respeito da necessidade de circuncisão para os gentios convertidos (Atos 15.1). Naquela ocasião, Paulo e Barnabé foram reconhecidos como Apóstolos da Incircuncisão. Após outra estada em Antioquia, em seu retorno, ocorreu uma divergência entre Barnabé e Paulo sobre a questão de levarem com eles João Marcos, filho da irmã de Barnabé, numa segunda viagem missionária (Atos 15.36). "Houve entre eles tal desavença que vieram a separar-se", e Barnabé, levando consigo a Marcos, navegou para Chipre, sua ilha nativa. A partir daqui, não há mais menção sobre Barnabé nas Escrituras.

Com respeito às suas lutas e morte, as tradições divergem. Algumas dizem que ele foi para Milão e tornou-se o primeiro bispo da igreja dessa cidade. Existe ainda uma obra apócrifa, provavelmente do século V, *Acta et Passio Barnabae in Cypro*; e mais tarde um *Encomium of Barnabas* por Alexander, um cipriota. Há, também, uma epístola com vinte e um capítulos denominada Barnabé. Sua autenticidade foi defendida por alguns grandes escritores; mas muito possivelmente tenha sido já abandonada e acredita-se que a epístola tenha sido escrita no início do segundo século.[1]

Os Últimos Anos de Barnabé

Um documento apócrifo, provavelmente datado do segundo século intitulado *The Recognitions of Clement* [O Reconhecimento de Clemente] menciona que São Clemente (supostamente o mesmo Clemente mencionado por Paulo em Filipenses 4.3), alega que seu primeiro contato com o cristianismo deu-se por causa da pregação de Barnabé, em Roma. Entretanto, não há confirmação posterior desse fato. Baseada nessa tradição, a Igreja de Chipre (Grega Ortodoxa) mantém firmemente que Barnabé viveu e morreu na ilha de Chipre. Robin Parker, em seu excelente guia de viagens *Aphrodite's Realm* [Reino de Afrodite] registra essa muito bem documentada tradição histórica:

> A Igreja de Chipre foi fundada pelos apóstolos Paulo e Barnabé no ano 45 d.C. Este último morreu em Salamina, sua cidade nativa, durante sua segunda missão na ilha e foi sepultado secretamente fora da cidade por seu parente e companheiro, São Marcos. Seus restos mortais, assim como uma cópia do Evangelho de Mateus, escrita à

---

[1] William A. Smith, *Dictionary of the Bible* [Dicionário Bíblico] (Hartford CT: S.S. Scranton and Co., 1900) pp. 98-99.

mão por Barnabé, foram encontrados pelo arcebispo de Chipre, Anthemios, durante o reinado do imperador Zeno (474-491).

Esta descoberta ajudou a assegurar a independência da Igreja de Chipre dos ataques da igreja de Antioquia que estava, então, tentando colocá-la sob a sua jurisdição. Em uma reunião convocada em Constantinopla, a Igreja de Chipre foi declarada independente com base em sua fundação apostólica e certos privilégios foram concedidos a ela pelo próprio imperador, entre eles o direito ao arcebispo de Chipre a assinar em vermelho.[2]

Segundo a tradição Católica Romana os restos mortais de Barnabé foram amplamente dispersos. Diz-se que sua cabeça está na Basílica Saint-Sernin de Toulouse, na França, como registra Mary Sharp em seu guia de viagens. "Diz-se que seu corpo foi sepultado perto do local onde ele foi martirizado, mas no século VII, durante a invasão dos Sarracenos, sua cabeça foi levada a Milão e mais tarde a Toulouse".[3]

A maioria dos estudiosos, hoje, concorda que Paulo não foi o autor do livro aos Hebreus. As notáveis autoridades, Conybeare e Howson, fazem uma forte argumentação que, de fato, foi Barnabé quem o escreveu. Considerando seu conhecimento judaico, seu longo ministério cristão e sua associação com Paulo, esta é uma teoria respeitável. Se isso for verdade, então, durante um tempo, após a morte de Paulo em Roma, Barnabé pode ter permanecido naquela cidade até a libertação de Timóteo. Isto não teria impedido Barnabé de retornar a Chipre para morrer.[4]

---

2 Robin Parker, *Aphrodite's Realm [O Reino de Afrodite]* (Nicosia, Cyprus: Zavallis Press, 1969), p. 13.
3 Mary Sharp: *A Traveller's Guide to Saints in Europe [Guia de Viagem aos Santos na Europa]*, p. 28.
4 Para o desenvolvimento completo dessa teoria consultar W. J. Conybeare and J. S. Howson's: *The Life and Epistles of St. Paul [A Vida e Epístolas de São Paulo]* (T.Y. Crowell and Co., 1895), p. 718.

Capítulo Dezoito

LUCAS

Por ser médico, Lucas sabia da importância de ser meticuloso. Ele usou suas técnicas de observação e análise para investigar profundamente as histórias sobre Jesus. Seu diagnóstico? O Evangelho de Jesus Cristo é verdadeiro! – The Life Application Study Bible [Bíblia de Estudo de Aplicação Prática].

Estamos em dívida com o falecido Dr. A. T. Robertson pela sucinta biografia de Lucas.

A lenda de que Lucas foi um dos setenta enviados por Jesus (Epiphanius, *Haer*., ii. 51, 11) é pura conjectura, assim como a história de que Lucas era um dos gregos que procurou Filipe para ser apresentado a Jesus (João 12.20), ou o companheiro de Cleopas a caminho de Emaús (Lucas 24.13). A conclusão clara de Lucas 1.2 é que o próprio Lucas não foi uma testemunha ocular do ministério de Jesus.

Em Colossenses 4.14 Paulo distingue Lucas do grupo dos "circuncisos" (Aristarco, Marcos, Jesus chamado Justo); Epafras, Lucas e Demas do grupo dos gentios. Os escritores cristãos primitivos acreditavam que ele teria vindo direto do paganismo para o cristianismo. Ele pode ou não ter sido um judeu prosélito. Sua primeira aparição com Paulo em Trôade está (cf. os versículos "no plural", Atos 16.10-12) em harmonia com esta ideia. A introdução clássica do Evangelho (de Lucas 1.1-4) mostra que ele era um homem culto (cf. Apolo e Paulo), homem das letras e seu grego tinha um estilo literário, semelhante no Novo Testamento, somente aos escritos de Paulo e à Epístola aos Hebreus.

Seu local de origem é muito incerto. O Texto D (Cordex Bezae) e várias autoridades latinas têm um "nós" na passagem de Atos 11.27.

18. LUCAS

Se essa leitura, o chamado Texto B de Blass, for o original, então Lucas estava em Antioquia e poderia ter estado presente no grande evento registrado em Atos 12.1f. Porém, é possível que o texto Ocidental seja uma alteração. De qualquer forma, não é muito provável que Lucas seja a mesma pessoa que Lúcio de Atos 13.1. Ramsay (*St. Paul the Traveller [São Paulo, o Viajante]*, 389f) acha que Eusébio (*HE*, III, iv, 6) não quis dizer que Lucas era nativo da Antioquia, mas somente que ele tinha contatos familiares em Antioquia. Jerônimo o chama de *Lucas medicus Antichensis*. Ele certamente demonstra interesse pela Antioquia (cf. Atos 11.19-27; 13.1; 14.26; 14.22-23, 30, 35; 18.22). A Antioquia, é claro, teve um papel importante no trabalho inicial de Paulo. Outras histórias dizem que Lucas viveu na Alexandria e na Acaia e narra que ele morreu na Acaia ou na Bitínia. Porém, sabemos que ele viveu em Filipos por um período considerável de tempo.

> Lucas era o médico conselheiro de Paulo e sem dúvida prolongou sua vida e o curou de muitas doenças sérias.

Ele conhece Paulo em Trôade um pouco antes da visão do Homem da Macedônia (Atos 16.10-12) e uma conversa com Paulo sobre o trabalho na Macedônia pode muito bem ter sido a ocasião daquela visão e chamado. Lucas permanece em Filipos quando Paulo e Silas deixam a cidade (Atos 16.40: "Então, partiram"). Ele está lá quando Paulo retorna em sua terceira viagem com destino a Jerusalém (Atos 20.3-5). Ele demonstra um orgulho natural diante da afirmação que Filipos é a primeira cidade do distrito quando comparada a Anfípolis e Tessalônica (Atos 16.12: "primeira do distrito"). Em suma, podemos considerar Filipos como sendo a cidade de Lucas, apesar de ele ser um homem que viajou muito e pode ter estado com Paulo na Galácia antes de ir a Trôade. Talvez ele tenha cuidado de Paulo enquanto este estava doente lá (Gálatas 4.14). Seus últimos anos foram gastos principalmente com Paulo fora da cidade de Filipos (cf. Atos 20.3–28.31, no caminho de Jerusalém a Cesareia, na viagem a Roma e em Roma).

Paulo (Colossenses 4.14) expressamente o chama de "o médico amado". Lucas era o médico conselheiro de Paulo e sem dúvida prolongou sua vida e o curou de muitas doenças sérias. Ele era um médico missionário e provavelmente manteve a prática da medicina em conexão com seu trabalho em Roma. (cf. Zahn, *Intro.*, III, 1). Ele possivelmente praticou a medicina em Malta (Atos 28.9f). Lucas demonstra uma natural predileção por termos médicos em seus livros (cf. Hobart, *The Medical Language of St. Luke* [A Linguagem Médica de São Lucas; Harnack, *NT Studies: Luke the Physician* [Estudos do NT: Lucas, o Médico], pp. 175-198).

É possível e muito provável (ver o artigo de Souter em DCG), que em 2Coríntios 8.18 "o irmão" seja equivalente a "o irmão" de Tito mencionado, isto é, "seu irmão". Se for isso devemos entender que Paulo teve contato com Lucas em Filipos a caminho para Corinto durante a sua segunda viagem (cf. também 2Coríntios 12.18). Isto explicaria, portanto, porque em Atos o nome de Tito não aparece, já que ele era irmão de Lucas, autor do livro.

> Ele foi um escritor perspicaz, sensível, com habilidade para contar histórias. Seus dois livros constituem a história mais antiga da igreja cristã.

Se a leitura do Texto D em Atos 11.27f estiver correta, Lucas encontrou-se com Paulo em Antioquia antes da primeira viagem missionária. Do contrário, este encontro só aconteceria em Trôade durante a segunda viagem. Mas, ele é mais ou menos a companhia constante de Paulo, desde Filipos em seu retorno a Jerusalém durante a terceira viagem, até os dois anos em Roma, no final de Atos. Aparentemente, ele não estava com Paulo quando Filipenses (2.20) foi escrita, apesar de, como já vimos, ele estar com Paulo em Roma quando este escreveu Colossenses e Filemon. Lucas foi a única companhia de Paulo durante sua segunda prisão em Roma (2Timóteo 4.11). Sua devoção por Paulo durante esse período de exposição ao perigo é maravilhosa.

Há uma lenda sobre Lucas que diz que ele era pintor. Plummer (*Comm. On Luke*, xxif) acha que a lenda é mais antiga do que às vezes se supõe e que tem um forte elemento de veracidade. É bem verdade que ele desenhou cenas vívidas com sua caneta. Os artistas primitivos gostavam muito de pintar cenas do *Evangelho de Lucas*. A figura alegórica de um boi ou novilho em Ezequiel 1 e Apocalipse 4 foram aplicadas ao Evangelho de Lucas.

Literatura – Bible dicts., comms., lives of Paul, intros [Dicionários Bíblicos, comentários, vidas de Paulo, introduções]. Ver também Harnack: "Lukas, der Arzt, der Verfasser" (1906); *NT Studies: Luke the Physician* [Estudos do Novo Testamento: Lucas, o Médico] (1907); Ramsay, *Luke the Physician* [Lucas, o Médico] (1908); Selwyn, *St. Luke the Prophet* [*São Lucas, o Profeta*] (1901); Hobart, *The Medical Language of St. Luke* [*A Linguagem Médica de São Lucas*] (1882); Ramsay, *Was Christ Born at Bethlehem?* [*Cristo nasceu em Belém?*] *A Study in the Credibility of St. Luke* [*Um Estudo da Credibilidade de São Lucas*] (1898); Maclachlan, *St. John, Evangelist and Historian* [*São João, Evangelista e Historiador*] (1912).¹

O estudioso católico, Rev. J. A. Fitzmyer elucida o estilo dos escritos de São Lucas:

A tradição que remonta ao período anterior a Irineu (c. 185) considera Lucas como o escritor do terceiro Evangelho. Essa autoria também era provavelmente atribuída a Justino na metade do segundo século. O cânone Muratori atribui tanto o terceiro Evangelho como Atos a Lucas. A autoria lucana aos dois livros é largamente (apesar de não universalmente) aceita pelos estudiosos modernos.

Lucas pertencia aos círculos helenistas cultos onde aprendeu a escrever com facilidade o bom idioma grego. Seus escritos revelam uma familiaridade com o método histórico dos seus dias e os "semiticismos" que se destacam por todo o seu estilo grego moderno são, às vezes, surpreendentes. Ele foi um escritor perspicaz, sensível, com habilidade para contar histórias e descrever cenas e seu Evangelho foi descrito como "o livro mais bonito" já escrito. Seus dois livros constituem a história mais antiga da igreja cristã.

O Prólogo Antimarcionita registra que Lucas escreveu seu Evangelho na Grécia; não era casado e morreu na Beócia (ou Bitínia?) com 84 anos. Porém, maiores detalhes sobre a sua vida vêm de tradições ou lendas.²

Morte e Sepultamento de Lucas

A tradição católica é resumida por Mary Sharp. "Os relatos divergem quanto à forma de sua morte. Alguns dizem que ele morreu pacificamente na Beócia e outros que ele foi crucificado com Santo André em Pátras ou Élida em Peloponeso. No período de 356-357, Constâncio II enviou seus restos mortais de Tebas, na Beócia, a Constantinopla e os colocou na Igreja dos Apóstolos construída logo depois. Diz-se que, mais tarde, sua cabeça teria

---

1 A. T. Robertson, *International Standard Bible Encyclopaedia* [*Enciclopédia Bíblica Internacional Padrão*] (Grand Rapids: Wm. B. Eerdmans Publishing Co., 1960), p. 1.936.
2 Joseph Augustine Fitzmyer, S. J., *Encyclopaedia Brittanica* [*Enciclopédia Britânica*], pp. 475-476.

> Muitos já se dedicaram a elaborar um relato dos fatos que se cumpriram entre nós, conforme nos foram transmitidos por aqueles que desde o início foram testemunhas oculares e servos da Palavra. Eu mesmo investiguei tudo cuidadosamente, desde o começo, e decidi escrever-te um relato ordenado, ó excelentíssimo Teófilo, para que tenhas a certeza das coisas que te foram ensinadas. (Lucas 1.1-4).

sido levada a Roma onde está enterrada na Basílica de São Pedro".[3]

Em 1685 Dorman Newman relata com segurança em seu *Lives and Deaths of the Holy Apostles* [*Vida e Morte dos Apóstolos Santos*] que "Lucas foi sepultado em Constantinopla na grande e famosa igreja dedicada à memória dos apóstolos". Jerônimo confirma isso ao escrever que Lucas "foi sepultado em Constantinopla, cidade para a qual, no segundo ano de Constâncio, seus ossos juntamente com os restos mortais de André, o apóstolo, foram transferidos".[4]

Visitei Tebas, na Grécia central onde, dentro do cemitério da igreja, é possível ver o túmulo original de Lucas. É um sarcófago típico romano esculpido em mármore pentélico branco extraído das pedreiras de mármore não muito distantes, ativas até hoje. Na igreja onde este sarcófago é encontrado há muitos sinais, registros e lembranças confirmando que, na verdade, foi neste antigo cemitério grego que Lucas foi sepultado primeiro. No entanto, as pessoas no comando da igreja parecem não saber do fato de que o corpo foi transportado para Constantinopla no quarto século.

A cabeça de Lucas está enterrada em Roma num altar elevado com a frente voltada ao altar central onde fica o túmulo de Pedro. Pouca atenção é dada a isso, já que sua notoriedade é obscurecida pelos restos mortais mais amplamente divulgados de Pedro e de outros apóstolos localizados nas proximidades.

---

3 Mary Sharp, *A Traveller's Guide to Saints in Europe* [*Guia aos Santos na Europa*] (London: The Trinity Press, 1964), p. 144.
4 Jerome, *The Nicene and Post-Nicene Fathers* [*Os Pais Nicenos e Pós- Nicenos*], p. 364.

Capítulo Dezenove

LÁZARO

Depois de dizer isso, Jesus bradou em alta voz: "Lázaro, venha para fora!" O morto saiu, com as mãos e os pés envolvidos em faixas de linho, e o rosto envolto num pano. Disse-lhes Jesus: "Tirem as faixas dele e deixem-no ir".
– João 11.43-44

Uma biografia completa de Lázaro até o momento após sua ressurreição foi escrita por G. H. Trever na *International Standard Bible Encyclopaedia* [Enciclopédia Bíblica Internacional Padrão]:

Lázaro, laz'a-rus (Lázaros, uma forma resumida do nome hebreu Eleazar com terminação grega): Significado: "Deus ajudou". Na Septuaginta e nos registros de Josefo são encontradas as formas Eleazár e Eleázaros. O nome era comum entre os judeus e é dado a dois homens no Novo Testamento que não têm nenhuma ligação um com o outro.

A cidade onde Lázaro vivia, mencionada em João 11.1, era Betânia. Ele era o irmão de Marta e Maria (João 11.1-2; ver também Lucas 10.38-41). Todos os três eram especialmente amados por Jesus (João 11.5) e ali em sua casa, Jesus foi recebido não apenas uma vez, mas, provavelmente, muitas vezes (Lucas 10.38-41; João 11).

Conforme sinalizado pelo número de amigos da cidade que estavam pesarosos com a notícia da sua morte e, talvez, pelo unguento caro usado por Maria, a família provavelmente fosse abastada. Na ausência de Jesus, Lázaro ficou doente, morreu e foi sepultado, mas após ter permanecido no túmulo por quatro dias foi ressuscitado pelo Salvador (João 11.3, 14, 17, 43, 44). Por isso, muitos judeus creram em Jesus, porém, outros foram comunicar o fato aos fariseus e um conselho foi nomeado para apressar o decreto da morte do Mestre (João 11.45-53).

Mais tarde, seis dias antes da Páscoa, em uma festa numa casa em Betânia onde Marta servia, Lázaro estava sentado à mesa como um dos convidados quando sua irmã Maria ungiu os pés de Jesus. (João 12.1-3). Muitas pessoas comuns que se dirigiram para lá, não somente para ver Jesus, mas também para ver Lázaro ressurreto, creram em Jesus e com muito entusiasmo testemunharam dele durante sua entrada triunfal atraindo outros da cidade para conhecê-lo (João 12.9, 11, 17, 18).[1]

Os Últimos Anos de Lázaro

Na ilha de Chipre há uma antiga e sólida tradição que diz que Lázaro fugiu de Jerusalém, aproximadamente no ano 60 d.C. Esta parece ser uma data tardia e desnecessária apesar de termos um pouco mais além de tradição para determinar esse fato.

Um panfleto publicado pela Igreja de São Lázaro em Larnaca, Chipre, registra a tradição local:

> Não sabemos o nome dos seus pais, porque as Escrituras Sagradas não mencionam nada sobre esse assunto. A única coisa que sabemos sobre eles é que Lázaro tinha duas irmãs: Marta e Maria. Nosso Senhor visitou sua casa muitas vezes em Betânia e sabe-se que existia uma verdadeira amizade entre o Mestre e essa família. Os sentimentos de Cristo por Lázaro estão descritos no Evangelho de João, onde aprendemos que, quando nosso Senhor foi informado a respeito da doença e morte de Lázaro, Ele se apressou para ir a Betânia para ressuscitá-lo, dando, por meio desta ação, alegria às infelizes irmãs, que estavam muito chocadas com a morte do irmão.
>
> Por causa desse acontecimento os judeus passaram a procurar Lázaro a fim de matá-lo, pois muitas pessoas haviam crido em Cristo. Para evitar a vingança deles, Lázaro foi forçado a visitar Chipre e Cítio[2] por volta do ano 60 ou 63 d.C., segundo uma tradição antiga e confiável.

---
1 G. H. Trever. *The International Standard Bible Encyclopaedia [Enciclopédia Bíblica Internacional Padrão]* (Grand Rapids: Wm. B. Eerdmans Publishing Co., 1960), p. 1.860.
2 Nota do tradutor: atual Larnaca.

19. LÁZARO

Em Cítio, Lázaro tornou-se o líder espiritual da cidade, onde foi bispo por 30 anos. De acordo com a mesma tradição, Lázaro morreu em Cítio onde seu túmulo ainda está preservado até a presente data.

Quando Leo, o Sábio, era o imperador bizantino, o cadáver de São Lázaro foi encontrado e levado para Constantinopla (890 d.C.).[3]

O abrangente e bem-escrito guia de turismo de Robin Parker sobre Chipre afirma que: "Conforme a tradição, São Lázaro, após ter sido ressuscitado por Cristo, veio a Chipre onde se tornou bispo da Sé de Kitium [Cítio]. A tumba vazia, onde as relíquias do santo foram encontradas, tem sido preservada e pode ser vista no andar de *bema*."[4]

Quando visitei a tumba de Lázaro em Chipre, o sacerdote grego de lá explicou que o corpo de Lázaro havia sido transportado no passado para Marselha, na França. Ele não sabia os detalhes ou a data. É provável, conforme diz Patsides, que os ossos de Lázaro tenham sido realmente removidos de Constantinopla no nono ano e levado a Marselha. As relíquias desde então desapareceram de Marselha, mas há alguma documentação que em determinado tempo eles estiveram lá.

Os judeus procuraram Lázaro a fim de matá-lo, pois muitas pessoas creram em Cristo [que ressuscitara Lázaro].

A tradição é tão sólida que abre uma questão: será que Lázaro viajou de Chipre para Marselha e serviu lá? Isto não significa que ele não possa ter ao final voltado para Chipre e morrido lá, mas há alguma indicação que Lázaro tenha passado algum tempo pregando em Marselha. Conhecendo os típicos deslocamentos daqueles que viveram na era apostólica, é difícil alguém querer levantar alguma objeção ao fato de Lázaro ter ministrado em Chipre, como o fizeram Paulo e Barnabé, e então ter partido para Marselha. Também não é impossível que ele tenha retornado a Chipre para seu retiro e morte.

Mais tarde seus ossos foram certamente removidos para Constantinopla e ainda mais tarde retornaram, não para Chipre, mas para Marselha, cidade com a qual ele tinha uma antiga associação. J. W. Taylor, um escritor fascinante, descreve a história de Lázaro em Marselha assim:

> Se chegar a Marselha e caminhar pelo *Quai de La Joliette* [Cais de La Joliette] até a parte mais baixa da *Rue de La Cannabiere* [Rua Canabière] e, então, pegar qualquer uma das ruas baixas à direita,

---
3   A. Patsides. *St. Lazarus and His Church in Larnaca [São Lázaro e Sua Igreja em Larnaca]* (Larnaca, Cyprus: The Church of St. Lazarus), p. 2.
4   Robin Parker. *Aphrodite's Realm [O Reino de Afrodite]*, p. 108.

descobrirá que está contornando o mais antigo cais de Marselha e que, ao virar novamente à direita e seguir pela Rua Sainte a certo ponto acima do mar, diretamente à sua frente, numa colina, está a antiga igreja de São Vitor.

Ela se parece mais com um velho calabouço ou fortaleza do que com uma igreja, mas esta igreja tem apenas uma importância secundária. Ela esconde algo muito mais interessante em seu subsolo. Uma porta no lado sul da nave leva a uma igreja subterrânea, grande e alta, datada do quarto século. Ela foi construída pelos monges Cassianitas e devido à sua posição tem se mantido intocável e não pode ser destruída ao longo dos séculos desde então.

Toda esta vasta igreja do quarto século foi visivelmente construída ao redor de uma ainda mais antiga caverna ou gruta conhecida como a igreja original do primeiro século ou o refúgio de São Lázaro.

Próximo à sua entrada há uma escultura de folhas de videira datadas do quarto século e, agrupadas próximas a ela, há capelas dedicadas a São Cassiano, São Vitor entre outros santos. Os corpos dos santos, no entanto, foram removidos. Duas pedras de sarcófagos, que dizem ser do segundo século, eram maciças demais para serem saqueadas e ainda permanecem lá.

A grande altura desta abadia subterrânea, sua escuridão, sua quietude, os poucos, porém, perfeitos pilares redondos espalhados que dão suporte ao teto e à capela do primeiro século que fica em seu interior, tudo, se harmoniza para produzir uma imagem impressionante e irresistível da vida e da arquitetura cristã primitiva.

Nenhuma explicação que eu conheça já foi ou pode ser dada a não ser esta oferecida pela tradição – que ali foi o lugar onde Lázaro de Betânia viveu, pregou, ministrou e morreu. Por esse motivo, dentro de dois ou três séculos seguintes, essa igreja foi construída em honra à sua memória e como santuário para abrigar seu corpo que naquele tempo estava presente ali.

Ao longo de todos estes anos, desde então, esta crença tem sido firmemente mantida, e ainda hoje se mantém viva como nunca. Se retornarmos da gruta ou igreja subterrânea para a igreja de São Vitor (acima), no final oeste da nave, embaixo da galeria do órgão, encontraremos uma estátua de São Lázaro em tamanho natural, sua mão esquerda segurando um cajado, sua face voltada para o céu e embai-

19. LÁZARO

xo da estátua dois pedaços de pedra removidos do antigo sepulcro em Betânia, de onde nosso Senhor o ressuscitou.[5]

Estas informações parecem ter sido extraídas da *Life [Vida]* que foram escritas pelos monges da abadia em Betânia, uma igreja e monastério erigidos em Betânia antes das devastações dos Sarracenos, para guardar o túmulo do qual se diz ter São Lázaro sido ressuscitado pelo nosso Senhor.

Os extratos, segundo Faillon (Monuments In-edits, vol. II, p. 114, etc.) dizem:

A tradição declara que São Lázaro, após a ascensão de Jesus Cristo permaneceu por um tempo na companhia dos apóstolos com os quais supervisionou a igreja que estava em Jerusalém. Depois disso, ele foi para a ilha de Chipre a fim de escapar da perseguição que se levantou contra Estevão (isto indicaria uma data anterior ao ano 60 d.C. para a vinda de Lázaro a Chipre – Ed.).

Tendo cumprido por muitos anos o ofício de sacerdote missionário, ele entrou num navio e atravessando o mar, pela graça de Deus chegou a Marselha, a cidade mais célebre de Provença. Ali, exercendo as funções de seu pastorado, serviu a Deus, a quem tinha consagrado completamente sua vida em retidão e verdadeira santidade. Ele pregou as obras da Vida àqueles que ainda não a tinham recebido e muitos se converteram a Jesus Cristo... Nós, que ocupamos sua antiga casa em Betânia – isto é, seu primeiro túmulo – e realizamos nossas obrigações religiosas no local de sua primeira morada, humildemente oramos a Jesus Cristo, pelos méritos de São Lázaro, nosso padroeiro e a seu próprio amigo especial, para que Ele nos agracie com direcionamento pela sua bondade, a fim de podermos nos regozijar com seu auxílio durante esta vida e ser associado a Ele nas alegrias da vida vindoura.[6]

> Declarou-lhe Jesus [Marta], "Teu irmão há de ressurgir."
> "Eu sei, replicou Marta, que ele há de ressurgir na ressurreição, no último dia."
> Disse-lhe Jesus: "Eu sou a ressurreição e a vida. Quem crê em mim, ainda que morra, viverá; e todo o que vive e crê em mim não morrerá, eternamente..."
> João 11.23-26.

---

5   J. W. Taylor. *The Coming of the Saints [A Vinda dos Santos]* (London: The Covenant Publishing Co., Ltd., 1969), pp. 188-189.
6   Idib., pp. 121-122.

Não restam dúvidas de que essa tradição, tanto quanto é concebida na vida de Rábano, foi aceita por toda a igreja latina for mais de mil anos. Como prova disso, precisamos apenas nos voltar para o Breviário do Dia de Santa Marta, 29 de julho. Lá encontramos uma lição para a segunda noite que nos diz como Maria, Marta e Lázaro, com seus servos Marcela e Maximino, um dos setenta e dois discípulos, foram capturados pelos judeus, colocados num barco sem velas ou remos e levados com segurança ao porto de Marselha. Tocados por este notável fato, os povos das terras vizinhas rapidamente se converteram ao cristianismo. Lázaro tornou-se bispo de Marselha, Maximino de Aix, Maria viveu e morreu como ermitã nas partes altas da montanha, ao passo que Marta fundou um convento de mulheres, tendo morrido no quarto dia antes das calendas de agosto e foi sepultada com grande honra em Tarascon (a data desta tradição não pertence ao primeiro ou segundo século já que a referência a um ancião como "sacerdote" ou a Maria como "Anacoreta" pertence, no mínimo, ao terceiro século – ed.).

O oratório e a Catedral de Arles (1152), que honram a memória de São Trófimo; a Igreja de Santa Marta em Tarascon (1187-1192) e a gruta da antiga Abadia de São Vitor em Marselha, datada do quarto século e que constitui um memorial eterno a São Lázaro, todos testemunham a fé e devoção daqueles que os construíram.[7]

Roger de Hovedon em seu terceiro volume tratando dos eventos que aconteceram entre 1170 e 1192, nos dá uma boa descrição de Marselha ao escrever: "Marselha é uma cidade episcopal sob o domínio do rei de Aragon. Aqui estão as relíquias de São Lázaro, o irmão de Santa Maria Madalena e Marta, que teve seu episcopado aqui por sete anos após Jesus tê-lo ressuscitado".[8]

Outra descrição vem da literatura da igreja primitiva. Em 1040, na Bula de Bento IX (relativo ao estabelecimento da Abadia de São Vitor, em Marselha, após a expulsão dos Sarracenos), encontramos a história da fundação da Abadia de São Vitor na época do imperador Antonino, de seus edifícios por São Cassiano e da consagração do sofrimento e das relíquias de São Vitor, seus companheiros, Hermes e Adriano e "São Lázaro que foi ressuscitado por Jesus Cristo".[9]

---

7 Ibid., pp. 106-107.
8 Roger de Hovedon, W. Stubbs, Ed., vol. III (Longmans, 1868), p. 51.
9 J. W. Taylor. *The Coming of the Saints [A vinda dos Santos]* (London: The Covenant Publishing Co., Ltd., 1969) p. 108.

19. LÁZARO

George F. Jowett escreve em *The Drama of the Lost Disciples [O Drama os Discípulos Perdidos]*:

A igreja primitiva registra e Lyons confirma os mesmos fatos:

Lázaro retornou a Marselha, na Gália, vindo da Britânia, levando consigo Maria Madalena e Marta. Ele foi o primeiro bispo nomeado, morrendo lá sete anos mais tarde.

Ele foi o primeiro bispo de Marselha e construiu a primeira igreja no local onde a atual catedral se encontra. Durante os poucos anos que viveu para ensinar em Marselha ele fundou outras igrejas. Sua zelosa pregação e gentil disposição deixaram uma profunda impressão na Gália, ao ponto dele ser mais lembrado na França do que Filipe, apesar da longa jornada de Filipe na Gália. Em muitos bairros ele é considerado o apóstolo da Gália e suas relíquias são grandemente valorizadas até hoje. Em Marselha, Lyon, Aix, St. Maximin, La Saint Baume e em outros lugares ainda há inúmeros monumentos, liturgias, relíquias e tradições à sua eterna memória. Ele foi o primeiro do grupo original de Betânia associado a José, a morrer. Conforme os registros declaram, ele morreu de morte natural sete anos após ter retornado a Marselha... o que colocaria a data da sua morte entre os anos 44 e 45 d.C.[10]

As datas sugeridas acima não estão compatíveis com as outras tradições, que têm maior aceitação entre os estudantes de tradição.

A informação fornecida por Taylor e Jowett não é geralmente aceita por historiadores da igreja, mas como contém algumas documentações valiosas não facilmente encontradas em outro lugar, a informação acima é citada por seu possível valor.

Qualquer outra informação que possa ser verdadeira, no mínimo aquilo que pode ser dito sobre Lázaro, é que ele teve uma sólida ligação tanto com Chipre como com Marselha, na França.

---

10 George W. Jowett. *The Drama of the Lost Disciples [O Drama dos Discípulos Perdidos]* (London: Covenant Publishing Co., Ltd., 1970), pp. 163-164.

Capítulo Vinte

PAULO

Paulo, apóstolo enviado, não da parte de homens nem por meio de pessoa alguma, mas por Jesus Cristo e por Deus Pai, que o ressuscitou dos mortos.
– Gálatas 1.1

Este notável apóstolo, apesar de não ser um dos Doze, nem poder ser descrito como um subapóstolo, pertence a uma classe especial. A conversão de Paulo só se deu um longo tempo após a eleição de Matias, a fim de substituir Judas Iscariotes. Além disso, Paulo teve de suportar anos de obscuridade em Tarso, após sua conversão, até se tornar um missionário. A maioria das bibliotecas teológicas tem biografias completas de Paulo. Apresentaremos, portanto, somente as tradições menos conhecidas sobre Paulo ou aquelas que não foram adequadamente apresentadas nas biografias existentes.

Paulo em Petra

O fato de Paulo ter ido à Arábia após ter fugido de Damasco está registrado em Gálatas 1.17. Há uma grande possibilidade de que a Arábia mencionada seja a área distante ao sul de Amã, na Jordânia, que tem Petra como cidade principal. Petra era a cidade capitólio do rei Aretas que é significantemente mencionado por Paulo em 2Coríntios 11.32. É difícil imaginar Paulo passando um tempo em Arabia Petrea (como era conhecida) sem ir à gloriosa cidade de Petra que naquele tempo era a única cidade digna do nome numa área tipicamente desértica e improdutiva. Ali, ele recebeu de Jesus Cristo, disse ele, aquelas revelações especiais do Evangelho da graça que deram tamanha liberdade e poder às igrejas que ele organizou.

20. PAULO

Paulo na Espanha

Em sua carta aos Romanos, Paulo revela sua intenção de visitar Roma ("planejo fazê-lo quando for à Espanha" – Romanos 15.28), porém, sua primeira prisão o impediu de realizar isso. Se ele foi libertado após seu primeiro julgamento, é bem possível que ele tenha ido lá e ainda mais distante. Por que ele queria ir à Espanha? Porque era a parte mais ocidental da Europa e também porque lá havia colônias de judeus. Alguns deles eram escravos, presos como prisioneiros políticos de Herodes Antipas. Tanto a *Epístola de Clemente* como o *Fragmento de Muratori* sugerem esta possibilidade e afirmam que Paulo visitou a Espanha. Eusébio, bem como o Sr. William Ramsey, apontam para um hiato na vida de Paulo entre os anos 61 e 65 d.C. Durante este tempo ele pode ter ido à Espanha e para algum outro lugar também.

> A conversão de Paulo só se deu um longo tempo após a eleição de Matias, a fim de substituir Judas Iscariotes. Paulo teve de suportar anos de obscuridade, até se tornar um missionário.

"Os Atos, no entanto, de todos os Apóstolos estão escritos em um livro; *Lucas*, ao excelentíssimo Teófilo, inclui eventos os quais foram realizados em sua própria presença, como ele mesmo simplesmente demonstra ao deixar de fora o sofrimento de Pedro e também a saída de Paulo da cidade em sua viagem à Espanha."[1]

Uma biografia confiável *The Life and Epistles of the Apostle Paul* [A vida e as Epístolas do Apóstolo Paulo] de W. J. Conybeare e J. S. Howson, que é tão amplamente aceita como uma biografia de Paulo como qualquer outra, afirma enfaticamente que Paulo realmente foi à Espanha, passando no mínimo dois anos lá.[2]

Paulo em Roma

A primeira prisão de Paulo não foi uma prisão propriamente dita. Ao contrário, o capítulo 28 de Atos nos diz que Paulo viveu dois anos em sua própria casa, ministrando a todos aqueles que iam vê-lo, cujo número era grande. Após sua libertação, viagens e segunda prisão, ele foi levado à prisão

---

1 J. Stevenson. *A New Eusebius* [Um Novo Eusébio] (London: William Clowes and Sons, Ltd., S. P. C. K., 1957, 1960), p. 145.
2 W. J. Conybeare and J. S. Howson. *The Life and Epistles of the Apostle Paul* [A Vida e as Epístolas do Apóstolo Paulo], p. 679.

Mamertina, construída para presos políticos um século antes do seu encarceramento. É uma construção repugnante que ainda existe em Roma.

"São Paulo foi enviado a Roma no segundo ano do reinado de Nero, [i.e. ano 56 d.C.] com cuja data concordam Bede, Ivo, Freculphus Platina, Scaliger, Capellus, Cave, Stillingfleet, Alford, Godwin *De Proesulibus*, Rapin, Bingham, Stanhope, Warner e Trapp. Cremos ser esta a data correta".[3]

W. J. Conybeare e J. S. Howson concordam com isso:

A evidência sobre este assunto, apesar de (como já dissemos) não ser ampla, é conclusiva até aqui e segue em apenas uma direção. A parte mais importante é fornecida por Clemente, o discípulo de Paulo mencionado em Filipenses 4.3, que depois se tornou bispo de Roma. Este autor, ao escrever de Roma a Corinto, expressamente afirma que Paulo tinha pregado o Evangelho "no Oriente e no Ocidente", que ele "tinha instruído *o mundo todo* [i.e. o Império Romano, o qual era assim chamado] em justiça", e que ele "tinha ido até as extremidades do Ocidente" antes de seu martírio.

Para um autor romano, no entanto, o Extremo Ocidente poderia significar nada menos que a Espanha e a expressão é frequentemente utilizada por escritores romanos ao se referirem à Espanha. Aqui temos, portanto, o expresso testemunho do próprio discípulo de Paulo dizendo que ele cumpriu seu propósito original (mencionado em Romanos 15.24-28) de visitar a península espanhola e, consequentemente, que ele tinha sido libertado de seu primeiro período na prisão em Roma.

A próxima evidência que temos sobre o assunto está no cânone do Novo Testamento, compilado por um cristão desconhecido por volta do ano 170 d.C., conhecido como o *Cânone de Muratori*. Nesse documento está relatado que na história dos Atos dos Apóstolos "Lucas relata a Teófilo os eventos dos quais ele tinha sido testemunha ocular, como também, em outro lugar separado, isto é em Lucas 22.31-33, ele abertamente declara o martírio de Pedro, porém (omite) a viagem de Paulo de Roma para a Espanha".

Num outro lugar, Eusébio nos declara: "Após ter sido bem-sucedido em defesa própria, está relatado que o apóstolo seguiu em frente para proclamar o Evangelho e em seguida voltou uma segunda vez a Roma e foi martirizado sob o domínio de Nero".

---
3   R. W. Morgan. *St. Paul in Britain [São Paulo na Grã-Bretanha]* (London: The Covenant Publishing Company, Ltd., 1860), p. 60.

20. PAULO

Depois disso, temos a declaração de Crisóstomo que menciona ser, sem dúvida, um fato histórico que "Paulo, após ter residido em Roma, partiu para a Espanha".

Aproximadamente durante o mesmo período, Jerônimo apresenta a mesma informação, dizendo que "Paulo havia sido libertado por Nero, para que ele pudesse pregar o Evangelho de Cristo no Ocidente".

Contra esse testemunho unânime da igreja primitiva não há nenhuma evidência externa que se oponha. Aqueles que duvidam da libertação de Paulo da prisão são obrigados a se referir a uma hipótese sem fundamento ou a argumentações inconclusivas de probabilidade.[4]

Jerônimo faz um relato sobre Paulo e Nero:

É preciso dizer que, não tendo ainda se confirmado o poder de Nero, nem sua perversidade revelada a tal ponto quanto a história relata a seu respeito, em sua primeira defesa, Paulo foi liberado por Nero para que o Evangelho de Cristo pudesse ser pregado também no Ocidente. Como o próprio Paulo relata em sua segunda epístola a Timóteo, no momento em que ele estava para ser sentenciado à morte, ditando sua epístola como ele fez na prisão: "Na minha primeira defesa, ninguém apareceu para me apoiar; todos me abandonaram. Que isso não lhes seja cobrado. Mas o Senhor permaneceu ao meu lado e me deu forças, para que por mim a mensagem fosse plenamente proclamada, e todos os gentios a ouvissem. E eu fui libertado da boca do leão" (2Tm 4.16-17) – claramente comparando Nero a um leão por causa da sua crueldade. ...[Paulo] então, no quarto ano do reinado de Nero, no mesmo dia que Pedro, foi decapitado em Roma por amor a Cristo e sepultado na Via Ostiense, 27 anos após a paixão do nosso Senhor.[5]

Alguns detalhes a respeito do lugar de residência de Paulo durante sua primeira visita estão registrados por R. W. Morgan em sua obra *São Paulo na Britânia*:

Barônio apresenta a seguinte nota no título: – "Foi-nos entregue pela firme tradição de nossos patriarcas que a Casa dos Pudens foi a primeira a receber São Pedro em Roma e que lá os cristãos em assem-

---
4 W. J. Conybeare and J. S. Howson. *The Life and Epistles of the Apostle Paulo [A Vida e as Epístolas do Apóstolo Paulo]*, pp. 679-680.
5 Jerome. *The Nicene and Post-Nicene Fathers [Os Pais Nicenos e Pós-Nicenos]*, p. 363.

bleia formaram a Igreja e que, dentre todas as igrejas, a mais antiga é esta chamada pelo nome de Pudens".

Que o palácio de Claúdia era a casa dos apóstolos em Roma todos os historiadores eclesiásticos parecem concordar. Até mesmo Robert Parsons, o jesuíta, admite: "Claudia foi a primeira anfitriã ou hospedeira tanto de São Pedro como de São Paulo durante a estada deles em Roma". Ver *Three Conversions of England [Três Conversões da Inglaterra]* Parson, vol. I, p. 16.[6]

George F. Jowett amplia nosso conhecimento sobre as tradições de São Paulo em Roma com base na História quando registra:

Ainda podemos consultar as páginas da *Martirologia de Roma, As Menologias Gregas* e *Martirologias de Ado, Usuardo e Esquilino* e lá encontrar suas gloriosas histórias, onde o dia do nascimento de cada um deles está registrado e descrito. Elas estão descritas como a seguir:

17 de maio: Dia do nascimento do abençoado Pudens, pai de Praxedes e Pudenciana. Sendo batizado pelos apóstolos, vigiou e guardou seu manto puro e sem mancha para a coroação de uma vida irrepreensível.

17 de maio: Dia do nascimento de Santa Pudenciana, a virgem, da mais ilustre descendência, filha dos Pudens e discípula do Santo Apóstolo Paulo.

20 de junho: Dia do nascimento de São Novatos, filho do abençoado Pudens, irmão de São Timóteo, o Ancião e das virgens de Cristo: Pudenciana e Praxedes. Todos eles foram instruídos na fé dos apóstolos.[7]

O registro mais autêntico que ainda pode ser visto e lido está na parede do antigo Palácio dos britânicos, a igreja santificada de Santa Pudenciana. O memorial foi esculpido em suas paredes após a execução de Praxedes no segundo século, a última sobrevivente do grupo cristão original e filha mais nova de Claudia e Pudens.

Inscritas em poucas palavras, uma história nobre e trágica é contada: "Nesta sagrada e mais antiga igreja, conhecida como a igreja do pastor (Hermas), dedicada pelo Santíssimo Papa (São Paulo), anteriormente a casa de São Pudens, o senador, e a casa dos doze apóstolos, repousam os restos mortais de três mil abençoados mártires

---

6   R. W. Morgan. St Paul in Britain [São Paulo na Grã-Bretanha], p. 59.
7   George F. Jowett. *The Drama of the Lost Disciples* [O Drama dos Apóstolos Perdidos], p. 130.

que Pudenciana e Praxedes, virgens de Cristo, enterraram com suas próprias mãos".[8]

As martirologias nos informam que a família Pudens, após ter reavido o corpo de Paulo, o enterrou na propriedade da família na Via Ostiense. Sabemos por meio dos registros históricos que Constantino, o primeiro imperador cristão de Roma, sabendo onde o corpo mutilado de Paulo se encontrava, mandou que o escavassem. Ele ordenou que seu corpo fosse colocado em um caixão de pedra onde construiu uma igreja, ainda hoje conhecida como a igreja de São Paulo Extra-Muros, significando que sua igreja e seu corpo estavam localizados fora dos muros de Roma. A igreja original pereceu e outra ainda maior foi construída no local. Um incêndio a destruiu em 1823. Na igreja atual, construída após o incêndio, que ainda carrega seu antigo nome, há sempre um padre beneditino guardando a igreja diante das grades no andar do altar principal. Ocasionalmente, quando há visitantes especiais, o padre move as grades, ilumina a cela abaixo descendo uma luz até o chão onde se vê uma placa de pedra bruta contendo o nome "Pauli".[9]

Nenhuma outra tradição sugere outro lugar para o martírio de Paulo além de Roma. O livro de Atos certamente termina com o apóstolo em Roma. Um intervalo entre o seu primeiro e o seu último aprisionamento lá é claramente indicado e atestado pelos pais da igreja primitiva.

É igualmente certo que Constantino erigiu uma igreja sobre o lugar onde ele sepultou novamente Paulo. Parece que as relíquias do apóstolo foram colocadas na catacumba sob o altar da igreja de São Paulo Extra-Muros na Via Ostiense, não muito distante do local onde ele foi martirizado nas Três Fontes.

Segundo a tradição, Paulo sofreu o martírio num lugar chamado *Aquae Salviae*, agora a Abadia das Três Fontes, foi enterrado em *praedio Lucinae*, isto é, num pequeno cemitério ao lado da Via Ostiense, aproximadamente mil passos do portão com o mesmo nome. Um *"cellae memoriae"* [santuário] foi provavelmente erigido sobre o seu túmulo. Constantino transformou este *"cellae memoriae"* dos apóstolos Pedro e Paulo em basílicas; o *Liber Pontificalis* [o Livro dos Pontífices], de fato, registra que o imperador *"fecit basilicam Sancto*

---

8 Ibid., p. 128.
9 Ibid., pp. 179-180.

Paulo Apostolo cuius corpus recondidit et conclusit in arca sicut Sancti Petri" [construiu a basílica do apóstolo São Paulo onde seu corpo foi colocado assim como fez com o corpo de São Pedro].

Dizem que o Papa Silvestre I consagrou a igreja no mesmo dia em que a basílica de São Pedro foi consagrada, em 18 de novembro do ano 324. Nos *Atos de São Silvestre*, valiosas doações feitas à igreja por Constantino estão também registradas; a primeira igreja era provavelmente pequena e a fachada ficava na Via Ostiense.

No ano 386 um decreto imperial de Valentiniano II, Teodósio e Arcádio ao prefeito de Roma declarava que a igreja deveria ser ampliada, de acordo com a santidade do lugar, o grande movimento de peregrinos e a devoção que possuíam. O decreto acrescentava que a nova igreja *"si placuerit tam populo quam Senatui"* [Se isso agrada ao povo e ao Senado] deveria ser ampliada em direção à planície em vez de em direção à inclinação próxima. A construção foi confiada a Ciriades conhecido como o *"mechanicus"* [mecânico] ou "Professor de *mechanicus*" [mecânica], que construiu a igreja com cinco naves, oitenta colunas e um enorme pórtico, provavelmente semelhante ao da antiga basílica de São Pedro. A igreja foi consagrada pelo Papa Sirício no ano 390. A construção da igreja foi concluída no ano 395 d.C., de acordo com a inscrição no Arco do Triunfo, cujo adorno em mosaico foi autorizado e pago por Galla Placídia, no governo de Honório, e restaurado pelo Papa Leão, o Grande, após ter sido severamente danificado por um terremoto ou por um incêndio. Uma inscrição menciona a restauração ocorrida durante o papado de Leão, o Grande, pelo padre Félix e seu diácono Adeodato e outra inscrição registra as importantes obras encarregadas por um certo Eusébio.

A inscrição permaneceu ao longo dos séculos no local onde Constantino erigiu a basílica original, sobre o túmulo de São Paulo, ficando exposto até o século IX quando foi levantada uma parede. Pode novamente ser visto durante as obras de restauração ocorridas no século XIX. O sarcófago que contém o corpo do Apóstolo dos Gentios está coberto com uma placa de mármore com a seguinte inscrição: "Paulo – o Apóstolo Mártir", que remonta ao século IV, de acordo com os estudiosos famosos que estudaram a inscrição.[10]

Mary Sharp apresenta a versão católica da morte de São Paulo:

---

10 Cecilia Pericoli Ridolfini. *St. Paul's Outside the Walls, Rome [São Paulo Extra-Muros, Roma]* (Bologna: Pfligrafici II Resto Del Carlino, 1967), pp. 3, 16.

20. PAULO

A história de São Paulo está integralmente registrada no Novo Testamento (exceto sua visita à Espanha que foi sugerida pela Epístola de Clemente e afirmada no fragmento de Muratori e a lenda tem pouco a adicionar). Acredita-se que ele foi martirizado fora do Portão Ostiense no mesmo dia em que São Pedro foi crucificado e quando sua cabeça foi decapitada ela saltou três vezes do chão e em cada lugar onde ela bateu uma fonte de água teria jorrado: a primeira, quente, a segunda, morna, e a terceira, fria. O local é ainda hoje venerado como as Três Fontes, e estas ainda existem; apesar de haver pouquíssima diferença de temperatura entre elas. Ele foi originalmente sepultado na Via Ostiense, onde a Basílica de São Paulo Extra-Muros se encontra hoje. Quando as tumbas dos cristãos estavam sendo ameaçadas de profanação durante a perseguição de Valeriano, os corpos de São Paulo e São Pedro teriam sido retirados, no dia 29 de junho do ano 258 d.C., para um local chamado *Ad Catacumbas*, na Via Apia. Se isso for verdade, o corpo de São Paulo mais tarde retornou ao seu local original, porém, sua cabeça e a de São Pedro foram levadas para a basílica de São João Laterano.[11]

Paulo na Inglaterra?

A ideia de que Paulo e outros apóstolos podem ter visitado e ministrado na Inglaterra não encontra muita consideração séria ou mesmo interesse entre a maioria dos historiadores da igreja. Eles podem estar até certos, mas há evidências demais de possibilidade de viagens apostólicas na região para que os estudiosos mais sérios descartem totalmente essa questão.

O mínimo que um estudioso com uma mente curiosa pode fazer é examinar quais evidências, tradições e lendas realmente existem e, se for o caso, determinar a validade que elas podem ter.

Como já observado no capítulo treze, a Britânia era um país altamente desenvolvido quando os primeiros fenícios a visitaram, mais de um milênio antes da Era Apostólica. Descobertas recentes realizadas na Grécia continental revelam a importância da Britânia, firmemente datada de 1500 a.C.[12]

Durante o período romano a Britânia era um lugar onde já havia minas, cidades, estradas, escolas, governo, exército de tecnologia avançada, etc. Sêneca, o mentor de Nero, fez grandes investimentos na Britânia durante o

---
11 Mary Sharp. *A Traveller's Guide to Saints in Europe* [Um Guia aos Santos na Europa], p. 173.
12 See National Geographic (Maio 1972), p. 707.

início do período apostólico. Por que alguns dos apóstolos *não* viajariam para lá? Eles certamente foram a muitos outros lugares igualmente distantes e estranhos como a Rússia, a Índia e os países Balcãs.

Enquanto visitava Bath, na Inglaterra, comprei uma moeda de prata encontrada nos banhos romanos que haviam ali, datada do período de Nero. Tal evidência da presença romana, reafirmada pela cunhagem de moedas, havia se espalhado amplamente pela Britânia muito antes do clímax da era dos trabalhos apostólicos. Tal descoberta não *prova* que os apóstolos ou mesmo os cristãos estiveram na Inglaterra naquele tempo, mas objeções insignificantes que tal coisa fosse *possível* também não podem ser levantadas. "Desde a Índia até a Britânia", escreve São Jerônimo (378 d.C.), "todas as nações celebram a morte e a ressurreição de Cristo".[13]

R. W. Morgan diz: "No ano 320 d.C., Eusébio, bispo da Cesareia fala sobre missão apostólica à Britânia como um assunto de notoriedade: 'Os apóstolos passaram para além do oceano às ilhas chamadas Ilhas Britânicas'".[14]

Morgan continua:

> Há seis anos na vida do apóstolo Paulo que precisam ser considerados entre sua liberação, após sua primeira prisão, e seu martírio em *Aquae Salviae* na Via Ostiense, próximo a Roma. Certamente uma parte deste período, talvez a maior dela, tenha sido passada na Britânia, em Silúria ou Câmbria, fora dos limites do Império Romano; por isso o silêncio dos escritores gregos e latinos sobre isso.[15]

Talvez os entusiastas por esta interpretação da história tenham ido longe demais. As citações que fundamentam esta interpretação variam desde os pais da igreja primitiva até os menos conhecidos escritores modernos da história do cristianismo. Abaixo, exemplos de ambos:

> São Clemente, eloquentemente resume a magnitude das conquistas do Apóstolo dos Gentios. Por pertencer ao grupo original de Betânia que residia em Avalon com José, ele conheceu São Paulo intimamente e muito antes de seguir os passos de seu querido amigo Linus, tornando-se bispo de Roma. Ele escreve:
>
> "Deixando os exemplos da antiguidade e tomando como referência os mais recentes, consideremos os nobres exemplos dos nos-

---

13 Jerome. In Isaiam, c. LIV; also Epistol., XIII. Ad Paulinum.
14 Eusebius. *De Demonstratione Evangelii*, lib. III, [Eusébio. Da Demonstração do Evangelho, livro III, citado em R. W. Morgan, *São Paulo na Grã-Bretanha*] p. 108.
15 Ibid., p. 175.

sos tempos. Vamos considerar o bom apóstolo Pedro que por ódio injusto, passou não por um ou dois, mas por muitos sofrimentos e tendo passado pelo martírio, partiu para ocupar o lugar de glória ao qual tinha direito. Também Paulo, tendo sido acorrentado sete vezes, e tendo sido perseguido e apedrejado recebeu o prêmio por sua resignação. Pois ele foi o mensageiro do Evangelho no Ocidente assim como no Oriente e usufruiu da reputação ilustre da fé ensinando o mundo todo a ser justo. E, após sua estada no extremo Ocidente, sofreu o martírio diante dos soberanos da humanidade e partindo deste mundo, foi para o seu santo lugar; ele é o exemplo mais brilhante de firmeza que possuímos".

"O Extremo Ocidente" era a expressão usada para referir-se à Britânia.

Capellus em *History of the Apostles [História dos Apóstolos]* escreve: "Não conheço nenhum autor do período dos pais da igreja em diante que não afirme que São Paulo, após sua liberação, tenha pregado em todos os países do Ocidente, na Europa, inclusive na Britânia".[16]

No entanto, há mais sólida evidência de uma tradição cristã de evangelismo apostólico na Britânia – possivelmente de Paulo.

Tertuliano (155-222 d.C.), o primeiro pai da igreja, o primeiro grande gênio depois dos apóstolos entre os escritores cristãos, escrevendo no ano 192 d.C. disse: "As extremidades da Espanha, várias partes de Gália e as regiões da Britânia que nunca foram invadidas pelos exércitos romanos receberam a religião de Cristo" (Tertullian, *Def. Fidei*, 179).[17]

No mesmo livro, Lewis cita Orígenes.

Orígenes, outro pai primitivo (185-254 d.C.) escreveu que: "A divina bondade do nosso Senhor e Salvador é igualmente difundida entre os bretões, os africanos assim como em outras nações do mundo".[18]

Gladys Taylor em *Our Neglected Heritage, The Early Church [Nossa Herança Negligenciada, A Igreja Primitiva]* destaca:

---

16 George F. Jowett. *The Drama of the Lost Apostles [O Drama dos Apóstolos Perdidos]*, p. 196.
17 Lionel Smithett Lewis. *St. Joseph of Arimathea at Glastonbury [São José de Arimateia em Glastonbory]*, pp. 129-130.
18 Ibid.

São Clemente fala da ida de Paulo ao "Extremo Ocidente" e de seu retorno a Roma onde sofreu o martírio diante dos soberanos da humanidade.

Jerônimo e Crisóstomo se referem à viagem de Paulo ao extremo Ocidente e Teodoro, o bispo sírio do século quinto, nos diz que ele "pregou o Evangelho de Cristo aos bretões e a outros povos do Ocidente".

Até mesmo o papa, desejando agradar alguns visitantes britânicos em 1931, "adiantou-se dizendo que teria sido o próprio São Paulo e não o papa Gregório quem apresentou o cristianismo à Grã-Bretanha". Nós recebemos aquela informação noticiada no jornal *The Morning Post*, de 27 de março, com grande prazer. Sabíamos a verdade, porém, aqui estava o Papa declarando com sua própria voz, um evento sem precedentes.[19]

Qual a aparência de Paulo?

Não há absolutamente nenhuma prova de como era a aparência de qualquer personalidade bíblica, exceto a de alguns Césares, cujas moedas e estátuas ainda sobrevivem. No entanto, um estudo sobre Paulo tem sido feito e alguns conceitos interessantes foram desenvolvidos. Por exemplo: Boyce W. Blackwelder escreveu o seguinte:

> Um livro apócrifo dos *Atos de Paulo e Tecla*, escrito no século III apresenta um retrato de Paulo descrevendo-o como: de baixa estatura, calvo (ou de cabeça rapada), coxas tortas, pernas bonitas, olhos profundos, nariz torto; cheio de graça, pois às vezes se parecia com um homem, às vezes tinha o semblante de um anjo (1.7).

Esta é a mais antiga descrição das características de Paulo que temos na literatura cristã. Callan disse: "No quarto século Paulo é ridicularizado no Filopátrio do pseudo Luciano como 'o galileu calvo e de nariz torto que marcha para o terceiro céu e que aprendeu as coisas mais belas' (Philopat. 12). Cone registra que João de Antioquia, escrevendo no sexto século preserva a tradição que Paulo era 'de ombros curvados, cabeça e barba um pouco grisalhos, nariz

---

19 Gladys Taylor. *Our Neglected Heritage – The Early Church* [Nossa Negligenciada Herança – A Igreja Primitiva] (London: the Covenant Publishing Co. Ltd., 1969), p. 67.

20. PAULO

adunco, olhos acinzentados, sobrancelhas unidas, e uma mistura de palidez e vermelhidão em sua pele..."

Estudiosos geralmente concordam que a visão tradicional a respeito da aparência pessoal de Paulo está correta. Holzner fala "da pequena e emaciada figura do homem de Tarso". Giordani descreve Paulo como "de pequena estatura e pura coragem"; um homem "de saúde instável" com um "físico ruim". Ele descreve "Paulo com seus olhos vermelhos" com uma visão "repulsiva". Shaw, conforme citado por Callan, fala da "insignificância da estatura de Paulo, de sua visão ruim, de sua fraca e frequentemente distorcida estrutura". Stalker observa que Paulo parece ter sido de baixa estatura e que sua presença física era fraca. Ele diz: "Esta fraqueza parece ter sido, às vezes, agravada por uma doença que o desfigurava".

Callan escreve: "São Paulo, segundo a tradição da igreja, era qualquer coisa, menos de aparência física recomendável e bela. Um vislumbre, sem dúvida, da grande alma interior podia ser notado, às vezes, ou frequentemente por seus amigos, como raios solares podem ser vistos por meio de frestas em paredes prisionais; porém, para tudo aquilo a estrutura física do homem era simples e pobre".

A ideia de que Paulo era de estatura baixa pode, em alguns casos, ser confirmada em referências extraídas de seus próprios escritos. Em 2Coríntios 10.10, Paulo cita aquilo que seus oponentes dizem dele no sentido que "suas cartas... são graves e fortes, mas a presença do corpo é fraca e a palavra desprezível". Provavelmente este não era um comentário sem base, pois até mesmo os oponentes de Paulo muito raramente ousariam falar assim dele em uma de suas congregações, sem base na realidade.

E quanto à saúde de Paulo? Estudiosos têm opiniões divergentes com respeito a esta questão. Alguns biógrafos estão certos de que Paulo deve ter sido excepcionalmente robusto ou então não teria suportado os rigores do trabalho missionário numa vasta área por um período aproximado de 30 anos. Craig disse: "Um homem que podia fazer longas caminhadas por montanhas e vales dia após dia, suportar naufrágios e prisões, sofrimento e perseguição, não podia ser um homem fraco".

Outras autoridades, ao contrário estão convencidas de que Paulo foi ao longo de sua vida fraco e debilitado fisicamente. Callan, segui-

> Alguns biógrafos estão certos de que Paulo deve ter sido excepcionalmente robusto ou então não teria suportado os rigores do trabalho missionário.

do de Hayes, acha que Paulo era um inválido crônico, mas que a graça de Deus estava sobre ele de tal forma que suas deficiências físicas eram superadas.

Se Paulo não tinha uma aparência forte, este deve ter sido um problema difícil para ele quando trabalhou entre o povo de tradição grega que considerava que um corpo vigoroso era essencial para uma personalidade normal.

Não restam dúvidas de que os sofrimentos físicos que Paulo suportou (cf. 2Coríntios 11.23-27) deixaram marcas permanentes no seu corpo (Gálatas 6.17; 2Coríntios 4.10). Ele deve ter ficado com cicatrizes terríveis devido aos açoites que sofreu e de seu apedrejamento em Listra que foi tão severo que os perpetradores pensaram que Paulo tinha sido morto (Atos 14.19).[20]

Paulo e os Escritos de Lucas

Eusébio faz uma observação interessante sobre o relacionamento entre estas duas grandes figuras apostólicas:

...Porém, em alguns momentos, ele estava presente e então os registrou.

O terceiro livro dos Evangelhos que, segundo Lucas, foi compilado em seu próprio nome por Lucas, o médico, sob a autoridade de Paulo quando, após a ascensão de Cristo, Paulo o levou consigo como um perito legal. No entanto, ele mesmo também não viu o Senhor na carne; e ele também, considerando sua capacidade para averiguar os eventos, começa sua história a partir do nascimento de João.[21]

---

20 Boyce W. Blackwelder. *Toward Understanding Paul [Compreendendo Paulo]* (Anderson, IN: The Warner Press, 1961), pp. 15-17.
21 J. Stevenson. *A New Eusebius [Um Novo Eusébio]* (London: William Clowes and Sons, Ltd., S. P. C. K. 1957, 1960), p. 144.

Apóstolos na Bíblia

André
Apóstolo: Mateus 4.18; Marcos 1.29; Marcos 13.3; João 1.40, 6.8, 12.22; Atos 1.13.

Barnabé (Filho da Consolação)
Levita de Chipre, vende suas terras: Atos 4.36.
Prega em Antioquia: Atos 11.22.
Acompanha Paulo: Atos 11.30, 12.25, 13.14; 1Coríntios 5.6.
Sua discórdia: Atos 15.36.
Seu erro: Gálatas 2.13.

Bartolomeu (Natanael)
Filho de Talmai, **apóstolo**: Mateus 10.3; Marcos 3.18; Lucas 6.14; Atos 1.13.

Tiago
Filho de Zebedeu, chamado: Mateus 4.21; Marcos 1.19; Lucas 5.10. **Apóstolo**, escolhido um dos doze: Mateus 10.2; Marcos 3.14-15; Lucas 6.13.
Testemunhou a transfiguração de Cristo: Mateus 17.1-9; Marcos 1.2; Lucas 9.28.
Presente na crucificação: Mateus 26.36-37; Marcos 14.33.
Morto por Herodes: Atos 12.1-2.

Tiago
Apóstolo, filho de Alfeu: Mateus 10.3; Marcos 3.18; 6.13; Lucas 6.15; Atos 1.13, 12.17.
Seu julgamento a respeito do cerimonial: Atos 15.13-29; Gálatas 2.9.
Seus ensinamentos: Tiago 1-5.
Mencionado em Atos 21.18; 1Coríntios 15.7; Gálatas 1.19.

João
Apóstolo, chamado: Mateus 4.21; Marcos 1.19-20; Lucas 5.10.
Escolhido: Mateus 10.2; Marcos 3.17.
Perguntas a Jesus: Marcos 13.3.
Reprovado: Mateus 20.20-28; Marcos 10.35-40; Lucas 9.49-50.
Enviado para preparar a Páscoa: Lucas 22.8.
Declara a divindade e humanidade de Jesus Cristo: João 1; 1João 1, 4, 5.
O amor de Cristo por ele: João 13.23, 19.26, 21.7, 20, 24.
Seu cuidado por Maria, a mãe do Senhor: João 19.25-27.
Encontro para oração: Atos 1.13.
Acompanha Pedro perante o Sinédrio: Atos 3, 4.
Exorta à obediência e adverte contra os falsos mestres: 1João 1-5.
Vê a glória de Cristo no céu: Apocalipse 1.13.
Escreve o Apocalipse: Apocalipse 1.19.
É impedido de adorar o anjo: Apocalipse 19.10, 22.8.

Judas
Irmão do Senhor: Mateus 13.55; Marcos 6.3; Judas 1.
Ordena a perseverança: Judas 1.20-21.
Denuncia os falsos discípulos: Judas 1.4.

Judas Iscariotes
Apóstolo: Mateus 10.4; Marcos 3.19; Lucas 6.16; João 6.70.
Trai Jesus: Mateus 26.14-25, 47; Marcos 14.10, 41-45; Lucas 22.3-6, 47-48; João 13.21-30, 18.2-4.
Enforca-se: Mateus 27.5 (Atos 1.18).

Judas (Tadeu)

Judas, Lebeu Tadeu, **apóstolo**, filho de Tiago: Mateus 10.3; Marcos 3.18; Lucas 6.16; Atos 1.13.
Sua pergunta ao nosso Senhor: João 14.22.

Lázaro

Irmão de Maria e Marta.
Ressurreição: João 11.1-44, 12.1.

Lucas

O médico amado, companheiro de Paulo: Colossenses 4.14, 2Timóteo 4.11; Filemon 1,24 (inclui-se pelo uso do verbo "no plural" em Atos 16.12; 20.5).

Marcos (João Marcos)

Evangelista: Atos 12.12.
Viaja com Paulo e Barnabé: Atos 12.25; 13.5.
Aparta-se deles em Perge: Atos 13.13.
Discussão sobre ele: Atos 15.37-39.
Aprovado por Paulo: 2Timóteo 4.11.

Mateus (Levi)

Apóstolo e evangelista, chamado: Mateus 9.9; Marcos 2.14; Lucas 5.27.
Enviado: Mateus 10.3; Marcos 3.18.

Matias

Apóstolo: Atos 1.23, 26.

Paulo

Um perseguidor: Atos 7.58, 8.1, 9.1-2, 22.4-5, 26.9-11; 1Coríntios 15.9; Gálatas 1.13; Filipenses 3.6; 1Timóteo 1.13.
Convertido ao Evangelho: Atos 9.3-18, 22.6-13, 26.12-19.
Pregador: Atos 9.3-18, 29; 13.1, 4, 14; 17.18.
Apedrejado em Listra: Atos 14.19.
Discute com Barnabé: Atos 15.36.
É perseguido em Filipos: Atos 16.19-24.
O Espírito Santo é dado por imposição de mãos aos discípulos de João em Éfeso: Atos 19.6.
Restabelece Êutico: Atos 20.10.
Seu encargo aos anciãos de Éfeso, em Mileto: Atos 20.17-36.
Seu retorno a Jerusalém e perseguição lá: Atos 21.
Sua defesa perante o povo e o Sinédrio: Atos 22, 23.
Perante Félix: Atos 24; Perante Festo: Atos 25 e Agripa: Atos 26.
Apela a César em Roma: Atos 25.10-12.
Sua viagem e naufrágio: Atos 27.
Milagres em Malta: Atos 28.3-6, 8-9.
Em Roma, argumenta com os judeus: Atos 28.17.
Seu amor pelas igrejas: Romanos 1.8-9; 15; 1Coríntios 1.4; 4.14, 2. Coríntios 1, 2, 6, 7; Filipenses 1; Colossenses 1; 1 e 2 Tessalonicenses.
Seus sofrimentos: 1Coríntios 4.9; 2Coríntios 11.23; 12.7; Filipenses 1.12; 2Timóteo 3.11.
Revelações divinas: 1Coríntios 12.1.
Defende seu apostolado: 1Coríntios 9; 2Coríntios 11, 12.
Recomenda Timóteo e outros: 1Coríntios 16.10-11; Filipenses 2.19-23; 1Tessalonicenses 3.2.
Recomenda Tito: 2Coríntios 7.13-15, 8.23.
Acusa Pedro: Gálatas 2.14-15.
Intercede em favor de Onésimo: Filemom.
Suas epístolas mencionadas por Pedro: 2Pedro 3.15.

Pedro (Simão Pedro)

Apóstolo, chamado: Mateus 4.18-20; Marcos 1.16-18; Lucas 5.1-11; João 1.40-42.
Enviado: Mateus 10.2; Marcos 3.16; Lucas 6.14.
Tenta andar até Jesus sobre o mar: Mateus 14.28.

Confessa ser Jesus o Cristo: Mateus 16.16; Marcos 8.29; Lucas 9.20.
Testemunha a transfiguração: Mateus 17.1-13; Marcos 9.2-12; Lucas 9.28-36; 2Pedro 1.16.
Sua autoconfiança é reprovada: Lucas 22.34; João 13.38.
Nega a Jesus três vezes: Mateus 26.69-75; Lucas 22.54-62; João 18.17.
Seu arrependimento: Mateus 26.75; Marcos 14.72; Lucas 22.62.
Fala aos discípulos em assembleia: Atos 1.15.
Prega aos judeus: Atos 2.14; 3.12.
Levado perante o Sinédrio: Atos 4.
Condena Ananias e Safira: Atos 5.
Denuncia Simão, o mágico: Atos 8.18.
Cura Eneias e Tabita: Atos 9.32, 40.
Enviado por Cornélio: Atos 10.
Instruído por uma visão a não desprezar os gentios: Atos 10.9.
Preso e libertado por um anjo: Atos 12.
Sua decisão sobre a circuncisão: Atos 15.7.
Repreendido por Paulo: Gálatas 2.14.
Testemunha os ensinamentos de Paulo: 2Pedro 3.15.
Conforta a igreja e a exorta a uma vida santa em suas epístolas: 1 e 2Pedro.
Seu martírio revelado por Jesus: João 21.18; 2Pedro 1.14.

Filipe

Apóstolo, chamado: João 1.43.
Enviado: Mateus 10.3; Marcos 3.18; Lucas 6.14; João 12.22; Atos 1.13.
Censurado por Cristo: João 14.8.
Eleito diácono: Atos 6.5.
Prega em Samaria: Atos 8.5.
Batiza o eunuco: Atos 8.27.

Simão Pedro (ver Pedro)

Simão, o Cananeu

Irmão de Cristo: Mateus 13.55; Marcos 6.3.
Zelote (o Zelote), **apóstolo**: Mateus 10.4; Marcos 3.18; Lucas 6.15.

Tadeu (ver Judas)

Forma grega de Teudas.
Apóstolo: Mateus 10.3.

Tomé

Apóstolo: Mateus 10.3; Marcos 3.18; Lucas 6.15; Atos 1.13.
Seu zelo: João 11.16.
Sua falta de fé e confissão: João 20.24.

Timóteo

Acompanha Paulo: Atos 16.3, 17. 14-15; Romanos 16.21; 2Coríntios 1.1, 19.
Recomendado: 1Coríntios 16.10; Filipenses 2.19.
Instruído nas cartas de Paulo: 1 e 2Timóteo.

Bibliografia

ALKHRIDA (*Precious Jewels*) [*Joias Preciosas*]. Egypt: Coptic Church, 1915, 1925.
ANCREASSIAN, Assadour. *Jerusalem and the Armenians* [*Jerusalém e os Armenianos*]. 2. ed. Jerusalem: St. James Press, 1969.
ATIYA, Aziz S. *A History of Eastern Christianity* [*Uma História do Cristianismo no Oriente*]. London: Methuend Co. Ltd., 1968.
BADGER, George Percy. *The Nestorians and their Rituals* [*Os Nestorianos e seus Rituais*]. Hants, England: Gregg Internations Publishers, Ltd.
BARCLAY, William. *The Master's Men* [*Os Homens do Mestre*]. London: Penguin Books, Ltd., 1970.
BECLE. *A History of the English Church and People*. [*História da Igreja Inglesa e seu Povo*]. London: Penguin Books, Ltd., 1970.
BECLINI, D. Balduino. *The Sessorian Relics of the Passion of Our Lord* [*As Relíquias Sessorianas da Paixão do Nosso Senhor*] Aloysius Traglia Archiep. Caesarien., Vic. Ger., 1956, Tipografia Pio X, Via Etruschi, 7-9 Roma.
BENTON, William. *Encyclopaedia Britannica* [*Enciclopédia Britânica*]. Chicago: Enciclopaedia Britannica, Inc., 1962. vol. 14.
THE BIBLE *Research Handbook* [*Livro de Pesquisa Bíblica*]. London: Covenant Publishing Co., Ltd., 1969. vols. 1 e 2.
BISHKO, Herbert. *This is Jerusalem* [*Isto é Jerusalém*]. Tel Aviv: Heritage Publishing, 1971.
BLACKWELDER, Boyce E. *Toward Understanding Paul* [*Compreendendo Paulo*]. Anderson, IN: The Warner Press, 1961.
THE BOLLANDISTES [*Os Bolandistas*], Society of Bollandistes Acta Sanctorum De S. *Simone Apostolo Et Martyre*. Paris, 1867. vol. 12.
BREVES notas sobre "The Armenian Patriarchate of Jerusalem" ["O Patriarcado Armênio de Jerusalém"]. Jerusalem: St. James Press, 1971.
BROWNRIGG, Ronald. *Who's Who in the New Testament* [*Quem é Quem no Novo Testamento*]. London: The British Museum, edições de 1899, 1901, e 1935.
BUTLER, Alban. *Lives of the Saints* [*A Vida dos Santos*]. Revista e complementada por Herbert Thurston, S. J., e Donald Attwater. New York: P. J. Kenedy and Sons. vol. III.
CABLE, Mary e editores da Newsweek Book Division. *El Escorial*, The Wonders of Man.
CARUCCI, Arturo. *Il Duomo di Salerno e Il suo Museo*. 3. ed. Salerno: Linotypografia Jannone, 1960.
CASSELS, Louis. "Two Historical Finds Back Mark's Gospel" [*Duas Descobertas Históricas dão Respaldo ao Evangelho de Marcos*]. *Glendale News Press* (April 15, 1972): 7-A.
CHRISTIAN Life [*Vida Cristã*], (novembro de 1954).
CLAYTON, Rev. P. B. Harvest. Thanksgiving service held in the Church of All Hallows-by-The-Tower on October 1, 1954 [Culto em Ações de Graça pela Colheita, realizada na Igreja Hallows-by-The-Tower no dia 1º de outubro de 1954].
CLEMENT of Alexandria. *Strom*.
CONNON, F. Wallace. *London through the Ages* [*Londres ao Longo das Eras*]. London: Covenant Books, 1968.
CONYBEARE, W. J. e HOWSON, J. S. *The Life and Epistles of St. Paul* [*A Vida e as Epístolas de São Paulo*]. New York: Thomas Y. Crowell and Co.

CORBO, Virgil. *New Memoirs of Saint Peter by the Sea of Galilee [As Memórias de São Pedro no Mar da Galileia]*, Jerusalem: Franciscan Printing Press.

_____.*The House of Saint Peter at Capharnaum [A Casa de São Pedro em Cafarnaum]*. Jerusalem: Franciscan printing Press, 1969.

COTTRELL, Leonard. *Seeing Roman Britain [Observando a Grã-Bretanha Romana]*. London: Pan Books, Ltd., 1967.

DANIELOU, Jean e MARROU, Henry. *The Christian Centuries [Os Séculos Cristãos]*. London: Datton, Longman and Todd, 1964.

DAVIS, John D. *The Westminster Dictionary of the Bible [O Dicionário Bíblico de Westminster]*. Philadelphia: The Westminster Press, 1944.

DE TOTH, J. B. *The Cathedral of the Pope [A Catedral do Papa]*. Roma: Tipografia Poliglotta Vaticana, 1967.

DICKIE. *The Lower Church of St. John [A Igreja de São João]*. Jerusalem: Palestine Exploration Fund, Quarterly Statement, 1899.

DOPPELFELD, Otto. *The Dionysian-Mosaic at Cologne Cathedral [O Mosaico de Dionísio na Catedral de Colônia]*. Cologne: Greven and Bechtold, 1967.

ELDER, Isabel Hill. *Celt, Druid, and Culdee [Celtas, Druidos e Culdees]*. London: The Covenant Publishing Co., Ltd., 1962.

ERICKSON, Judith B. *Dome of the Rock [Domo da Rocha]*. Jerusalem: Israel Publication Services, Ltd., 1971.

EUSEBIUS. *Eusebius' Ecclesiastical History [A História Eclesiástica de Eusébio]*. Grand Rapids: Baker Book House, 1962.

FALLOWS, Rt. Rev. Samuel. *The Popular and Critical Bible Encyclopaedia [Enciclopédia Bíblica Popular e Crítica]*. The Howard-Severance Company, 1910.

GIBBON, Edward. *The Decline and Fall of the Roman Empire [O Declínio e a Queda do Império Romano]*. New York: Random House, Inc.

GOODSPEED, Edgar J. *The Twelve [Os Doze]*. Philadelfia: The John C. Winston Company, 1967.

GRANT, Robert M. *August to Constantine, The Thrust of the Christian Movement into The Roman World [De Augusto a Constantino, o Avanço do Movimento Cristão no Mundo Romano]*. London: William Collins Sons and Co., 1971.

GREEK Orthodox Patriarchate. *Short History of the Monastery of Saint John the Baptist [Uma Pequena História do Mosteiro de São João Batista]*. Jerusalem: Greek Convent Press.

HANANIAN, John. "The Armenian Apostolic Church in Iran" ["A Igreja Apostólica Armênia no Irã"]. Palestra. Igreja Consolata em Teerã, 1969.

HELL, Hellmut e Vera. *The Great Pilgramage of the Middle Ages [A Grande Peregrinação da Idade Média]*. New York: Clarkson N. Potter, Inc., 1964.

HENDERSON, Arthur E. *Glastonbury Abbey, Then and Now [Abadia de Glastonbury, Passado e Presente]*. London: The Talbot Press (S.P.C.K.), 1970.

HENNEKE. *Neutestamentliche Apokruphen.*

HOADE, Eugene. *Jerusalem and Its Environs [Jerusalém e Seus Arredores]*. Jerusalem: Franciscan Printing Press, 1966.

HOEVER, Rev. Hugo. *Lives of the Saints [A Vida dos Santos]*. New York: Catholic Book Publishing Co., 1967.

HOMAN, Helen Walker. *By Post to the Apostles*. New York: All Saints Press, Inc., 1962.

HOPHAN, Otto. *The Apostles [Os Apóstolos]*. London: Sands and Co., 1962.

The International Standard Bible Encyclopaedia. Grand Rapids: Wm. B. Eearmans Publishing Co., 1960. 5 vols.

JAMESON, Anna. *Sacred and Legendary Art [Arte Sagrada e Legendária]*. Boston and New York: Houghton, Mifflin and Co., 1957. vol. 1.

JOWETT, George F. *The Drama of the Lost Disciples* [O Drama dos Discípulos Perdidos]. London: The Covenant Publishing Co., Ltd., 1970.
KALOYEROPOULOU, Athena G. *Ancient Corinth, The Face of Greece* [A Antiga Corinto, A Face da Grécia]. Athens: M. Pechlivanides and Co., S.A.
KESKIN, Naci. *Ephesus* [Éfeso]. Istanbul: Keskin Color Ltd. Co. Printing House.
KOCK, Sharon Fay. "Catch Up on History in Greece" ["Atualize-se em História na Grécia"]. *Los Angeles Times*, 23 abr. 1972, seção H 17.
KOUMAS, M. *Saint Barnabas* [Santo Barnabé]. Cyprus: Nicosia, 1962.
LOS ANGELES TIMES. "Ancient Jewish Colony in India Disappearing" ["Desaparecimento da Antiga Colônia de Judeus na Índia"]. 25 ago. 1971, Parte 1-A.
LEWIS, Lionel Smithett. *St. Joseph of Arimathea at Glastonbury* [São José de Arimateia em Glastonbury]. London: James Clarke and Co., Ltd., 1964.
THE LIFE *of St. Bartholomew* [A Vida de São Bartolomeu]. Material obtido no Museu Britânico, pp. 162-163, 178-179, 196-197.
LOKMANOGLU, Hayreddin, ZIYAOGLU, Rakim e ERER, Emin. *Tourist's Guide to Istanbul* [Guia de Turismo a Istambul]. Istanbul-HALK-Basimevi: 1963.
MAEDAGEN, Michael e HUDSON, Thomas. *City of Constantinople* [Cidade de Constantinopla]. 1968.
MCBIRNIE, William Steuart. *What Became of the Twelve Apostles?* [O que Aconteceu aos Doze Apóstolos?]. Upland, California: 1963.
MEKHITARIAN, Arpag. *Treasures of The Armenian Patriarchate of Jerusalem* [Tesouros do Patriarcado Armeniano de Jerusalém]. Jerusalem: Armenian Patriarchate, 1969.
MENEN, Aubrey. "St. Peter's" ["São Pedro"]. *National Geographic*, vol. 140, nº 6, dez. 1971.
MEYER, Karl E. *The Pleasures of Archaeology* [Os Prazeres da Arqueologia]. New York: Kingsport Press, Inc., 1970.
MOMMSEN, Theodor. *The History of Rome* [A História de Roma]. 1913. vol. II, livro III.
MORGAN, R. W. *St. Paul in Britain, abridged version* [São Paulo na Britânia, versão resumida]. London: The Covenant Publishing Company, Ltd., 1860.
MUNDADAN, A. Mathias. *Sixteenth Century Traditions of St. Thomas Christians* [As Tradições do Século Dezesseis sobre São Tomé]. Bangalore, India: Dharmaram College, 1970.
NEWMAN, Dorman. *The Lives and Deaths of the Holy Apostles* [A Vida e a Morte dos Santos Apóstolos]. London: King Arms in the Poultry, 1685.
NORWICH, John Julius and Reresby Sitwell. *Mount Athos* [Monte Athos]. London: Hutchinson, 1966.
PAPADOPOULOS, S. Patmoc. Athens: *The Monastery of St. John the Theologian* [O Mosteiro de São João, o Teólogo], 1962.
PARKER, Robin. *Aphrodite's Realm* [O Reino de Afrodite]. Nicosia, Cyprus: Zavallis Press, 1969.
PATSIDES. *St. Lazarus and His Church In Larnaca* [São Lázaro e sua Igreja em Larnaca]. Larnaca, 1961.
PNEUMATIKAKIS, The Very Reverend Archimandrite Hariton. *The first Called Apostle Andrew* [André, o Primeiro Apóstolo Escolhido]. Athens: Alexandrer Matsoukis, Inc., 1971.
RICHMOND, I. A. *Roman Britain* [A Grã-Bretanha Romana]. Aylesbury, England: Hunt Barnard and Co., Ltd., 1970. vol. 1.
RIDOLFINI, Cecilia Pericoli. *St. Paul's Outside the Walls* [São Paulo Extramuros]. Bologna: Rome Pfligrafici Il Resto Del Carlino, set. 1967.
ROBERTS, Alexander e DONALDSON, James. *Ante-Nicene Fathers* [Os Pais Antinicenos]. Grand Rapids: Wm. B. Eeardmans Publishing Company. 10 vols.
SAPIR, Baruch e NEEMAN, Dov. *Capernaum* [Cafarnaum]. Tel Aviv: The Historical Sites Library, 1967. vol. NI/9.

BIBLIOGRAFIA

SCOTT, Thomas. *Gospel of The 12 Apostles [O Evangelho dos Doze Apóstolos]*. London: Shelf Mark 753 e 27 of British Museum, 1900.

_____. *The Apostles [Os Apóstolos]*. London: Shelf-Mark 4419 b 34 of British Museum, 1849.

_____. *The 12 Apostles* (12 Brief Biographies) *[Os Doze Apóstolos (12 Breves Biografias)]*. London: Shelf-Mark 4419 aaa 59 of British Museum, 1874.

_____. *The Twelve Apostles [Os Doze Apóstolos]*. London: Shelf-Mark 4014 bbb 48 (9) of British Museum, 1870.

TRAVEL *Studies on the Apostolic Heroes [Estudos Sobre as Viagens dos Heróis Apostólicos]*. London: Shelf-Mark 03127 E 9 of British Museum, 1909.

SHARP, Mary. *A Traveller's Guide to Saints in Europe [Um Guia de Viagens aos Santos na Europa]*. London: The Trinity Press, 1964.

SIEVEKING, G. de G. *Prehistoric and Roman Studies [Estudos Pré-históricos e Romanos]*. Oxford: The British Museum, 1971.

SMITH, Asbury. *The Twelve Christ Chose [Os Doze que Cristo Escolheu]*. New York: Harper and Brothers, 1958.

SMITH, John Holland. *Constantine the Great [Constantino o Grande]*. New York: Charles Scribner's Sons, 1971.

SMITH, William A. *Dictionary of the Bible [Dicionário Bíblico]*, Hartford, CT: S. S. Scranton and Co., 1900.

SOUVENIER *of India, In Honour of the Visit to India of His Holiness Maran Mar Eshai Shimun XXIII [Em Honra à visita de sua Santidade Maran Mar Eshai Shimun XXIII à Índia]*. Kerala State, India: Editorial Board of the Publicity and information Committee of H. H. The Patriarch Reception Committee, Ernakulam, 1962.

STEVENSON, J. *A New Eusebius [Um Novo Eusébio]*. London: William Clowes and Sons, Ltd., S. P. C. K., 1957, 1960.

STEWARD, John. *Centers of Christian Activity [Centros de Atividade Cristã]*. Trichur, Kerala State, India: Narsai Press, 1928, 1961.

TAYLOR, Gladys. *Our Neglected Heritage – The Early Church [Nossa Herança Negligenciada – A Igreja Primitiva]*. London: The Covenant Publishing Co. Ltd., 1969.

TAYLOR, J. W. *The Coming of the Saints [A Vinda dos Santos]*. London: The Covenant Publishing Co., Ltd., 1969.

TENNEY, Merrill. *New Testament Survey [Pesquisa sobre o Novo Testamento]*. Grand Rapids: Wm. B. Eeardmans Publishing Company.

TERTULLIAN, *Def. Fidei.*

THEODORET, Jerome, GENNADIUS, Pufinus. *The Nicene and Post-Nicene Fathers [Os Pais Nicenos e Pós-Nicenos]*. Grand Rapids: Wm. B. Eeardmans Publishing Company, 1969. vol. III.

_____. *Ecclesiastical History [História Eclesiástica]*. Livro IV, Cap.III.

TOKSOZ, Cemil. *The Glories of Ephesus [As Glórias de Éfeso]*. Istanbul: Basildigi Tarih, Nisan, Apa Ofset Basimevi, 1967.

VACANT, A., MANGENOT, E. and AMANN, E. *Dictionnaire De Theologie Catholeque [Dicionário da Teologia Católica]*. Paris Librarie, 1931.

VORAGINE, Jacobus de. *Golden Legend [Lenda Áurea]*.

WATTS, John. *The Lives of The Holy Apostles [A Vida dos Doze Apóstolos]*. London: 1716.

ZAHN, Eberhard. *Trier, A Guide to The Monuments [Trier, Um Guia aos Monumentos]*. Trier: Cusanusverlag, Volksfreund-Druckerei Nik Koch.

ZOCCA, Emma. *La Basilica Dei S. S. Apostoli In Roma*. Roma: 1959.

Gostou?

Você foi abençoado por este livro? A leitura desta profunda obra foi uma experiência rica e impactante em sua vida espiritual?

O fundador da Editora Atos, que publicou este exemplar que você tem nas mãos, o Pastor Gary Haynes, também fundou um ministério chamado *Movimento dos Discípulos*. Esse ministério existe com a visão de chamar a igreja de volta aos princípios do Novo Testamento. Cremos que podemos viver em nossos dias o mesmo mover do Espírito Santo que está mencioado no livro de Atos.

Para isso acontecer, precisamos de um retorno à autoridade da Palavra como única autoridade espiritual em nossas vidas. Temos que abraçar de novo o mantra *Sola Escriptura*, onde tradições eclesiásticas e doutrinas dos homens não têm lugar em nosso meio.

Há pessoas em todo lugar com fome de voltarmos a conhecer a autenticidade da Palavra, sermos verdadeiros discípulos de Jesus, legítimos templos do Espírito Santo, e a vermos o amor ágape, como uma família genuína. E essas pessoas estão sendo impactadas pelo *Movimento dos Discípulos*.

Se esses assuntos tocam seu coração, convidamos você a conhecer o portal que fizemos com um tesouro de recursos espirituais marcantes.

Nesse portal há muitos recursos para ajudá-lo a crescer como um discípulo de Jesus, como a TV Discípulo, com muitos vídeos sobre tópicos importantes para a sua vida.

Além disso, há artigos, blogs, área de notícias, uma central de cursos e de ensino, e a Loja dos Discípulos, onde você poderá adquirir outros livros de grandes autores. Além do mais, você poderá engajar com muitas outras pessoas, que têm fome e sede de verem um grande mover de Deus em nossos dias.

Conheça já o portal do Movimento dos Discípulos!

www.osdiscipulos.org.br